尽　善　尽　美　　弗　求　弗　迪

# 股权激励关键100问

郑波　栾凌雁　宛高鹏　张军/著

电子工业出版社
**Publishing House of Electronics Industry**
北京·BEIJING

## 内 容 简 介

股权激励是这些年在中国企业中非常盛行的一种员工激励方式，对于股权激励，大家接触的理论很多，能将股权激励落地实施的却很少。本书结合作者多年在股权激励咨询实践中的丰富经验，将企业从股权激励设计到落地过程中遇到的问题整理成册、和盘托出，从最基本的股权认知，到股权的整体布局、顶层设计、股权激励方案的细节，再到股权方案落地实施的具体操作以及落地后方案的调整和精进，在为企业家答疑解惑的同时，提供具有实操性的思路和解决方法，帮助企业发现股权的价值，落地股权激励。

**图书在版编目（CIP）数据**

股权激励关键100问 / 郑波等著. —北京：电子工业出版社，2021.1

ISBN 978-7-121-39855-1

Ⅰ.①股… Ⅱ.①郑… Ⅲ.①股权激励－问题解答 Ⅳ.①F272.923-44

中国版本图书馆CIP数据核字（2020）第208002号

责任编辑：张 毅

印 刷：三河市鑫金马印装有限公司

装 订：三河市鑫金马印装有限公司

出版发行：电子工业出版社

      北京市海淀区万寿路173信箱 邮编 100036

开 本：720×1000 1/16 印张：18.75 字数：296千字

版 次：2021年1月第1版

印 次：2021年1月第1次印刷

定 价：66.00元

凡所购买电子工业出版社图书有缺损问题，请向购买书店调换。若书店售缺，请与本社发行部联系，联系及邮购电话：（010）88254888，88258888。

质量投诉请发邮件至zlts@phei.com.cn，盗版侵权举报请发邮件至dbqq@phei.com.cn。

本书咨询联系方式：（010）57565890，meidipub@phei.com.cn。

# 序

股权激励是这些年在中国企业中非常盛行的一种员工激励方式，对于企业来说，它有着降低企业刚性薪酬支付成本、适度进行股权融资的功能。更主要的是，作为一种有效的激励方式，它极大地促进了员工的工作积极性和主观能动性。

但是，对于股权激励，你可能知道得很多，落地得很少；学习得很多，运用得很少。不是你不想用，而是你不敢用，因为你虽然知道这是一种很好的激励方式，但是担心运用得不好，会产生一系列反面的效果。社会上讲股权激励的培训老师多，但是做股权激励的咨询顾问少。你可能曾经听过几次股权激励培训，也许会觉得它与真正的股权激励实践有七八分相似，但是，"纸上得来终觉浅，绝知此事要躬行"。一些培训老师自己并没有帮助企业实操过股权激励落地，只是通过学习一些书本、光碟、视频，或者现场听课，掌握了一些股权激励的基本知识。然后，他们通过精密的培训技巧和套路，将这些知识讲得活灵活现、栩栩如生，让企业家真假莫辨，浪费了很多的时间成本和试错成本。

经邦公司自2000年成立以来，就一直专注于股权激励，帮助企业发现股权的价值。我和我的同事也一直从事股权激励咨询，在企业现场帮助企业落地股权激励。在这么多年的咨询实践中，我们发现，学习股权激励知识并不算太难，但是落地股权激励真不容易。

我们作为股权激励专业咨询顾问，服务了洋河、天能、良品铺子、卫龙、维也纳、容百科技、九牧、东呈等诸多中国优秀的知名企业，也服务了众多暂时还不太知名的中小民营企业。我们发现，股权激励牵一发而动全身，股权激励的导入，需要和企业的发展战略、资本运作、治理结构、组织结构、薪酬体系、绩效管理等联动考虑。比如，发展模式明确与否，也就是企业未来追求的梦想是否清晰，直接决定了企业的股权价值和员工入股的积极性；薪酬水平的高低和薪酬结构的合理性，在设计股权激励方案时要统筹考虑，让员工在短期、中期、长期三种收益之间取得良好的平衡；股权激励的推进要和绩效管理的优化双管齐下，激励和约束双线并举，并且保持两者之间的平衡，否则股权激励容易滑入福利化的深渊，起不到应有的激励效果；股权激励的导入也对企业的财务状况和核算体系的合理性、透明度提出了一定的要求，它们对员工入股的信心会产生很大的影响，而且万一有股权纠纷，企业的风险极大。如此这些，不一而足。

正是基于上述这些考虑，各位企业家对股权激励既爱又恨，想动又不敢动。对企业进行所有制改革，让员工有奔头，有成为股东、合伙人的机会，从而拥有改变人生的机会和梦想，这是无与伦比的激励。但是，有些企业家又会担心：员工对企业没信心不愿意入股怎么办？员工入股后提出要看企业的财务报表怎么办？员工入股后干扰企业决策怎么办？员工入股后躺在股份上睡大觉怎么办？员工退股时有纠纷怎么办？杀敌一千，自损八百，甚至得不偿失，这是大家最大的忧虑。幸运的是，当你拿着这本书的时候，这些问题都能在它上面找到答案。一个好东西、好工具要想应用好，既需要掌握科学的方法论，也需要有经验的人员给予专业的辅导，很多落地过程中的隐性知识、方法等，是极其宝贵的，可以帮助企业家减少时间成本和摸索风险。

正是基于这个初心，我们把多年在股权激励咨询实践中碰到的问题，整理成册，和盘托出，以飨读者。这些都是许多企业家在落地股权激励的过程中碰到的实实在在的问题，而且有一定的普遍性。也许你担心的问题和遇到的烦恼，别人早就遇到过了，而我们咨询顾问提炼、总结出来的经验教训，正好可以供你参考。我们希望大家少走弯路，而学习是少走弯路的最好法门。

帮助企业发现股权的价值，落地股权激励，这是我们一直的追求和职责所在，也是每个咨询顾问安身立命之本，在经邦国际·经焱咨询团队这里，我们把它称为自己的使命！

欢迎各位企业家、企业经营管理者和同行就股权激励问题与我们沟通交流，让我们共同推进中国企业发展和进步。

你我未谋面，但是有缘人。希望阅读之后，能给你带来一些收获。

郑　波

# 目　录

## 第一篇　认知篇

# 第二篇 布局篇

# 第三篇　方法篇

## 第四篇　实施精进篇

# 第一篇
## 认知篇

# 股权激励真谛

## 问1　你真的了解股权吗，这五项股东权利是否被你忽略了？

股权激励，顾名思义，就是将公司的股权授予员工，作为对员工的激励。这就引出第一个关键问题：什么是股权？大部分人会认为自己知道并懂得股权，实际上，股权有着丰富的内涵，想要真正了解它并不容易。

我们认为，从最朴素、最易被接受的认知来看，股权即股东的权利。对股权必须有一个全面且深刻的认识，才能把握好股权激励。

2018年修正的《中华人民共和国公司法》（以下简称《公司法》）第四条规定："公司股东依法享有资产收益、参与重大决策和选择管理者等权利。"从中我们可以看出，股东的法定权利主要涉及两个方面：一个方面是以"享有资产收益"为代表的财产权，另一个方面是以"参与重大决策和选择管理者"为代表的身份权。其中，财产权是股东投资公司的一个重要目的，身份权是保障财产权得以实现的重要手段。

很多企业家和管理者对股权的认识，也就大略停留在这里。但其实，股权是股东向公司主张的各种权利，内容是非常丰富的，有些权利和股东的持股比例密切相关，需要慎重把握，是轻忽、大意不得的。

我们认为，对股权的认识要把握以下三点：

（1）股权是一种财产权。它可以给激励对象带来物质收益，这是股权能够产生激励作用的基础。

（2）股权代表着相关的各种权利。激励对象获授股权之后，依法拥有各种参与管理的权利，这也是股权激励能够让员工产生主人翁意识和作用的前提。如果激励对象仅仅有股权的收益权，但是没有任何做主人的权利，那么如何能保证他的财产权利，如何让他有做主人的感觉，从而发挥其高度负责的能动性呢？

（3）股权的很多权利是基于持股比例的。激励对象需要拥有一些股东的权利，但是如果权利不必要的大，或者说过大，已经影响、干扰公司决策权的统一和权威，影响公司的正常运行，那么是需要进行控制的。而这种控制，很多体现在对股权持股比例的控制上。

概括起来，股东权利主要体现在以下十一个方面：

（1）股东身份权。公司实名股东应该重视股东名册的登记和工商变更，这些是主张股东权利的直接证据，是受法律保护的。当然，很多公司采取的是虚拟股，股东应该保存好自己的股东协议、出资证明、股权证书，这些都是股东身份的象征，而且协议内容要详细约定股东的权利和义务，避免出现不必要的纠纷。

（2）知情权。股东知情权是股东的一项基本权利，是其行使其他权利的前提和基础。公司一般被分为有限责任公司和股份有限公司，那么，这两类公司的股东分别对自己公司的哪些事项拥有知情权？对于有限责任公司，《公司法》第三十三条规定："股东有权查阅、复制公司章程、股东会会议记录、董事会会议决议、监事会会议决议和财务会计报告。股东可以要求查阅公司会计账簿。……公司拒绝提供查阅的，股东可以请求人民法院要求公司提供查阅。"对于股份有限公司，《公司法》第九十七条规定："股东有权查阅公司章程、股东名册、公司债券存根、股东大会会议记录、董事会会议决议、监事会会议决议、财务会计报告，对公司的经营提出建议或者质询。"

（3）质询权。质询权是保障小股东知情权的一项关键权利，它和知情权相辅相成。质询权是指当股东出席股东大会的时候，可以要求董事、监事或经理人列席会议，就决议的相关问题对其进行询问。这个权利有利于提高投票表决的针对性和科学性，同时也是对董事、监事和经理人行为的一种威慑。

（4）表决权。表决权是股东身份、治理权的核心。这项权利决定了股东参与重大决策和选择管理者的权利是否能够得到落实，它是保护他们财产权的重要手段。对公司的控制权往往是通过表决权来实现的。《公司法》规定，在参加股东会和股东大会时，股东可以对公司的重大事务进行决策，这些重大事务包含：

- 公司的经营方针和投资计划；
- 董事会成员的选举和更换；
- 确定董事、监事的报酬；
- 审议并批准上一年度的利润分配方案或弥补亏损方案；
- 审议、批准本年度财务预算方案，并对增减资事宜作出决议；
- 对公司合并、分立、解散、清算或者变更公司形式等事宜作出决议；
- 修改公司章程；

　……

（5）自行召集和主持股东大会的权利。当代表大股东的董事或者经理人不愿意召开股东会或者股东大会时，小股东可以运用这一项权利在特定条件下自行召集股东会或者股东大会来保护自己的利益。持有1/10以上股份的股东可以自行召集股东会或者股东大会。

（6）投资收益权。顾名思义，投资收益权是指股东可以享受分红和资本增值的权利，这也是股东最显性的一项权利。《公司法》第三十四条规定了关于有限公司股东的分红权和优先认购权："股东按照实缴的出资比例分取红利；公司新增资本时，股东有权优先按照实缴的出资比例认缴出资。但是，全体股东约定不按照出资比例分取红利或者不按照出资比例优先认缴出资的除外。"股东资本增值的权利通常在转让股权的时候体现。

（7）提案权。《公司法》第一百零二条规定："单独或者合计持有公司百分之三以上股份的股东，可以在股东大会召开十日前提出临时提案并书面提交董事会。"这个规定对小股东非常重要，避免了小股东只能在股东大会上被动地对大股东的提案说"是"或"否"。这样小股东也可以在股东大会上发出自己的声音了，所以，小股东要尤其注意这一项权利。

（8）违法决议撤销权。这项权利给了小股东纠正股东会、董事会错误，从而保护公司和个人利益的机会。《公司法》第二十二条规定："公司股东会或者股东大会、董事会的决议内容违反法律、行政法规的无效。股东会或者股东大会、董事会的会议召集程序、表决方式违反法律、行政法规或者公司章程，或者决议内容违反公司章程的，股东可以自决议作出之日起60日内，请求人民法院撤销。"

（9）异议股东股权收购请求权。《公司法》为具有不同意见的有限责任公司小股东规定了退出机制。有下列情形之一的，对股东会该项决议投反对票的可以要求公司按照合理的价格收购其股权：

- 公司连续五年不向股东分配利润，而公司该五年盈利，并且符合本法规定的分配利润条件的；
- 公司合并、分立、转让主要财产的；
- 公司章程规定的营业期限届满或者章程规定的其他解散事由出现，股东会会议通过决议修改章程使公司存续的。

自股东会议决议通过之日起60日内，股东和公司达不成一致的股权收购协议的，股东可以自股东会会议决议通过之日起90日内向人民法院提起诉讼。

（10）请求解散权。《公司法》第一百八十二条规定："公司经营管理发生严重困难，继续存续会使股东利益受到重大损失，通过其他途径不能解决的，持有公司全部股东表决权百分之十以上的股东，可以请求人民法院解散公司。"

（11）诉讼权。当股东以上的权利被董事、监事或者经理人侵害，而通过协商又解决不了的时候，权利受到侵害的股东就有权利去人民法院对侵害其权利的其他股东、董事、监事或者经理人进行法律诉讼，要求停止侵权行为。这就是股东的诉讼权。

作为企业家和管理者，对前六项权利基本都有所了解，但对后五项权利很少有人在意，容易被忽略。只有充分了解了股东享有哪些权利，才有可能更好地设计股权激励方案。

## 问2　你知道股权激励的"前世今生"吗？

股权激励是指公司以本公司股权为标的，对其经营管理层及其他核心骨干员工进行的长期性激励。公司经营管理层和核心员工通过一定形式获取公司一部分股权，然后以股东的身份参与企业决策，分享利润，承担风险，从而勤勉、尽责地为公司的长期发展服务。

股权激励，中国古已有之，就是清朝晋商的顶身股制度。现代意义上的股权激励则来自欧美。改革开放后股权激励逐步开始在中国流行，现在已成燎原之势。

### 1. 晋商的顶身股制度

中国的股权激励可以追溯到清朝，那时交通远没有如今这么发达。当时山西商人凭借敏锐的嗅觉，认为一个商人身上带着很多银两到另一地做生意是不方便且不安全的，于是，他们在商人所在的地方开设票号，商人可以将银子存在票号里，等商人到了目的地，就可以在当地的另一家票号取出银两。这种安排方便了商人，极大地促进了商业发展。

但是，在当时交通、通信手段极度落后的情况下，票号的东家（今天的老板）难以知道遍布各地的票号经营情况如何，掌柜、伙计的工作情况怎样，此时，票号东家想到了用身股对掌柜、伙计进行激励，东家出银子享有银股，掌柜、伙计不出钱但出力享有身股。在票号服务满一定年数的掌柜、伙计可以获得一定数量的身股，这种股份可以分享票号利润，每四年作为一个账期结算分享一次，掌柜、伙计在同一家票号干满30年的话，可以多享受两个"账期"即八年的分红权；干到退休的话，这个掌柜、伙计的后代还能享受一段时间的分红权。就是这种方法，让东家和掌柜、伙计成为利益共同体，掌柜、伙计对票号的归属感更强，主人翁意识更高。

## 2. 西方的股权激励制度

现代意义的股权激励对于中国人来讲是个"舶来品"，它是由欧美资本市场较发达的国家传播过来的一种企业经营管理方式和方法。

20世纪30年代，美国经济学家伯利和米恩斯提出"委托代理理论"，倡导所有权和经营权分离，企业所有者保留剩余价值索取权，而将经营权利让渡。委托代理理论的应用，促进了企业建立起经营权和所有权分离的现代企业制度。现代企业制度明确了各方的责权利，使企业发展更加规范、有序，但企业所有者和经营者的利益诉求不同，经营者会为了短期利益而损害企业的长远发展。正是在这样的背景下，股权激励通过授予经营者一定的股份使其成为企业股东，从而实现所有者和经营者的"利益绑定"，共同促进企业长远发展。

到了八九十年代，股权激励在美国得到迅速发展，期权激励逐渐成为职业经理人报酬的主要组成部分，高级管理人员的平均报酬组成中股权部分逐渐增加。期权在美国的盛行，促进了微软、IBM、苹果等高科技企业的快速发展，股票期权激励也成为创造硅谷奇迹的强大动力。

## 3. 国内股权激励的发展和实践

（1）股权激励的雏形——内部职工股。中国的股权激励首先是为了帮助国有企业的股份制改造的。

80年代中期以后，改革的中心环节是增强国有企业活力，使之自主经营、自负盈亏。此次改革的一个重要举措是对企业进行股份制改造，在股份制改造的过程中，股权激励的雏形——内部职工股应运而生。

1992年，国家经济体制改革委员会、国家计划委员会、财政部、中国人民银行、国务院生产办公室五部委联合发布《股份制企业试点办法》，允许"定向募集"的"内部职工股"试点。

（2）股权激励的发展——国有企业改制和管理层持股。1999年9月22日，《中共中央关于国有企业改革和发展若干重大问题的决定》（以下简称《决定》）发布，《决定》指出，"建立和健全国有企业经营管理者的激励和约束机制。实行经营管理者收入与企业的经营业绩挂钩。""少数企业试行经理（厂长）年薪制、持有股权等分配方式。"首次在政策层面提出将"持有股权"作为建立和健全国有企业经营管理者的激励和约束机制的一种手段。

在此阶段，逐渐探索出由地方国资主导的"武汉模式""北京模式"等高管持股试点，以及逐渐发展演变而来的管理层收购（Management Buy-Outs，MBO）等激励模式。2003年财政部叫停管理层收购。

21世纪初，朱镕基时代的抓大放小国有企业改制，管理层持股和员工持股达到巅峰。

（3）股权激励的扩大阶段——上市公司大规模实施股权激励。2005年4月29日，证监会发布《关于上市公司股权分置改革试点有关问题的通知》，2005年年底，中国上市公司基本完成股权分置改革。股权分置改革使流通股和非流通股的目标得到统一，激励和约束机制能够实施，为上市公司股权激励创造了客观条件。

2005年，新修正的《公司法》在注册资本、回购股票和高管任职期间内转让股票等方面均做出突破性规定，填补了公司实施股权激励的法律空白，为实施股权激励提供了法律基础。

2006年，证监会发布了《上市公司股权激励管理办法（试行）》。

2006年，国资委发布《国有控股上市公司（境内）实施股权激励试行办法》。

2007年，财政部发布《企业会计准则第11号——股份支付》。

上述文件的发布，标志着我国的股权激励机制正式建立。大量上市公司依据这些文件建立了股权激励制度，推动了公司的发展。

（4）股权激励的爆发阶段——民营企业广泛实施股权激励。2014年以后，由于市场竞争日趋激烈，民营企业老板意识到光靠老板一个人，企业已经无法生存和发展，必须让渡部分利益和权利给核心精英团队和核心骨干员工，进行利益绑定，实施长期激励。

自此，股权激励进入燎原阶段，股权激励成为企业管理机制的标配。

当前在股权激励实践中，除了众多上市公司纷纷发布股权激励方案、实施股权激励机制，更有数以万计的非上市公司根据自己公司的特点，实行股权激励。在实践中，股权激励对象的范围也已经进一步扩大，企业的合作者、上游供应商、下游客户都可以成为企业的激励对象。

不管是从发达国家传过来的股权激励，还是凝结了古代先人智慧的"身股"激励，股权激励本质上是一种股东通过与经理人分享企业价值以实现双方利益改善的机制。

结合古今中外对股权激励的探索，并且融合多年的实践经验，我们认为：股权激励就是基于产业生态思维，把资金、资源、技术、管理等价值创造方以股权为纽带连接起来，分工协作，形成共创事业、共担风险、共享收益的合作伙伴。

## 问3　股权激励与股份制改造是一回事吗？

经常遇到企业家问我们：老师，你们说的股权激励是不是和股改一回事？出现这种现象，我们欣喜于企业家对企业制度建设、外部资本市场的认知渴望，不再一味地只顾自身生产经营，同时也担忧大家对这两者有认知的偏差，我们有必要向大家阐述清楚这两者之间的差异。

### 1. 基本含义不同

前文已经对股权激励的含义做了详细介绍，股权激励是激励对象通过一定形式获取公司股权的长期性激励机制。

股改是股份制改造的简称，基本含义是有限责任公司按照《公司法》和《中华人民共和国证券法》等法律规定，改造为股份制有限公司，股改前有限责任公司的出资人成为股份制有限公司的股东，出资人持有的出资比例变为持股比例，出资比例与持股比例相等。

## 2. 目的不同

股权激励的核心目的是，企业家通过与内部关键人员和外部资源方分享股权或股权的部分权利，打造一个共识、共担、共创、共享、共治的合伙人集体，进而强化企业自身的发展能力和风险抵御能力。

股改的核心目的是，通过股份制改造，可以清晰企业产权归属问题；建立科学的股份制管理模式，即建立所有权与经营权分离的现代股份制企业管理模式——股东会、董事会、经营管理者三者相互制衡，从而有利于企业健康发展。

## 3. 基本流程不同

（1）股权激励的基本流程。以我们辅导的企业股权激励咨询项目来看，股权激励通常有以下几个主要的步骤：

1）调研诊断。通过与标的公司股东、核心员工代表访谈，结合发展战略、市场竞争等分析，了解企业现状，探索合适的股权激励方案。

2）股权布局。股权激励不是简单的股权分配，而是基于企业业务布局、战略目标进行顶层设计，保障企业控制权的稳定，同时体现激励对象的收益权和决策参与感。

3）方案设计。明确企业家和激励对象需求、了解企业基本情况后，我们就要有针对性地设计方案。首先，明确"股、人、时、价、量"五个要素，也就是用什么激励方式、激励哪些人、激励周期多长时间、激励对象如何出资、激励总量多少，以及每个激励对象获得激励个量多少；其次，我们所做的股权激励，要想发挥应有的作用，就要和绩效挂钩并详细约定退出机制，同时要准备操作性文件，如股权授予协议书、申请书等。

4）方案宣讲。方案设计出来后，不意味着就可以直接推行了。一套可落地的方案一定是让激励对象充分理解并认可的方案，那么，宣讲工作就必不可少。我们将方案的核心内容逐条对激励对象进行解释说明，就激励对象的疑问进行解答。

5）方案实施。前四个步骤做完，实施就水到渠成了。生活需要仪式感，新股东加入同样需要根据企业的特点，来一场值得回味的签约仪式、入股宣誓，这样会更加激发激励对象的荣誉感和使命感。

（2）股改的基本流程。企业股改一般流程如下：

1）制定企业改制方案，并且形成有效的股东会决议。

2）清产核资。清产核资主要是对企业的各项资产进行全面清查，对企业各项资产、债权债务进行全面核对查实。清产核资的主要任务是清查资产数额，界定企业产权，重估资产价值，核实企业资产，从而进一步完善企业资产管理制度，促进企业资产优化配置。

3）界定企业产权。界定企业产权是指依法划分企业财产所有权和经营权、使用权等产权归属，明确各类产权主体的权利范围及管理权限的法律行为。

4）资产评估。资产评估是指为资产估价，即经有认定资格的资产评估机构根据特定目的，遵循法定标准和程序，科学地对企业资产的现有价值进行评定和估算，并且以报告形式予以确认。资产评估要遵循真实、公平、独立、客观、科学、专业等原则。其范围既包括固定资产，也包括流动资产；既包括无形资产，也包括有形资产。其程序包括申请立项、资产清查、评定估算和验证确认等几个步骤。资产评估经常委托专业的资产评估机构进行。

5）财务审计。资产评估完成后，应聘请具有法定资格的会计师事务所对企业改制前三年的资产、负债、所有者权益和损益进行审计。会计师事务所对资产评估机构的评估结果进行确认。

6）认缴出资。企业改制后认缴的出资额是企业经评估确认后的净资产的价值，既包括原企业的资产换算，也包括新认缴注入的资本。

7）申请登记。既可以是设立登记，也可以是变更登记。工商行政管理部门对符合法律规定的企业予以登记，并发放新的营业执照。营业执照签发的日期为企业成立的日期。

### 4. 辅导机构不同

企业在股权激励方案设计及落地过程中，通常涉及的机构包括管理咨询公司、律师事务所、会计师事务所、券商及资产评估机构。

管理咨询公司、律师事务所、会计师事务所及券商都有独立完成激励方案设计及落地的操作案例，而资产评估机构一般在实施实股激励需要进行价值评估时才会涉及。在这些辅导机构中，管理咨询公司站在企业发展的立场提供综合的股权激励咨询方案，是企业股权激励主要的辅导机构。

在股改过程中，通常涉及除管理咨询公司外的其他第三方机构，这些机构分别负责股改的一部分工作，相互之间是合作的关系。

1）律师事务所的职责主要是对企业历史沿革进行梳理，分析企业设立、变更程序的合规性，并且对企业股东及高管的任职资格进行审查判断；对企业历史经营过程中存在的问题进行规范；依法认定关联方和关联交易，并且提出解决方案；起草相关的文件和制度等。

2）会计师事务所主要指导企业整理财务资料，发现并解决企业历史遗留的财务问题，对企业改制总体方案的财务风险、会计核算进行分析判断，出具审计报告和验资报告等。

3）资产评估机构主要对企业以股改基准日的账面净资产值整体折股出资进行评估，并且出具评估报告。

一般地，企业先在内部实行股权激励，通过凝聚人才、资源，快速推动企业发展，再进行股份制改造，为未来可能的资本运作做准备。

## 问4　股权激励到底有多重要？

很多企业家和管理者对股权激励都有所了解，都会有"股权激励应该很重要"这样的认知，但是对于股权激励对于企业到底会产生多大的影响、对企业到底有多重要不是很清楚。结合多年实操咨询经验，我们系统梳理了股权激励的意义，供大家思考。

## 1. 助力企业打造人才高地

一方面，股权激励有利于企业引进人才，培育引进"金凤凰"的梧桐树。随着企业的发展壮大，必然需要更多的人才队伍进行研发、生产或销售等工作。企业外部有能力的人才也越来越认识到企业股权的价值，他们在重新择业时对股权激励一般都有期待。有科学的股权激励方案和落地政策的企业，更容易招揽到符合自身要求的优秀人才。成功的企业比如至今未上市的华为以及已经上市的阿里、小米，它们的股权激励方案吸引到符合自己企业发展的人才，召集到行业内的大咖，让他们成为企业的合伙人，分享企业这个事业平台，并且开创更大的平台。

另一方面，股权激励有利于企业保留优秀人才，是留住优秀人才的"金手铐"。一家企业的成功离不开一群核心骨干员工，包括核心管理人员、技术人员、市场营销人员等。倘若人才队伍不稳定，对企业的运营效率、产品质量、成本都会有极大的负面影响。几乎没有听说过一家人员流动极大的企业能够保持良好的成长和发展。股权激励作为一种长期激励机制，作为留住现有核心骨干的"金手铐"，能够将骨干的利益与企业的发展紧密捆绑，形成利益共同体、事业共同体甚至命运共同体。

对优秀人才的激励，还能够在企业内部形成向"标杆"学习的企业文化，有利于推动企业发现更多的优秀人才，打造一个有战斗力、凝聚力、向心力，以及主动性强、忠诚度高的核心团队，让一群平凡的人成就不平凡的事业。

## 2. 具有"造富"效应

举例来说，如果一位激励对象获得激励股的成本是1元/股，数量是100万股，则该激励对象要付出的成本为100万元。当企业上市后，每股价格100元，100万股对应的价值为1亿元。激励对象在上市后获得的股权价值是获取成本的100倍。显而易见的是，如果企业能够走入资本市场，激励对象可以获得的回报是巨大的。即便企业没有进入资本市场，如果其每年能够实现较高的利润，那么激励对象也可以凭借分红获得高额回报。

美国《财富》杂志的数据表明，20世纪末到21世纪初，美国排名靠前的大公司几乎都对管理人员实行了股权激励。范围扩大到全球后，全球500强企业也几乎无一例外地实行了股权激励机制。我们耳熟能详的企业，如微软、沃尔玛、IBM、戴尔、谷歌、联想、阿里巴巴……都是在股权激励下快速成长起来，或者历经艰难，通过股权激励又重新焕发青春的。

在中国，已经有上千家上市公司和成千上万家非上市公司实施了股权激励。越来越多的事例证明，股权激励已经成为现代企业提升绩效不可或缺的管理工具。

## 3. 帮助企业融资

从我们服务企业内部落地股权激励来看，一套真正能激发员工和外部合作方的激励方案，是需要出资的。

虽然管理团队、优秀员工加入股权激励后交的钱（有时候被称为"保证金"）往往数额不大，但这部分的融资成本很低甚至为零，且通常较为稳定。如果企业对外进行股权激励，特别是采用增资的方式引入外部激励对象，那么由于外部人员进入的价格一般高于内部人员，企业就可以获得较多的资金。对于现金流吃紧的企业，内外部融资得到的资金无疑是助推企业生产经营的利器之一。

在2020年发生的新冠肺炎疫情之下，餐饮、物流、制造等各类企业无法正常生产，但员工薪资、厂房租金等费用依然在发生，企业现金流面临严重不足的风险，此时以股权激励部分替代薪酬并实现融资，是优化现金流、维持企业生产经营的有力举措。

如激励对象原来工资是每月1万元，此时公司可以跟他谈7000元现金+3000元股份的支付方式。这种方式既减少了企业现金支出，又给员工未来获得远超过3000元的回报。又如企业开放股权，吸引内外部人员拿钱购买股权。假设企业估值1亿元，开放30%的股份进行融资，可以融资3000万元。对于某些成长性较好、资金紧张的企业而言，股权激励无疑是一种融资的好方式。

### 4. 并购及行业整合

股权激励不仅可以实现对人才的整合，也是企业用来进行同业并购的法宝。企业以股权为纽带，整合上下游，可以快速实现行业整合。我们的客户克明面业、客家彩印等都是以股权为纽带进行行业整合，从而确立了很好的行业地位的。例如，克明面业通过对同业夫妻店的整合，使其从一家普通的面业公司发展成为一家面业上市公司，也成为区域性的行业寡头。

通过股权激励建立与上下游企业的战略合作关系，是企业实现细分行业寡头经营的良好选择。让上下游企业持有一定份额的股权，享有企业股权增值带来的收益，从而使它们与企业之间不仅是业务关系，更是利益共同体并可能上升为事业共同体，最终实现多方利益相关者共赢。格力电器、海尔电器、泸州老窖等企业都通过经销商股权激励获得了很大的成功。例如，泸州老窖于2006年11月底向8名泸州老窖的区域经销商定向增发1228.4万股，增发价为12.22元/股，锁定期为12个月。对经销商的激励直接促进了泸州老窖的销售量大幅提升，再加上高端品牌"国窖1573"的推出以及中国白酒行业遇到好的发展机遇，白酒提价，经销商大量进货，泸州老窖的销量暴增，一跃成为中国白酒行业的领跑者之一。

### 5. 提升企业价值

企业推行股权激励后，被激励人员与企业的关联度更强，大家更加关注企业的经营状况，能够改善以前可能存在的管理混乱、相互推诿的情况，有助于提高工作效率。同时，股权激励让被激励人员的收益与企业的经营效益直接挂钩，大家有动力降低生产成本、节约用工成本及其他费用支出。相比各项成本剧增的同行其他企业，这样的企业竞争力会明显增强。另外，股权激励给了被激励人员参与企业管理、治理的制度约定，企业的整体治理和管理效率将得到很大的提升。

在企业经营管理水平整体改善后，投资者也会投来青睐的目光。此时，企业如果要引入投资者，更容易获得投资者较高倍数的估值。

　　当下有越来越多的企业运用股权激励手段，很好地实现了融人、融资、融资源。国内A股的上市公司现在有3000多家，2005年有4家公告了股权激励，2018年有409家公司做了股权激励，13年间增长达100多倍，也就是超过百分之十的上市公司在当年度就做了股权激励，所以股权激励是很多上市公司——被认为中国领先企业的普遍做法。

# 股权激励误区

## 问5 股权激励就是一种分钱机制吗？

股权激励，以"股权"为抓手，以"激励"为目的，在达到预期目标后，激励对象理应获得事先约定的物质激励及精神鼓励。这一点与阿米巴不同，纯正的阿米巴只讲精神的嘉奖，这也是国内企业推行阿米巴机制往往失败的原因。它们错误地将阿米巴作为物质激励的机制，带来小组织之间推卸责任和无限的利益纠葛。在股权激励机制下，物质激励是合理的，也是必要的。但是，股权激励是否就等于分钱呢？答案是否定的。

（1）每个人的欲望都是无穷尽的。如果把股权激励仅作为分钱的机制，这种导向会让员工欲壑难填：今天员工获得100元激励可能会感动，明天100元在他看来可能变成了应得的，后天100元他可能觉得太少而变成他怨恨的理由……这就是边际效用递减。所以如果将股权激励等同于分钱，那么，激励就走在错误的道路上，与我们的预期南辕北辙，永远无法达到事先预定的目标与效果。

（2）股权激励不仅分钱，而且分权。中国"两个半圣人"之一的曾国藩曾说过："利可共而不可独，谋可寡而不可众。"给员工分钱，分得少了，后续补一些；分得多了，后续减少一点。这些一开始分的时候出现的瑕疵还是可以纠正的。但进行股权激励，就要提前做好规划、设计，企业家和激励对象都在明确的规则之下做事。股权激励与分钱的根本差异是，前者不仅分钱，更是分权。企业家把自己的股权分享给内部员工、合作者，一定程度上也把企业的管理权、决策权分享给他们。股权激励一旦出现失误，则覆水难收，会给企业造成极大的损失，甚至让企业陷入崩塌的境地。

（3）分钱仅代表一种权益，没有与责任挂钩，没有将付出与责任匹配起来。而股权激励是有付出才有回报，以内部激励来说，它是一种将权责利充分地授予企业管理团队、优秀员工，他们的努力除了可以获得工资、奖金、提成收入，还能获得诸如分红、增值、长期资本溢价等收益。分红、增值等收益是靠履行股东责任、为企业创造更大收益换来的。这样就实现了管理团队、优秀员工与企业的绑定。

分钱之下，企业发展好的时候大家都相安无事，一旦发展遇阻，员工可能"作鸟兽散"。股权激励对象在企业好的时候分钱，参与分钱，以实现企业目标、为企业取得经济利润为前提，而且大多数还要结合自己的绩效表现而定；企业不好的时候共同承担，真正实现了利益共享、风险共担。所以，股权激励相比仅仅分钱，是更适合企业中长期发展的激励手段，有利于企业更长远的发展。

企业家在推行股权激励方案时，一定要明确导向，不可将其仅仅作为一个分钱的机制。要让被激励对象明白，要想获得激励，就要出钱出力，要充分发挥主人翁精神，把企业发展作为自己的事业，不断实现企业预期目标。

## 问6　股权激励类似于薪酬激励吗？

很多人认为，企业已经有了薪酬激励体系，员工有岗位工资、技能工资、工龄工资，也有绩效工资、提成、年终奖或者年度业绩奖金，这些已经能够对员工的岗位价值和业绩贡献进行充分的刺激并给予回报了，为什么还需要额外的股权激励呢？股权激励和薪酬激励的区别到底在什么地方？

我们认为，股权激励和薪酬激励有很大的不同，具体体现在以下几个方面：

（1）从收入的实现上看不是一回事。薪酬激励是一种基于《中华人民共和国劳动法》规定，由企业根据员工为企业付出体力、脑力劳动而获得的报酬所做的安排。员工的薪酬收入由当地的收入水平及同行业薪酬水平决定，一般来讲，员工的总收入有其相应的天花板，如果能略高于同行业就已经不错了。薪酬收入带有一种偏福利的性质，不管企业效益如何，薪酬都须按时支付，属于企业相对刚性的成本费用。此外，薪酬一般较少与企业目标挂钩，从经济人角度员工会考虑如果拿同样的薪酬，更倾向于选择尽可能少工作、少付出。股权激励在这方面与薪酬激励完全不同，它以企业目标为导向，实际股权收益与企业在激励期内所创造的利润、营收等指标紧密挂钩。只有企业获得发展、取得经营成果并完成预先设定的目标，激励对象才可以按照提前约定的激励模式享受对应的权利。相比薪酬，股权激励是一种上不封顶的稳定、公开、公平的利益共享机制。

（2）薪酬激励偏向以岗定薪，股权激励分配更灵活、科学。正如上文所说，一个具体的岗位在社会上是有相应的定价的，企业对该岗位所定的薪酬大都是以此为参考的，个人的差异性体现较小。股权激励对岗位的依赖相对少很多，当股权激励与薪酬并行时，股权激励作为薪酬之外的、额外的激励模式，岗位仅仅是衡量股权激励分配额度的一个维度，个人的价值贡献、绩效表现等其他衡量指标也起到非常大的作用。特别是对处于创业期及快速发展期的企业而言，决定股权激励分配额度的关键因素是个人对企业所做出的贡献。而当股权激励被用来部分代替薪酬时，股权激励数量中的一部分会与岗位有比较紧密的联系。

（3）薪酬激励是相对静态的分配方法，而股权激励是持续、动态的分配体系。薪酬方案确定后，只要企业经营状况和岗位任职情况没有发生大的变化，个人薪酬相对稳定。而股权激励会有更多的动态安排：首先，新人的加入、老人的退出会使激励对象不断调整变化，已持股激励对象持股数量也会根据其持股期间的表现有所调整；其次，伴随企业不同阶段的发展，股权激励的考核指标需要优化，退出机制需要完善，而且一个股权激励方案实施三至五年后，基本上都需要根据企业的发展情况进行改进；最后，股权激励还需要结合顶层架构的变化而变化，当然，这些调整和变化在激励方案中都会提前说明并约定相应规则，不会随心所欲、毫无章法地随意改变。

（4）两者反映的劳资关系也不同。薪酬激励是主雇关系的体现。发放薪酬的是企业主或代企业主发放的人员，而领取薪酬的是员工。在薪酬制度下，员工永远只是"打工者"，难以产生股东身份的归属感，于是想让他们以主人翁的心态对待工作、成为奋斗者，难度是很大的。另外，由于员工薪酬的多少作为成本影响着企业盈利水平的高低，影响着企业主分红的多少，所以劳资矛盾也不容易解决。股权激励将激励对象与企业主变成利益共同体、事业共同体甚至命运共同体，共同关注企业发展，大家的收益都来自企业效益水平的高低，二者逐渐从对立的关系变为利益一致的"战友"。在股权激励制度的刺激下，经营团队有动力去控制成本费用、提升业绩、创造更多的利润，这是薪酬激励无法比拟的。

因此，对于企业而言，薪酬是比较刚性的，易涨难跌；而股权激励是较为弹性的，会随着企业业绩的上涨或者下降而有波动。

## 问7　股权激励是不是"分田到户"？

在20世纪70年代家庭联产承包责任制的引领下，中国各经济领域都兴起了承包的浪潮。作为市场经济主体的重要角色——企业，对承包进行了全面的应用：企业主将部门承包给信任的员工，根据经营结果，企业主与承包人进行分成。如同"分田到户"提升了农民的积极性进而提高了粮食产量一样，企业的承包制客观上也激发了员工的积极性，推动了企业的发展。

作为激励手段，承包制与股权激励有一定的相似性。二者都是将企业经营的责任更加明确地与员工收益挂钩，对企业发展都起到了推动作用，也让参与者获得了一定的收益。除了这些共同之处，二者之间还存在很多不同，核心不同之处主要有以下四点。

## 1. 承包制周期相对较短，股权激励作用更为长远

企业主与承包人通常约定一年或者一个时间段内，承包人所负责的板块如果实现预期的业绩目标，则承包人可以获得相应的回报。在这样的导向下，承包人并不认为自己是企业的主人，承包人的经营管理行为往往偏于短期性。承包人只考虑承包期业绩达标，对承包期满后是否继续承包考虑较少，这种情况必然会影响企业的长远发展，企业短期业绩可能获得快速发展，但其长期发展可能陷入困境。

而股权激励，除了适用于连锁门店、事业部等小单元的干股激励模式强调短期收益回报，其他股权激励形式都是让员工持有企业的股权，股权可以长期持有、终身持有，甚至是可以继承的。员工成为企业"主人翁"，必然会既关注短期收益，也关注中长期收益。激励对象若要获得更大的激励回报，就要与企业共同发展。这样一来，激励对象势必会减少其短期行为，多站在企业长远发展的角度考虑问题，从而让个人利益与企业发展趋向统一、达到平衡。

## 2. 承包人负盈不负亏，股权激励对象与企业共担风险、共享收益

首先，在承包制下，承包人通常只须投入时间和精力进行管理运作，不用投入资金，这实质上是一种负盈不负亏的行为。如果企业盈利，承包人会分到收益；如果企业亏损，特别是产生巨大的亏损，由于承包人自身未投入资金，或者承担风险的能力有限，大部分亏损最终是由企业承担的。

其次，承包制容易造成承包人一味追求销售收入、利润等，这些在企业财务报表中可以直接看到数据。这种情况容易导致承包人缺乏缜密思考和长远眼光，从而冒险行事，造成库存积压、现金流困难……这会给企业带来极大的风险。风险一旦在未来时间里给企业造成实际损失，全部都由企业主兜底，而承包人却已经拿走了承包期内约定的回报，不会承担未来的损失。

股权激励通过让激励对象出资或缴纳入股保证金，以及建立激励对象收益与绩效考核挂钩的机制，形成利益共享、风险共担的局面。激励对象为了取得更多的分红收益和增值收益，将和企业主站在同一个立场思考企业发展的问

题，自然会有很强的动力去控制企业日常的制造成本、人工费用及项目运营成本，同时挖掘更多的收入增长点，从而有利于保障企业效益持续增长。

### 3. 承包制透支企业现金流，而股权激励长短结合、相得益彰

承包人根据当年经营成果，获取承包分红，拿走的是真金白银，留给企业的往往是一堆存货、应收款等不良资产，透支企业现金流，给企业稳定发展带来巨大挑战。

而股权激励则根据企业现金流情况，股东可以决定分红比例，对当年分红和未来长期积累之间可以做良性的弹性调节，从而更加有利于企业的稳定经营。

### 4. 承包制不利于企业内部协同，股权激励有利于企业整体利益最大化

在承包制下，承包人一般承包的是企业的一个单元，在企业这个整体中，该单元需要与企业其他单元进行配合，同时企业其他单元也需要对该单元进行支持。但是，由于承包单元独立核算，互相协作会涉及利益的切割和核算，从而不可避免地使承包单元与企业内部其他单元协调难度增大，整体协作意识变淡，出现"以邻为壑"的情况也不鲜见。

股权激励不会出现这种情况，股权激励分享的是整个企业的利润和增值，而只有各单元相互之间密切协作，才能保证整个企业的运转效率和价值创造。

现在，越来越多的企业意识到承包制的不足，转而寻找更科学的激励方式，股权激励这种倡导共创、共享、共担的机制，在企业家和管理咨询机构的呼唤声中，逐渐遍地开花。

## 问8　股权导入后，就能实现"股散人聚"吗？

"股散人聚"这个观点，是被很多人支持的，也是企业家自己在推行股权激励后希望看到的。但是我们听到很多企业家这样说："我把股权都分给员工了，为什么员工还是离我而去呢？"所以我们的观点的是，股权激励并不必然导致股散人聚，原因如下：

（1）人的物质欲望是无穷的，简单的物质馈赠无法填补人们的欲望。股权激励，毫无疑问，是将原始股东的股份或者收益权分享给表现较好的管理人员和优秀员工。从情怀上讲，简单地将股权分散出去也是一种分享精神的体现，员工在很大程度上是会感恩并受到激励的。但是，结合人性的特点来看，这种简单分享的做法又是值得商榷的。我们常听到这种说法：人对"获得"的感受是慢慢变淡和逐渐麻木的。分享的行为固然值得赞赏，但员工也只有在获得分享后短短的时间内心怀感恩。随着时间的推移，渐渐地，大家对已经获得的股权会麻木，感激之情也会烟消云散。

（2）我们要推行的股权激励，绝不能简单地分股分权，而要激励与约束并重。实行股权激励，一方面，我们提倡企业主敢于分享、乐于分享，给优秀人员一个与企业共同成长与致富的机会；另一方面，我们提倡要把握好分享的尺度，明确分享是以实现企业发展目标为基础的。更重要的是，我们要将股权激励打造成动态的、持续的激励，在激励对象因努力而得到金钱回报的同时，我们还要让激励对象将金钱源源不断地投入企业，形成企业不断发展壮大、人才不断获得更大收益的良性循环。

（3）股权激励不仅要考虑将股权分出去，更要考虑分出去的金钱如何再投资回来。让员工在得到分享的同时，把部分金钱投资回流到企业，把流动的现金资产变成相对恒定的股权资产，有恒产者有恒心，从而让员工稳定下来，能够和企业共同发展。

简单地将股权分出去的不良后果，用下面这个案例展示，会更加清晰、明了。

2008年，中国发生了毒奶粉事件。据了解，有5万名左右的婴幼儿喝了含有三聚氰胺的毒奶粉之后，患上肾结石等疾病。人们对国产奶粉产生不信任感，这对我国奶制品行业是一个巨大的打击，也对蒙牛乳业造成了巨大的影响。蒙牛股价在短短几个月就从每股二十多元下降至仅五元多，广大中小股民陷入恐慌。蒙牛创始人及当时的掌舵人牛根生面对这样的局面，却无力扭转。在蒙牛的发展过程中，牛根生将大比例的股权分散给管理团队和优秀员工，自己保留的股权比例仅有几个点。在毒奶粉事件前的几年中，这样的分享的确为蒙牛的业绩增长插上了翅膀，助力蒙牛成为行业的领头羊。但是在股价猛跌的几个月里，众多的员工小股东纷纷套现离场，牛根生缺少资金用于股票回购，自己仅有的几个点的股份难以掌控企业命脉。恰在这时，外资股东摩根士丹利寻求蒙牛的掌控权。当公司第一大股东即将被摩根士丹利占据、民营企业即将成为外资的猎物时，牛根生选择让中粮入主。要知道，当时蒙牛账上的现金是30亿元以上，中粮收购蒙牛控制权只用了60亿元左右。这对于牛根生来说，是多么可惜的一件事。中粮收购完成后，国资股东让牛根生继续担任一届董事长。在完成2009—2011年的三年董事长任期后，牛根生最终黯然离开了蒙牛。

牛根生的遭遇说明，从情怀上讲，企业家将大比例的股权分享给高管团队、优秀人才是对的，但是一定要设计好持续的、动态的股权激励机制。一方面让获得股权的人，将股权回报重新投入企业中，继续推动企业发展的同时也能获得更大回报；另一方面，企业可以将股权的决策权与收益权分开，即用平台持股的方式吸引激励对象，这样创始人在分散股权后，仍然可以牢牢抓住企业的控制权。在此种情况下，企业即便遇到外部危机，企业家也会有足够的"粮草"加以应对；激励对象想要获得收益，也可以根据企业的整体情况统筹有序地分配。

## 问9　上市公司股权激励常见的"坑"有哪些？

回眸近十余年，股权激励大潮风起云涌。上市公司实施股权激励的呈现出逐渐增长的趋势，尤其是自2005年证券市场的制度大变迁以来，市场对股权激励的关注正在逐渐升温。自2005年起至2018年，公布股权激励方案的上市公司由4家增加到409家，十余年里增长了近100倍。据相关数据显示，这其中70%以上来自以民营公司为主的中小板和创业板，这也说明了以民营公司为主的中小板和创业板在股权激励方面显示出高度的热情。透过股权激励这道风景线，可以预测到，上市公司市值管理的新一波需求大潮正迎面而来。

股权激励作为公司留住和吸引优秀人才、改善公司文化、实现公司快速发展的重要工具，已被越来越多的上市公司采用。然而股权激励并非万灵药，而是一把双刃剑。善用这把利器的公司，会大幅度提高公司的经营效益；误用的，则很可能割伤自己。在实际运用股权激励时，许多上市公司都仅仅按照现成的模板，依葫芦画瓢。这不仅抹杀了公司的个性，而且股权激励与公司经营效益及市值关联度并不高，在操作时存在很多误区。我们结合自身多年的实操经验总结出公司在推行股权激励时面临的五大误区，希望能给已经推行、或准备推行、或犹豫推行股权激励的公司一点启示。

### 1.　存在"吃大锅饭"现象

许多上市公司在进行股权激励时都存在"吃大锅饭"现象。它们操作股权激励时，把激励对象都放在同一层面进行激励和考核，殊不知这样不仅达不到相应的激励效果，反而会挫伤相关人员的工作热情。举个例子来说，如果公司把分公司经理和技术研发经理都放在同一层面激励，由于两者职位的关注点不一样，分公司经理关心其所在分公司的业绩指标，而技术研发经理关心的是自己的科研结果，这样必然会造成不良的激励后果：激励对象都在一个平台分享收益，无法分辨出优劣，最终可能造成"劣币驱逐良币"的现象。所以，这种把股权激励搞成"大锅饭"的做法不妥，并不能有效地激励到相关人员。我们认为，首先，激励对象的确定要合理，真正做到该激励的就要激励，不该激励的坚决不激励；其次，应该做到分层激励，"分槽喂马"；再次，要把股权激励做正做实，实现"关者有其股"，即在哪个板块做贡献，就跟相应板块的收益挂钩。

## 2. 存在"割裂"现象

许多上市公司股权激励没有充分与资本运作相结合，存在"割裂"现象，未把股权激励的效用发挥到最大。上市公司为了避免股权纠纷，或其大股东担心股权稀释、害怕失去话语权等，最终选择在母公司和子公司层面分别实施激励，之间并没有联动。在这种情况下子公司的股权价值难以体现，在子公司持有股权的激励对象并不能被更好地激励。我们认为，子公司进行股权激励时，若母公司采取相关的资本运作手段，如置换子公司股权，则子公司激励对象所持股权会得到数倍扩大，可以增加股权激励的效果；抑或子公司直接分拆上市，可以最大化子公司激励对象的持股价值。

## 3. 激励周期"一刀切"

大部分上市公司在设置股权激励周期时往往用"一刀切"的做法，即所有的同期激励对象都按同样的激励周期执行。然而这样的周期设置并没有充分考虑到实际情况。根据《公司法》《中华人民共和国证券法》规定，上市公司高管在任职期间每年转让的股份不得超过其所持有该公司股份总数的25%，上市公司高管在买入股份后，所持股份在6个月内不能减持，在离职后半年内也不能减持。如果在进行股权激励操作时，按"一刀切"的周期设置，会造成在行权时高管收益并没有比普通员工占优势，甚至出现高管与普通员工激励"倒挂"的现象。例如，大部分上市公司对普通员工和高管推行股票期权激励时，都设立了一年的等待期和三年的解锁期。在三年解锁期满后，普通员工就可卖出股票，高管只能卖出其所持股票的25%，有的需要十余年才能全部卖完。而这期间高管需要承担股价波动的风险，很可能造成高管与普通员工激励倒挂的现象。在这种情况下，有些公司高管为了能够及时卖掉股票套现，纷纷离职，甚至出现高管离职卖掉股票之后再入职等奇葩的现象。我们认为，面对这一现象，公司在满足法律法规的最低要求之后，对非高管的激励对象也要进行锁定期设置。

## 4. 效果难以预期

外在市场剧烈波动导致上市公司未来几年的行权条件及激励效果难以预期。据公开数据显示，2018年全年共有409家上市公司公布股权激励计划，其中124家上市公司最终终止了股权激励方案，占总数的30%。据相关上市公司公告披露，计划停止实施的很大一部分原因在于激励计划中设定的业绩考核指标无法达成。而其中很大原因是外部不可控因素，如市场剧烈波动，导致股权激励的行权条件不能够达标。所以对于激励对象来说，如果行权条件及指标设置不合理，则很难预期自己是否能够通过努力成功行权，这与激励的目的背道而驰。例如，很多上市公司的行权条件中，设置的考核指标都是与上年同比增长，一方面，容易造成鞭打快牛的后果；另一方面，经常因为市场变化导致与上年同比增长不能实现，挫伤员工积极性。我们建议，股权激励的行权条件设置最好与基期对比，而非仅仅与上一年比较，这样可以有效地考核激励对象，更有利于达到相应的激励效果。同时，股权激励计划中设定的与公司治理相挂钩的行权条件，也存在类似问题，同样需要在体现共性化的同时体现个性化。若不与个性化挂钩，难免会导致"三个和尚没水吃"的尴尬局面。此外，一个完善的激励机制，还要体现有奖有罚、奖罚结合的原则。只有激励、没有处罚的激励机制，既不是股权激励的本意和初衷，也很难使股权激励计划发挥出应有的预期功效。

## 5. 经常有"摊大饼"和"搭顺风车"现象

上市公司股权激励经常有"摊大饼"和"搭顺风车"现象。很多上市公司股权激励对象人数很多，造成人均激励力度很低；或者行权条件过于宽松，激励对象可以轻松达到行权条件，业绩考核条件也失去了意义。激励人数过多难以起到激励效果，没有充分激励员工的创业激情，没有让员工有当主人的感觉；行权条件过于宽松，激励对象容易产生"搭顺风车"现象。举个例子来说，有的公司为了达到激励效果，激励范围非常广，不仅高管，核心骨干以及普通员工都在激励对象范围内，且享受着同样的激励。然而对于一些技术骨干，在其平时工资以及福利方面，公司已经予以考虑甚至给予了他们很高的待遇，在这种情况下，在实行股权激励时"人人有份"对于这些技术骨干来说是一种重复奖励，而且在"人人有份"的情况下，也体现不出股权激励的意义。

上市公司制定股权激励方案时，还应该结合自己的实际情况及战略规划做好顶层设计，以便为以后多板块的资本运作提供畅通的道路。在这方面，很多上市公司是直接忽略的。上市公司做好顶层设计及股权布局，不仅可以设好一道防火墙，有效避免相关法律风险，更有利于后期激励效果的放大。这样不仅能够激励到员工，更能够让员工有当小老板的感觉，也能让没有获得激励的员工有奔头，向先进者学习，在公司中形成你追我赶的良好氛围。

# 股权激励与企业管理

## 问10　股权激励如何与业务战略挂起钩来?

股权激励应当如何与企业的战略紧密相连,根据我们多年的实战经验,总结而言,企业的战略可以落实到企业不同类型的业务模式上。股权激励要做得恰到好处,必须与企业的业务模式紧密挂钩(见图1)。

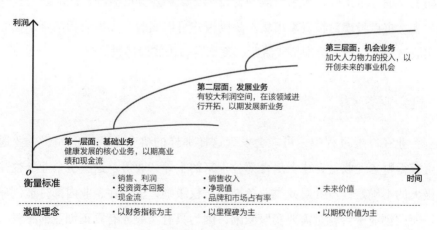

图1　战略业务与股权激励关系

## 1. 基础业务

基础业务是一个企业创立之初打拼出来的事业,是企业发展的基础,也是企业家的"根据地"业务。这类业务普遍相对成熟，且有一定的利润率和现金流。然而随着竞争加剧，基础业务要么利润率呈下降趋势，要么虽然利润稳定但发展前景不太好，天花板明显，未来空间比较小。所以此类业务当以财务指标作为主要的衡量标准。企业对基础业务相关人员推行股权激励时，目的是提升现金流和利润水平，降本增效，做好"根据地"建设，为企业的转型升级打下良好的财务基础。该类业务的激励方式应该以中短期回报为主，激励模式以虚拟股激励为主。

## 2. 发展业务

发展业务是一个企业未来发展的重点，它往往符合国家政策导向和产业支持，是细分行业未来发展的趋势。同时，这类业务方向已经明确，也已经产生销售和利润。发展业务是企业重点关注的业务，需要企业做较大的人力与财力的投入以获得更快的扩张，从而确立较高的行业地位。针对发展业务推行股权激励时，应以业务拓展为主要目标，即以新业务的市场占有率和销售收入作为近期主要的考量指标，未来以盈利为目标。该类业务的激励方式应以中长期回报为主，重点考虑对接资本市场。激励模式可以实股和虚拟股相结合，核心人员实股激励，一般人员虚拟股激励，逐渐再转为实股激励。

## 3. 机会业务

企业在发展过程中，可能会发现这样那样的机会业务，例如，企业通过投资获得财务性收益，或者培育部分未来的主导产业等。这些机会业务往往具有极大的不确定性。针对此类业务推行股权激励，适合在企业内部打造创业平台。所谓创业平台就是需要实股激励，因为只有实股才有真正创业的感觉，才能充分激发大家的积极性。尽管企业家未必很熟悉这部分业务，但可以通过机会投资和内部孵化，打造一个个企业内部的小型事业平台，通过这些事业平台吸引行业优秀人才，让内外部优秀人才进行内部创业，合资、合作、合伙打造一些事业机会。

总之，发展是硬道理。股权激励是手段，股权激励的终极目的还是推进企业的发展，不同的业务发展战略需要不同的股权激励模式与之相匹配。

## 问11 股权激励与绩效管理会不会"重复考核"？

有的企业多年来一直推行绩效管理制度，乍一听股权激励这个模式要设定业绩目标、收益和目标挂钩，于是会心生疑虑：我们公司做的绩效管理跟你们说的股权激励好像差不多，这样的话，我们再做股权激励，是不是重复了？

在分析股权激励与绩效管理的关系之前，我们要先了解什么是绩效管理。所谓绩效管理，是指企业主与管理团队和员工为了达到企业目标，共同参与的绩效计划制订、绩效辅导沟通、绩效考核评价、绩效结果应用、绩效目标提升的持续循环过程。绩效管理的目的是持续提升个人、部门和企业的绩效。比如，某生产制造企业在年初给销售经理制定绩效目标：年度销售额为3亿元，销售毛利为6000万元，人员流失率不超过10%，一般投诉不超过5次，重大投诉为0次。如果综合绩效完成达到90分，奖金按100%计；达到80分以上，奖金按85%计。

现在我们分析股权激励与绩效管理之间的关系。

（1）这是两个独立存在的企业管理机制。一个企业可以只推行股权激励，也可以只推行绩效管理。相比股权激励，绩效管理是企业更早运用的企业管理机制，涉及的员工范围更广。

（2）绩效管理与股权激励的目的有相似性。这两者都是为了推动员工更有动力地工作，从而提升企业业绩，增加员工收入。

（3）两者给员工的感受和实施的效果存在较大差异。作为管理手段，绩效管理给管理团队和员工的感受是企业主对雇员强压似地安排，因此，很多时候，这种制度带来的效果并不是很好。股权激励是让部分管理人员、核心技术人员成为企业的主人，激发他们发挥主动性、主人翁精神，为了自身的利益，自发地努力工作。

（4）股权激励离不开绩效管理。绩效管理为企业管理员工提供了很好的抓手，通过绩效目标设定、过程管理、结果评价，在一定程度上可以准确地判别谁做得好、谁做得不好。绩效管理体系建设是股权激励的基础。

可以说，缺乏绩效管理的股权激励，往往会成为股权福利。没有绩效管理作为基础，股权激励就如脱缰的烈马，可以肆意狂奔。没有衡量标准，激励对象做得好与不好结果都一样，自然不能培养"像企业家一样思考的人"，最终无法获得好的效果。因此股权激励与绩效管理相辅相成，缺一不可。

从激励之初，绩效管理就发挥了不可替代的作用。如何将股权分配给最恰当的人？如何在众多员工中选出最恰当的人？这就需要对员工的综合素质进行评价，此时绩效管理就显得尤为关键。只有通过科学的绩效管理，才能选出适合的激励人选，为发挥出预期的激励效果奠定基础。

此外，股权激励是需要实现企业发展目标的。通过绩效管理，设立企业层面目标，然后将其分解到每个部门直至每个员工。企业目标实现情况及个人绩效完成情况都与股权激励的收益紧密挂钩。为了更好地实现股权激励的目标，必须引入绩效管理；要做到股权激励的公平性和激励性，更需要有绩效管理保驾护航。

（5）股权激励可以推动或者倒逼绩效管理制度的完善。对于很多初创企业来说，一开始就建立一套完善的绩效管理体系并不现实，也没有必要。但是创业者必须有绩效管理的理念，要在企业推行可能不是很完善但行之有效的绩效管理制度。绩效管理同样也是甄别一个引进的"优秀人才"是否和企业文化相融合的手段。而且，我们在为企业服务的过程中，发现很多发展多年的民营企业，也没有建立完善的绩效考核机制。正是在股权激励机制的倒逼下，企业开始着手深化绩效制度改革。从这个层面来说，股权激励促进绩效管理不断提高和完善。

以股权激励为名完善绩效管理，会被广大员工理解，因为这不再是压迫员工服从，而是让员工为了自己的收益去满足绩效的要求。

综合来看，股权激励从源头把控，增强员工对企业的认同感及归属感，提高其工作积极性；绩效考核从结果把控，对于员工的工作业绩进行综合考评，促使其对自身能力进行全面的认识，实现改进与提升。为了最大限度地实现股权激励的目的，要在企业配置相应的绩效管理制度。

## 问12 股权激励与阿米巴有何"异曲同工"之处？

这几年，股权激励和阿米巴都受到越来越多的人关注。股权激励大家相对都比较熟悉了，尤其是近十年来，随着众多企业在海内外上市，创造了很多股权神话，大家对股权的认知越来越深刻，股权激励也成为众多企业吸引和留住人才、推动企业发展的利器。阿米巴是稻盛和夫先生在经营京瓷公司的过程中独创的经营管理方法，也被稻盛和夫先生在经营KDDI和重建日本航空公司时所使用并取得了不俗的成绩，也正因如此，阿米巴被越来越多的企业关注并使用。股权激励和阿米巴好像都是让大家更积极主动地工作、助推企业发展的，有企业家就会有这样的疑问：我的企业是应该用股权激励还是用阿米巴模式呢？二者到底有什么区别和联系呢？

（1）二者都是帮助经营管理人员建立经营意识的。阿米巴是指一个个独立的经营业务单元。阿米巴是一种经营方法，也是一种组织形态，它是在统一的经营理念指导下把企业划分成一个个的小团体，通过分部门独立核算制加以运作，在企业内部不断培养具备经营意识的人才，形成全体员工共同参与经营的全员参与型企业。股权激励的核心目的也是打造一个个具有独立经营意识的小老板、合伙人，通过每个人都变得积极、主动，最大化地推动企业业绩提升。

（2）二者的重点不同。阿米巴重点在于通过管理流程和细致的管理动作来提高全员的经营意识、成本意识，股权激励的重点在于通过激发核心管理人员主观能动性，以点带面，从而推动整个企业的发展。

阿米巴经营模式有几个关键词：培养人才、独立核算和全员参与。把企业划分为利润中心、费用中心和成本中心（不能创造利润的部门，如行政、后勤等），来提高员工在经营过程中的成本意识，并且界定本部门在组织中的职能。每个阿米巴是独立核算的小集体，通过经营会计报表来锻炼阿米巴的负责人（巴长）的成本核算意识和经营统筹分析能力，进而为培养经营型人才做好储备。阿米巴与传统企业管理方式显著的差异之处在于：它通过组织划分、依据经营会计报表进行独立核算，从而评价各单元的贡献度、进步性，并且能判断出哪些单元可持续加大投资力度，哪些不做重点，哪些可以撤掉，哪些应该继续保留；通过及时、全面、真实、简单的数据了解企业经营的状态，从而实时掌握企业的健康状况，加以应对，调整经营战略。总体上它对于管理的体系化和精细化程度要求比较高。

股权激励通常是对核心经营管理者的激励（少数互联网企业、高技术企业会对全员进行激励），引导激励对象改变只有业绩和任务意识的传统管理理念，激发其充分发挥主观能动性，提升经营意识、老板思维，是激励奋斗者并培养奋斗者的方式。通过他们的积极性带动和影响更多的人关注企业的经营情况，采取相应的经营举措，一方面可以提升企业经营管理水平和企业利润，另一方面他们自己的股权收益与企业利润挂钩，自己的收益也能最大化。

（3）阿米巴的考核精细化程度更高。股权激励的考核侧重于企业整体考核。阿米巴不仅考核每个巴长，而且考核到每个人员每月生产量、单位时间附加价值。通过业绩分析，以及横向与纵向的比较，让全员及时了解自己在小集体中的贡献度与价值，以及小集体在企业的整体排名和与往期相比存在的进步点。通过比较，让员工有追求进步的欲望，就可以真正落实"全员参与"，发挥每位员工的积极性和潜在的创造力。经营会计报表中"单位时间核算值"作为对部门评价、个人评价的重要指标，不仅体现了员工的贡献度，还提出了改善方向，员工通过"PDCA工作循环"来不断地改进和完善。各个阿米巴之间还会通过内部交易制度来传递市场压力，及时了解市场动态，感知市场冷暖，加强内部协同合作，推倒企业内部的"部门墙"。由此可以看出，阿米巴对于管理和考核的精细化程度要求极高，而对于许多中国企业而言，基本的日常绩效考核就让大家头疼烦恼，更何况如此细致的业绩考核和分析呢。

此外，划分阿米巴后，由于存在组织费用分摊、内部交易等，容易引发部门与部门之间、个人与部门之间的利益冲突，因此导入阿米巴经营模式有个非常重要的前提，就是"哲学共有"。因为它强调"利他""伙伴式经营"，如果每个阿米巴及巴员都只为自己的业绩考虑，那么阿米巴经营模式在企业落地是很难的。

股权激励则规避了大家比较敏感的个人绩效考核，强调企业整体业绩的达成。正所谓"大河有水小河满、大河无水小河干"，股权激励用更大的股权收益引导核心经营管理者能够放眼长远、顾全大局，彼此拧成一股绳，摈弃部门间、个人间的隔阂，求同存异，共同推动企业发展。

（4）二者实施的文化土壤不同。阿米巴的土壤是日本的文化，其前提是"哲学共有"，其核心思想是划小经营单元，独立核算，独立经营，发挥各经营主体的经营主动性，但是在中国有些企业的应用中已经严重跑偏，已然变成了一个严重内耗的管理工具，能真正成功实施的并不多。

股权激励从人性出发，其本质是集合企业主、员工、上下游合作者等"人"的要素，在企业内部建立一套利益相关者共赢的机制。在了解关键岗位人员的职业生涯规划、绩效考核和薪酬的基础上，出台中长期的激励方案，激发企业高管的工作热情，实现企业目标，这就是股权激励——一种长效机制。股权激励的设计和执行是出于人之本性进行的，直接在人性上"下药"，作用比较显著，甚至"立竿见影"。

总体来讲，阿米巴经营模式与股权激励属于不同范畴的概念；阿米巴经营模式属于经营体制的范畴，也就是我们通常所讲的"经营权"；股权激励属于企业体制的范畴，也就是我们通常所讲的"所有权"。阿米巴的独立核算有助于培养管理团队的经营意识，股权激励则是激发团队积极性的强大工具。二者如果能有效结合则是一种较为理想的模式；如果条件还不成熟，可以采用分步走的模式，先从适合的、可操作的做起。

# 股权激励并非"千篇一律"

## 问13 上市公司与非上市公司股权激励一样吗？

由于上市公司与非上市公司参考的法律法规存在很大的不同，二者在股权激励方面的差异点也很多。

我们根据股权激励培训咨询项目中实际遇到的情况，将非上市公司与上市公司股权激励的区别从以下几个方面进行对比分析。

### 1. 激励模式

上市公司可以选择的激励模式较少，一般为限制性股票、股票期权、员工持股计划等；非上市公司除了可以采用上述几种形式的股权激励模式，还可以采用虚拟股激励、分红股激励等多种形式。灵活的激励方式，让非上市公司选择更广，更容易选择符合自己需要的激励制度。

### 2. 激励范围

上市公司股权激励的对象比较明确。《上市公司实施股权激励管理办法》第八条规定，激励对象可以包括上市公司的董事、高级管理人员、核心技术人员或者核心业务人员，以及公司认为应当激励的、对公司经营业绩和未来发展有直接影响的其他员工，但不应当包括独立董事和监事。非上市公司对股权激励的范围没有明确规定，在实践中，激励对象除了上市公司相关法规规定的各类人群，还可以包含原股东、公司监事会成员等。

翻阅上市公司股权激励案例可以发现，多数上市公司股权激励有"撒胡椒面"的感觉，造成每个人持有的比例很小，0.01%甚至0.001%的个人激励比例非常常见，激励的聚焦程度远不如非上市公司。

## 3. 股权价格

上市公司股权激励几乎是完全公开、明确的，采用的价格通常以市场价格为参照；非上市公司的股价可以参照净资产、净利润、营业收入等进行估值，需要一套综合指标体系去衡量经营者的业绩。非上市公司激励人员的努力程度、付出多少和企业的业绩增长关系更大，而他们获得的回报的多少和业绩直接挂钩，所以自己的努力体现得更为直接。

## 4. 股权流通性

在一般情况下，上市公司推行的股权激励所授予员工的股票，在达到相应条件后，可以公开出售，流通性强；员工所持非上市公司股权需要公司回购或按照《公司法》操作，流通性相对较差。当然，员工持有的虚拟股或干股，通常到期就可以兑现，较少涉及回购问题和流通问题。

## 5. 法规约束

上市公司股东人数众多，经营的影响面远大于一般的非上市公司，因而，证监会等部门对上市公司推行股权激励设置更多的限制，对激励对象范围、激励比例、信息披露等方面都进行了明确的规定；非上市公司只要遵守《公司法》即可，灵活性更强。

### 6. 信息披露

上市公司需要披露详细的股权激励方案、行权方案等多项信息，而且在方案出现调整时，上市公司也要在证监会等平台进行公告，受到多方监督；非上市公司不需要对外界做任何的信息披露。股权激励制度在非上市公司中通常都属于公司机密，员工私自对外泄露股权激励制度，可能会被追究责任。

### 7. 激励成本

上市公司授予员工的股权，往往可以通过股票市场进行抛售，上市公司可以转嫁一部分激励成本，不影响自身的财务数据；非上市公司回购员工股权，需要自行承担全部成本。

### 8. 激励效果

从实践来看，由于上市公司股权激励受到的法律约束较多，同一批被激励的人员数量较多，个人可以获得的激励比例较少，其激励制度的实施效果总体弱于非上市公司。另外，上市公司的股权激励效果直接受到股价影响，而在国内的股票市场上，股价受到大盘的影响以及各种投机力量的炒作，和公司的经营结果相关性并不强，付出不一定有收获，公司经营得好、业绩出色，但是股价不一定高，所以股权激励常常达不到预想的效果。

总体而言，公司在未上市时，实施股权激励的空间更大，更能按照自己的需求，定制股权激励方案；到了上市阶段，公司一方面要基于上市公司特点做到重点激励，避免"撒胡椒面"的情况出现，另一方面要重点激励子公司或业务板块，激发小组织的活力。

## 问14　国有企业与民营企业，哪个实施股权激励更有挑战性？

一家企业，无论是国有企业、集体所有制企业还是民营企业，都是市场经济的参与者，都要依靠资金投入推动企业运转，通过技术研发提升企业的市场竞争力，通过人员来进行业务开展。国有企业和民营企业都想以股权为纽带，通过对核心团队、优秀员工进行股权激励，激发内部斗志，引进外部发展要素，释放活力。因此，从激励目的和出发点来看，国有企业与民营企业的考虑是一致的。

然而，如果将国有企业与民营企业等同视之，不考虑特殊性而推行同样的股权激励机制，将会非常不合适。

国有企业与民营企业在推行股权激励过程中的主要不同之处有五个方面。

## 1. 实施顺序不同

国有企业股权激励通常是以混改形态进行的。国有企业混改的目的是为了提高国有企业的活力，引进战略投资者，使股东结构多元化，完善企业治理体系，同时提高内部员工的积极性。所以国有企业在股权激励推行过程中，内部员工、外部战略投资者等主体的激励是同时并举的。而民营企业股权激励通常以内部激励为开端，推行一段时间内部激励后，再考虑外部上下游合作者、战略投资方等。

出现这种差异，主要原因在于国有企业与民营企业制度建设、管理基础不同。国有企业经过多年发展，管理制度相对完善，治理体系较为健全，内部员工、外部合作方、投资方的进入，能够较好地与原股东和团队融合，相对缺乏的是激励机制。反观国内民营企业，大多都是野蛮成长起来的，内部基础不够扎实，只能先通过内部激励逐步完善管理机制和治理体系，进而引入外部投资者，避免一开始就内外部同时进行而造成股东方利益纠葛，给企业发展带来不利影响。

## 2. 实施紧迫性不同

国有企业混改及员工持股在近几年盛行于大江南北，而之前几乎听不到多少声音。推行股权激励的民营企业数量在这几年呈现增长的趋势。

国有企业混改及员工持股如疾风骤雨一般，是自上而下的国家政策推动使然。伴随中央政策的下达，国家国资委及地方国资委纷纷要求在一定时限内完成一定数量的国有企业混改及员工持股项目。于是一场国有企业改革的大潮在全国各地涌动，各地在短时间内上报多家混改单位。民营企业通常都会走一步看一步，觉得股权激励是一件重要但不紧急的事情。这也情有可原：当企业发展顺利时，老板感受不到股权激励的必要性和紧迫性；当企业面临经营困难时，老板又去专注于解决困难，如资金不足时，老板的精力就会集中在解决资金问题上；业务量不足时，老板的精力又会集中在拓展业务、拉动销量上。

## 3. 时点选择不同

通过公开数据，我们可以看到，国有企业经过多年的发展，总体经营情况远好于其他性质的企业，可以说到了发展比较良好的时刻。同时，国有企业的内部管理也在不断完善，包括人事管理、财务管理、供应链管理等都得到多次的升级，在这个时点推行国有企业混改及员工持股，内部管理层、核心员工及外部合作者、战略投资者对企业股权的兴趣和期望都处于高点，股权激励改革的成功概率较高。

民营企业在发展良好的时候，不太重视股权的力量。企业往往等到自身发展受到市场竞争的冲击、人员流失率增大，种种不利情况纷纷出现时，才会想到推行股权激励。此时推行股权激励，企业难以处于主导地位，企业想激励的人员也未必期待获得企业股权。因此，股权激励的推行应做到因势利导。在企业形势好的时候，就未雨绸缪，设计股权激励制度，吸引内外部人员加入；等到形势不好、压力较大时，就能够凭借强大的股东、合伙人团队应对挑战，抗风险能力也会大大增强。

## 4. 约束条件不同

国有企业混改与员工持股受到比较严格的法律法规的约束，主要的法律法规包括《企业国有资产交易监督管理办法》《关于深化混合所有制改革试点若干政策的意见》《国企改革"双百行动"工作方案》等，具体的要求包括单个激励对象股权比例不能超过1%，国有股东股权比例在实施股权激励后不低于34%；国有科技型企业可以实行分红型激励；股权激励的价格要以具备资质的资产评估公司的评估价为依据等。除上市公司外，民营企业股权激励除了要符合《公司法》要求，基本上没有严格的价格、数量等方面的要求。

## 5. 审批要求不同

国有企业股权激励方案有着严格的审批程序：除了要经过本企业的股东会、董事会、监事会、职工代表大会表决通过，还需要上级企业董事会、党委会甚至国资委审批。民营企业股权激励方案得到企业老板个人或者企业股东会、董事会批准后，即表示通过。由此可见，民营企业股权激励方案的审批更为高效，国有企业股权激励方案的审批更为严格。

此外，在激励方式上，除了少数的科技型国有企业可以推行分红型激励，一般均为限制性股票激励；民营企业可以广泛运用各种形式的股权激励。

## 问15　管理咨询机构做股权激励服务有何独到之处？

社会上，给企业做股权激励服务的企业很多，主要包括管理咨询机构、律师事务所、会计师事务所、券商等机构。服务机构如此之多，企业家该如何选择？

在这里，我们要对几个服务主体做个分析，让企业家了解各机构在股权激励服务上有着哪些明显的差异。

## 1. 风险防范和价值创造

律师在做股权激励方案时，更加关注方案风险性，尤其是法律风险，所以律师的方案可以做到在风险上滴水不漏；会计师从财务风险考虑，一方面认为不能因为股权激励给企业现金流、未来投资带来影响，另一方面认为需要财务体系十分规范才能推动股权激励；券商做股权激励方案，更侧重于如何对接资本市场，制订的方案不能与上市等资本运作产生冲突。

管理咨询顾问认为这其实是必要条件，而非充要条件。事实上，一个股权激励方案更大的目的是激励核心人员、凝聚人心、开拓进取，从而为企业带来更大的价值。所以，管理咨询顾问会在法律、资金及对接资本市场的风险防范基础上，更加强调激励效果，更加关注方案实施所能给企业带来的价值增值。

## 2.  重点关注对象

律师的第一关注点是法，尤其是对拟上市公司、上市公司的股权激励更是如此；会计师更关注的是财务，一切围绕实现财务目标、规范财务体系运转；券商关注的是资本运作，股权激励只是资本运作的附属品，是一种顺带的操作。

管理咨询顾问第一关注点是人，关注和企业发生关联的人的需求。管理咨询顾问重点思考如何帮助企业激发人才潜能，让员工和外部资源方把企业的发展当成自己的事业来做。相对来说，管理咨询顾问的追求才是企业股权激励更想要的。终究，企业竞争的核心是人才的竞争。

## 3.  点和面

律师在做股权激励方案时，思考的点非常聚焦，会专注在法律风险上；会计师做股权激励方案，也会掺入职业习惯，容易陷入算账的境地中；券商做股权激励，看的都是钱，靠上市、投融资而实现股权激励回报，对是否真的促进了企业内在能力的提升并不太关注。

管理咨询顾问在做股权激励方案时，会致力于以股权为中枢，打通"企业治理—企业战略—薪酬体系—绩效管理—企业文化—资本运作"全方位的企业发展管理经脉，因此站得更高、看得更远。要见树木，更要见森林；手中落一棋子，心中已有全局。这也是我们一贯坚持的主张。

## 4. 表象和本质

股权激励表面上是给员工报酬，以期调动员工的积极性，但事实上，这只是表象，或者说是第一层面，即分配型股权激励。在此基础上，还有第二层面，即文化型股权激励。我们可以把股权激励在分配的基础上，导向一种企业特别需要倡导的文化。如俞敏洪在企业上市时，给跟随他的看门老大爷一些股份，这就是向员工宣导一种忠诚的企业文化。第三层面，即战略型股权激励，企业把发展战略与股权激励结合起来，通过股权激励，支撑企业战略目标的实现，以股权为纽带，点爆战略导火索。如根据发展方向进行股权布局，对经销商进行股权营销，对投资者进行股权融资，对核心员工进行股权激励，对新老股东进行股权治理。

律师、会计师及券商所做的股权激励方案，基本上属于分配型股权激励，而管理咨询顾问所做的方案会抓住激励的本质，涉及很多方面。

## 5. 静态与动态

律师、会计师及券商所做的股权激励方案，基本上都是根据激励对象的过去表现和现在担任的职务进行静态的一次性分配。管理咨询顾问做的股权激励方案具有前瞻性，并非静态的分配方案，而是动态的激励方案。管理咨询顾问做的方案除了要有战略的动态适应性，也要有与薪酬、绩效等挂钩的动态调整性，而非一成不变、一分就定。

## 6. 现状和未来

管理咨询顾问不仅关注现有人员的激励，而且关注企业未来的发展，关注未来新进、新晋人员的激励，所以，管理咨询顾问做的股权激励方案，不仅结合历史贡献、当下重要性、未来价值针对现有人员进行激励，而且针对未来企业发展需要，为未来新人引入留足激励空间，让后来者看到希望、看到前景。其他类型人员所做的股权激励方案，要不就是局限于现状，不利于培养激励对象拥有长远眼光；要不就是只描绘未来，给激励对象当下虚无缥缈的感受。

因此，如果一家企业决心要推行股权激励，一定要先选好机构，所选的机构一方面要经验十足，另一方面应该符合自己的发展要求，最好是既帮助解决当下人员激励问题，又能为企业未来发展进行周到的考虑。

# 第二篇
# 布局篇

# 整体布局

## 问16　不同发展阶段，股权布局依然"为时不晚"？

　　股权架构对企业的发展有着至关重要的作用，好的股权架构甚至能够起到无可比拟的"杠杆作用"，撬动起一座座商业帝国；不好的股权架构则导致内部纷争不断，甚至导致企业分崩离析。那么，如何设计一个好的股权架构呢？这并非千篇一律，要根据企业的不同发展阶段进行设计和搭建，不论哪个发展阶段，股权布局都"为时不晚"。

### 1. 初创期：一股独大，掌握绝对控制权

　　创业往往是由一两个创始人思考、发起并组织一个团队来推进与实施的，核心创始人是获得股权分配权的创始股东之一。现实中，相当部分初创企业及其核心创始人会不加思考地给予核心创始团队成员股份，一是碍于情面，二是早期企业往往没有较充裕的现金作为等价物来交换创业所需要的资源与能力。

　　资金在企业创业早期阶段固然重要，但股权更弥足珍贵。资金在企业发展过程中是可再生的，而股权不能；每一元现金的价值在企业发展过程中是几乎不会增加的，但每一股的价值却可能翻几倍、几十倍甚至几百倍。因此，股权设置与分配的第一个核心原则就是，能用"钱"解决的问题不要用"股权"来

解决。另外，企业在创业初期引进关键人才的时候可能需要实股，但是一般人员最好不要直接给实股，可以视具体情况给些虚拟股。

创始股东之间如何划分股权是个"仁者见仁，智者见智"的问题。创业最终成功的企业，在股权上往往"一股独大"，这样能够提高决策与行动效率。因合伙人团队分崩离析导致创业失败的案例中，企业股权在合伙人团队进行平均或相近分配的情况，屡见不鲜。

初创企业的创始人股份最好在2/3以上，以保证绝对的控股权，这样可以顺利地推进相关的政策高效执行，确保企业运行顺畅。

## 2. 发展期：两权分离，新老业务分开

企业处于发展期时将逐步走向规范化，企业创始人逐步将经营的权利下放，管理团队初具雏形，企业发展迅速。此时，创始人可以抽身出来，进行企业的战略规划与长远思考。

创业初期我们提倡"一股独大"，但是创始人不能什么事情都亲力亲为。当企业发展到一定阶段之后要实行一个非常重要的机制——两权分离，也就是企业的所有权和经营权一定要分离，经营权一定要下放给能人，创始人确保控制权就可以了。

作为创始人都有自己的起家业务，一般都是赚钱的业务，但是市场前景可能并不是很好，不在新兴行业中，很多时候还存在账目不清晰、不能对外公开等情况，不能很好地跟资本市场对接，所以一般不适合上市，只能作为"自留地"，这个公司我们一般称为母公司，公司的性质是有限责任公司，相对封闭，股权不对外开放。

如果要对接资本市场的话，就需要开辟一块新的业务，或者从老业务中细分出一个新的业务，重新设立一个公司，这种业务就被称为"战略性业务"。新公司的业务比较清晰、可以对外公开，并且有市场前景，适合对接资本市场，公司的性质可以是股份有限公司。

同时为了安全起见，我们需要把新业务和老业务分开，分开之后股份安

排就不一样了，创始人的股份和其他人的股份不在同一个层面上。所有的员工股、激励股、投资者股都可以放在新公司，这样的话新公司的股东只对新公司有查账权、知情权，没有对母公司的查账权、知情权。母公司的股东可以知道子公司的所有情况，但是子公司的股东只能知道子公司的情况，这在一定程度上就在新老公司之间形成了一道防火墙，确保了公司的稳定和安全。

一般"战略性业务"不是创始人熟悉的业务，需要请专业的经理人运作，可能需要通过股权激励的方式解决高管激励的问题。另外，新公司一般前期并不赚钱，为了解决资金问题需要引进投资者，股权在这个时候会稀释掉一部分，对管理团队激励及吸引投资者的股权比例是根据公司发展需要而定的，只要确保公司不失控就行。

在企业发展期，如果创始人要实现相对控股，最好拥有超过1/2的股份。

## 3. 扩张期：完善治理结构，扩大企业规模，做好股权激励

企业进入扩张期，市场份额逐步提升，不少风险投资基金也蠢蠢欲动，如果创始人在前期就有资本战略的考虑，那么此时企业可能要进行融资。企业一方面需要吸引风险投资，另一方面需要完善治理结构，做好股权激励。股权的价值在这个时候凸显，股权激励的效果也会非常明显。

这个时期在主体公司业务基础之上向外拓展，做大公司体量，如跟经销商合作，成立合资公司，共同拉动销售；或者跟供应商一起成立公司，建立长线战略关系；或者兼并或收购其他公司，成立子公司。

在扩大企业规模的过程中释放的股权比例一般在10%~15%，这个范围比较合理，经过这个阶段的对外释放股权，创始人最好拥有企业1/3以上的股份，这意味着创始人拥有企业重大事项的否决权，以保证企业的稳定和安全。

## 4. 成熟期：强化寡头地位，盘活基层公司活力

随着企业继续发展，逐步走向成熟，股份也越来越分散，要加强对企业的治理。

这个时期企业已经形成了相对稳定的规模和市场影响力，那么强化独占鳌头的寡头地位是重中之重，其关键是要掌握好股权的控制权及其稳定性，并且保证企业战略方向的稳定。

另外，这个时期企业机构相对庞杂、臃肿，容易出现官僚主义，或者员工出工不出力的现象，这时就需要充分释放给下层股权，调动各层级新老员工的积极性，充分发挥团队的活力。

综上所述，股权架构的搭建不是靠"抄作业"就能抄来的，一定要结合企业的发展阶段，综合考虑企业的中长期战略规划，设计适合企业自己的股权激励架构。

## 问17 如何通过股权撬动业务多元化的商业帝国？

企业业务多元化，通常以成立多个事业部或成立分（子）公司的形式实现。事业部因为不是独立法人，无须工商注册，不涉及股权的重新分配，因而以事业部形式实现多元化，企业的股权架构可以不做重大调整，重点考虑的是组织内部机构的调整。以分（子）公司、甚至孙公司形式实现业务多元化，需要考虑股权布局的问题。

从纵向来看，企业多元化，往往会设立多层次公司，以达到隔离多公司发展的风险累积。如郭广昌控制的复星集团便是这样的一个典型案例。在香港上市的复星国际，由郭广昌控制的复星控股控制，而复星国际百分之百持有复星集团的股权，复星集团又通过股权控制地产、医药、钢铁、商贸等众多行业中的公司，其中不乏上市公司。郭广昌通过这样的多层次杠杆式股权布局方式，实现了资源收益放大与风险分散的结合，最大限度地实现整个集团的战略布局与财务统筹，而从其中任何一个实体公司看，郭广昌都"游离"在公司之外，风险能够合理屏蔽。

从横向来看：

（1）成熟业务或基础业务，往往是企业早期开展的业务，时间一般比较长，它的特点是业务量比较稳定，有一定的市场规模与品牌知名度，可能利润率不高，不属于市场最受欢迎或者政策最倡导的业务，但能给企业带来稳定的现金流。基础业务是能让企业活下去的关键业务，创始人一般会保持更多的主导权及控制权，持有的股权比例相对也比较高，当然有些国有改制企业，或者一开始就有众多股东投资形成的企业，其第一大股东股权比例可能并不会很高。

（2）发展型业务，属于市场前景看好、符合发展趋势，但是存在一定不确定性的业务，往往未来的盈利比较高，但是开始的时候业务量与品牌知名度乃至市场占有率不高，企业反而要投入很大的资金与人力支持其发展。企业创始人在发展型业务的分（子）公司或孙公司的实际持股比例，一般要达到51%以上。

在发展型业务中，企业可考虑对内部管理团队、优秀员工进行虚拟股或实股的股权激励，以更快、更好地推动该业务的发展。

（3）种子业务，是面向未来的不确定性非常高、风险非常巨大的新业务。它有可能做不成，也可能成功后成为企业发展的引爆点、企业新的增长极，利润率极高。这类业务开始时可能甚至看不见成功的希望，会在黑暗中长期摸索一段时间，资金投入大且回收时间长，对核心人才的要求非常高。所以，种子业务也被称为风险业务，类似于风险投资，很多企业把种子业务当作孵化业务，在企业的平台上进行孵化。

这类业务，企业创始人实际持股比例达到相对控股比例即1/3即可，用更多的股权吸引外部优秀人才加入、与上下游合作者进行股权合作，以促进业务快速发展，实现收益共享、风险共担。

回到前面提到的以事业部形式实现的多元化如何进行股权布局问题。事业部不涉及实股层面的问题，在具体实践中，可以实现独立核算的事业部，同样需要进行虚拟的股权布局，即以虚拟股激励事业部负责人、管理团队等核心人员。

## 问18 国内上市公司的股权架构设计有哪些重点？

企业在国内上市，就要符合国内上市的要求。计划未来在国内上市的企业，需要在申报上市材料前满足一定的要求，包括财务、税务、法务等方面。同时，在内部股权架构方面，要本着稳定和发展的原则，以终为始，提前进行股权布局，以满足未来对接资本市场的要求。

国内上市公司在股权结构设计中，重点要布局好控股股东、管理层、投资者等几个方面的股权结构关系。

（1）控股股东及其家族持股，一般情况下，建议上市前控股股东持股比例不低于51%，最好能达到67%以上，以保证在上市前仍保持相对控制地位，在上市股权稀释后，控股股东持股比例不低于34%，最好能达到51%以上，也就是上市后控股股东仍能保持对企业控制权的相对稳定性。

一般而言，拟上市公司的实际控制人还可以成立一个控股公司或有限责任公司，对拟上市公司进行间接控股，但可以保留一定比例股份用于自然人直接持股，便于未来上市后个人股权减持的灵活性。

（2）管理层持股，建议上市前比例为10%左右。无论是证监会还是投资机构，都非常看重拟上市公司高管团队的质量和稳定性，所以，在提交IPO申请前对核心员工实施规范的股权激励可以大大提升公司的"印象分"。值得一提的是，①管理层持股应尽量在投资者进入前实施。考虑管理层不仅出资更出力，获得股权的价格应比投资者低。如果在引入投资者后再推行管理层持股，则管理层获得同样数量的股权要付出更多的成本，操作上不太合适。②对于管理层持股，建议成立员工持股平台统一管理股权，以降低拟上市主体股权的复杂程度和不稳定性。员工持股平台可以以有限合伙公司形式成立。

（3）投资者持股，建议持股比例为5%~15%。引入投资者，不仅是为了缓解企业上市前的资金紧张，更重要的是提升企业的资本运作能力。选择投资者，首先可以考虑与企业合作良好的供应商或渠道，通过吸纳它们成为企业股东，能够增加企业与合作商的业务黏度，提高企业发展的稳定性，提升企业的市场竞争地位。同时，也可以考虑有行业资源，或者有丰富的上市经验的专业投资机构作为投资者，推动企业业务发展，为企业走向上市提供专业的资本运作经验。

（4）从便于上市的角度考虑，企业股权结构还应符合以下特点：

- 简单明晰的股权结构。多层、嵌套等复杂的股权结构不便于公众理解，因此，企业在股权结构演变时，要相对简单，如在拟上市主体之上，搭建不超过两层的持股结构，就容易让人"一眼望穿"。

- 有核心股东的股权结构。在设计股权结构时，股东里一定要有核心股东，能够正确引导企业的经营决策，如创始人家族、核心创始人、创始人团队等。

- 股东之间优势与资源互补。股东之间的关系最好是我少不了你，你少不了我，能够彼此优势与资源互补。如果功能职责太过接近，会发生纠纷，最后很容易另起炉灶。

- 股东均能独当一面且相处融洽。股东彼此各自独当一面，股东之间无各类纠纷，明确各自职责，互相信任。

## 问19　海外上市红筹架构和直投架构如何搭建？

海外股权架构是指境内个人或公司在境外搭建离岸公司，通过离岸公司来控制中国境内或者境外业务的架构。常见的海外股权架构包括红筹架构和直投架构。

### 1. 红筹架构：VIE模式和股权控制模式

红筹架构是指境内公司或个人将境内资产/权益通过股权/资产收购或协议控制（Variable Interest Entities，VIE，直译为可变利益实体）等形式转移至在境外注册的离岸公司，然后通过境外离岸公司来持有境内资产或股权，最后以离岸公司名义申请在境外交易所（包括纽交所、伦敦证券交易所等）挂牌交易的上市模式。

（1）红筹架构一：协议控制（VIE）架构，是指外国投资者通过一系列协议安排控制境内运营实体，无须收购境内运营实体股权而取得境内运营实体经济利益，并且将经济利益汇入其在英属维尔京群岛（British Virgin Islands，BVI）或开曼群岛设立的公司的一种投资结构。VIE架构通常用于外国投资者投资中国限制或禁止外商投资领域的运营实体。同时，VIE架构也是该类境内运营实体实现境外上市常采用的一种投资架构。通过协议控制架构上市的，早期知名公司有新浪、百度，后来有腾讯、阿里巴巴、京东等（见图2）。

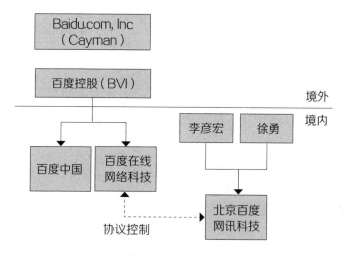

图2　百度招股说明书中股权协议控制

（2）红筹架构二：股权控制架构。股权控制架构先由境内公司的创始股东在BVI、开曼群岛等地设立离岸公司，然后利用离岸公司通过各种方式收购境内权益，最后以该离岸公司为融资平台发售优先股或者可转股贷款给基金进行私募融资，最终实现该离岸公司境外上市目的。该模式的架构如图3所示。

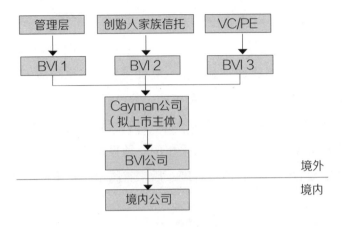

图3　股权控制架构

## 2. 直投架构

这里所说的直接架构又称"走出去"或"对外直接投资"架构,是指我国企业在国外及港澳台地区以现金、实物、无形资产等方式投资,并且以控制境外企业的经营管理权为核心的经济活动。以上市公司巨轮股份(002031)投资德国欧吉索机床有限公司(简称OPS公司)为例(见图4)。

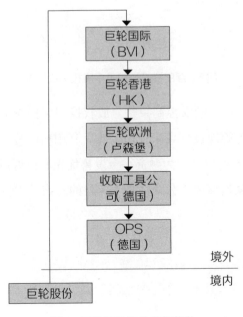

图4　巨轮股份海外股权架构

在这次投资中,巨轮股份没有直接持股德国OPS公司,而是根据国际投资项目的通行做法,采用了多层股权架构。这样操作具有便于境外融资和资本运作及方便未来投资退出的好处:企业搭建境外多层架构后,方便利用HK公司的BVI公司等持股平台引进外币基金。由于英属维尔京群岛、中国香港等地法律制度更灵活,也方便使用优先股、认购权等金融工具,因此当巨轮股份欲退出其在德国的投资时,不必直接转让德国公司的股权,而可采用由BVI公司转让HK公司的间接持股方式。由于BVI和中国香港不受外汇管制,实行自由贸易政策,无须政府审批,因此退出效率高。

除了上述多层架构,有的企业还会在境外多层架构间嵌套信托计划,这样不仅可以有效地隐藏境内企业与投资目标公司之间的投资关系,使得它们之间的交易和安排更为自由和灵活,而且可以在境外企业退出投资时,BVI公司一级拟受让方共同修订原有的股权代持信托计划,将委托人和受益人更改为拟受让方,之后,BVI公司再将HK公司的股权在香港转让给拟受让方,从而实现投资退出。

目前,对于境内资金出境,国家管控较为严格。有打算去境外设立特殊目的公司的企业要提前了解相关政策。

根据2006年中国六部委联合出台的《关于外国投资者并购境内企业的规定》(简称"10号文")的相关规定:境内公司、企业或自然人以其在境外合法设立或控制的公司名义并购与其有关联关系的境内公司,应报商务部审批;特殊目的公司(简称"SPV")境外上市交易,应经国务院证券监督管理机构批准。SPV是指境内居民法人或境内居民自然人一起持有的境内企业资产或权益在境外进行以股权融资为目的而直接设立或间接控制的境外企业。

海外股权架构的外汇登记:根据汇发〔2005〕75号(简称"75号文")的规定,境内居民设立或控制境外特殊目的公司之前,应申请办理境外投资外汇登记手续。境内居民将其拥有的境内企业的资产或股权注入特殊目的公司,或在向特殊目的公司注入资产或股权后进行境外股权融资,应就其持有特殊目的公司的净资产权益及其变动状况办理境外投资外汇登记变更手续。

## 问20  家族企业如何在股权布局上为"传承百年"打好基础?

家族企业,顾名思义,就是所有权、经营权或两者都是集中在企业家与其家族成员手中的企业。无论是在中国还是在国外,家族企业都是具有普遍意义的企业组织形态,在各个国家都具有举足轻重的地位。

研究家族企业的股权布局艺术,是具有巨大的理论价值和现实意义的。第一代企业家从创业到实现阶段性事业成就,往往会经历千难万险。因此,他们通常会选择牢牢控制企业。当他们不能亲自掌控企业时,当中的大部分人会自然希望把一手创立的基业传给下一代或者其他家族成员,令家族的名声和财富持续不衰,甚至发扬光大。

家族企业的股权架构设计不应被忽视。因为,一旦处理不当,一方面可能导致家族企业创始人的大权旁落,丧失对企业的控制;另一方面可能由于家族企业成员的内斗,导致企业丧失原有的核心竞争力,甚至亲人将家族纠纷上升到法律纠纷,要求法院对企业进行清算分割,从本来的"水乳交融"发展到"水火不容"。

为了让家族企业一直兴旺、昌盛,它的股权的分配和安排是极为关键的一步。股权的分配和安排可能涉及未来十几年、几十年乃至百年基业,没有一套完善且量身定制的股权架构设计方案及落地计划,家族企业很有可能在发展过程中分化,也可能在代际传承之后举步不前,资产大幅缩水,很快就会在市场竞争中淘汰出局。家族企业股权架构的设计是要跟企业所处阶段紧密关联的。下面根据家族企业发展阶段的变化,主要分四种布局方式展开。

### 1. 成立家族控股公司作为发展和投资的平台

家族企业在发展壮大的过程中,可能引入其他投资者,股权会逐渐分散,在这种情况下如果再出现夫妻离婚、子女继承等情况,则以创始人或者创始人夫妻、父子身份直接持股的公司,股权将会更加分散,家族如果因为家庭纠纷,不再团结,则家族对公司的控制权将会逐渐削弱,为外部股东觊觎,甚至失去对公司的控制权。失去控制权和话语权的公司，传承是没有意义的。所以为了避免家族企业股权的分散，成立家族控股公司对家族企业进行控股，将股权的传承或者分割限制在家族控股公司里面，可以较好地避免股权分散的风险。

## 2. 交叉持股平衡家族成员利益

如果某个家族企业，第一代企业家仅有一个子女，那么通常就会传给该子女，股权也会逐步转给该子女。很多时候，第一代企业家会有多个子女，如果他们都对企业经营的业务感兴趣，有创业精神，那么创始人就可以按照如下方法对多个子女进行股权分配。

创始人将家族产业分成多个不同类别的企业，根据子女的兴趣，分别将各业务交由感兴趣的子女负责，但还是一家人。每个子女只控制一个企业的70%的股权，剩下的30%由其他子女平分，形成彼此交叉持股的态势。

这种方式使得各分支都对所经营企业绝对控股，每支都高度自治与自我激励，避免了与其他分支协商的成本和内部摩擦，这无疑是家庭成员众多情况下股权设置的一种好方案，而且也维持了创始人所看重的家庭和睦。

但是随着各个分支子女的长大成人，后续的继承者们越来越多，股权就会更加分散，到了第三代股权可能分布在数十人手中，大家都没有对企业形成有效控制怎么办？

## 3. 股权回购使公司股权相对集中

股权回购的最简单方法便是直接买下不参与公司治理的家族成员的股权。股权回购案例最出色的就是香港LF服装集团，该集团在私有化前，集团股权被分散在35个家族成员手中，其中能力最突出的两兄弟向银行借款超过50亿元，用于收购市面上流通的股权并以高于市价80%的价格收购亲戚手中的股权，几乎取得该集团100%股权，然后退市重整，之后再以高溢价上市获得资金，偿还银行贷款。

这俩兄弟之所以能向银行借款数十亿元，正是依靠家族企业多年来所形成的无形资产，这也是家族企业最重要的资产。如果这样一个信誉良好的企业散了，多么可惜！所以家族企业的股权一定要及时管理，防止不知不觉流失，等到发觉后可能追悔莫及。

### 4. 一劳永逸——家族信托

一家企业在二代的时候可能还掌握企业的控制权，但到了三代、四代还如何将企业的控制权掌握在手里？很多有远见的企业会考虑将家族股权信托化。

家族信托在欧美已有数百年历史，在中国内地也渐渐被企业家等富裕人群接受。它是以法律架构管理委托资产的一种形式，委托人将信托财产移转予受托人，受托人依照信托人要求为受益人（beneficiary）的利益或特定的目的管理或处理信托财产。信托根据受益人的不同可分为公益及私人两种，家族企业信托则属于私人信托。

家族信托通常严格限定转让权，如股权不能转让，或者委托人及受益人死亡后才能转让，这样的好处是有效地集中了股权，帮助家族后代维护家族对企业的控制，保证企业不被外部兼并，维持家族企业基业长青。

信托的另一重要特点是财产一旦进入信托，家族成员就会丧失法律上的所有权，因此无须缴纳高昂的遗产税并避免了个人破产、离婚等情况对企业所有权的分割。家族企业创始人还可以通过信托这种形式使得所有权与管理权分离，财产授予人无须考虑受益人的资质水平对企业造成的影响，将管理权、决策权交给管理能力高超的信托机构或者授予人指定的机构或他人，受益人则安心地享受资产收益权。

### 问21　在子女不愿接班的情况下如何保障企业"基业长青"？

子女不愿接班，是家族企业股权架构设计当中经常碰到的情形之一。

我们在给企业家授课和项目操作的过程中，总会听到企业家说，哎，我就一个小孩，在公司磨砺两三年了，他总感觉还没有找到自己的兴趣点和擅长的地方，这个公司该怎么管？公司的股权该怎么传承呢？

人的生命是有限的，企业家精力旺盛的岁月也是有限的。一家企业，特别是民营企业，始终逃不过传承和继承的问题。如果创一代的子女不愿继承，或者子女只当企业的股东、董事，而不愿意去主导企业经营，这样的企业如何才能持续发展呢？

如果企业家的子女是愿意接班且能力尚可的，那么这个企业家第一选择是不太会想着让外人来接班的，毕竟中国文化传统和亲情观念让每个人都会优先考虑家人。但实际上子女不愿意接班，或者没有能力接班的情况很多。所以，当他的子女不愿意接班时，需要将接力棒交给一个外部可信赖的人。

那么，如何找到可信赖的人接班，或者说，如何让接班人对企业更忠诚？从人性角度看，一些经理人为了在合同期内充分获得个人收益，往往会采取激进冒险的方式在3～5年内迅速扩张业务和规模。发展好的时候这有可能在短期内帮企业赚到钱，但会给企业带来巨大的风险，更有甚者，很可能损害企业未来的利益。当职业经理人的短期目标与企业发展的长期目标不一致时，如果企业家能够阻止职业经理人将企业带向歧途，亡羊补牢，未为迟也；但如果企业家没有精力重新出山，而且后代也难堪大任或者不愿意接班，则企业很可能走向衰亡。

因此，我们建议：

（1）通过股权激励对职业经理人团队进行利益捆绑。企业家要为职业经理人团队设计股权激励机制，保证职业经理人团队在经营效果良好时能够获得匹配的回报，甚至让职业经理人团队成为实股股东，享受荣誉感，使企业的长期发展和其个人的长期收益相一致，那么职业经理人团队就会从长远考虑，避免出现急功近利的行为。

（2）为未来人才队伍更换留出股权激励的空间。当现任的企业经营管理负责人不再符合企业发展需求时，应有适当的政策在现有团队内部或外部招揽更加合适的人选，并且给予该人选一定的股权。这样，企业就能够在一代创始人离开后平稳过渡并正常发展。所以，让管理团队通过有限合伙制间接持有企业较大比例的股权，同时还在合伙企业内预留股权，用于引入人才的激励，显得十分必要。

（3）设计好家族企业的持股架构。让不愿意接班的家族成员在持股企业持有少量股权，便于家族成员在企业成长的过程中也获得相应的财富回报。

（4）前面提及的家族信托间接持股也是一种较好的解决子女不愿接班问题的方式。如果子女不愿接班，企业家可以将持有的企业股权注入一个信托计划中，以该信托机构的名义间接控制并行使决策权，家族成员则作为该信托计划的受益人。

家族信托间接持股的好处主要有以下两个：

1）管理家族信托的机构往往会有一些成员专注于该企业所在的行业。因此，这个行业未来会如何发展、目前应该采取哪些发展措施等，家族信托管理团队都会给出专业的见解和指导意见。如此，家族信托就起到了军师和参谋的作用，未来可以协助家族成员管理企业，参与企业重大事项的决策。

2）家族信托间接持股能够对职业经理人起到很好的监督、制衡作用。信托机构往往能够站在家族的角度思考问题。家族信托管理人可以参与企业决策，与家族成员、企业管理层共同决定企业重大事项，很好地避免了因职业经理人可能存在的短期偏好而给企业带来的发展风险。

当然，家族信托也不是万能的。如果家族内部发生纠纷，会威胁到家族信托的独立性及家族成员的利益。

为了防止家族内部的矛盾，家族信托还可以引入有限合伙制度。有限合伙人和普通合伙人实际上是私募基金组织里两种当事人形态，有限合伙人一般持股但不参与决策，普通合伙人通常扮演着管理者和决策者的角色。家族信托在设立时可以规定，家族成员仅充当有限合伙人，而由一个机构担当普通合伙人。这样，决策者不是受益人，会使信托计划的决策更加中立与公正。

## 问22 没有实际控制人，股权分散时如何实现"相对控制权"？

我们基于研究和实践发现，我国上市公司中有数百家公司没有实际控制人，非上市公司这种现象较少，但也会随着内部员工激励、外部资本引入而逐步增多。因此，针对这类情况的股权布局具有重要的意义。

首先我们来明确一下，法律法规框架下什么样的情形会被认定为没有实际控制人。

1）股权结构比较分散，各股东持股比例均未超过30%；或者有几位股东持股比例均超过30%，但持股比例接近，均未超过50%，单个股东均无法控制公司，无法单独通过实际支配的股份决定公司的重大事项。

2）单个股东提名的董事会成员人数无法占全体董事半数以上，无股东可对董事会表决具有控制权。

3）由于无单个股东可控制公司董事会，进而亦无单个股东可对公司总经理、副总经理、财务总监及董事会秘书等高管的聘任进行控制。

4）各股东间不存在一致的行动安排，未就公司的控股地位事宜达成协议或做出任何其他安排。

若符合上述要素，一般可以认定公司不存在实际控制人或多人共同拥有公司控制权的情形。

如果是为了决策民主、权力均衡而有意让公司处于无实际控制人状态，则股权层面无须做刻意安排。如果公司在发展过程中，创始股东为了吸引人才、留住人才、凝聚合作伙伴、引入投资等，不断稀释股权，增加持股主体，导致股权分散而没有实际控制人，则可以考虑通过以下方法实现相对控制权：

（1）签订一致行动协议。由数位相对主要的股东形成一致行动协议，一般是公司主要经营管理人员联合少数其他核心小股东，形成一致行动关系。对于公司重大决策，由具有一致行动关系的几个股东商议得到结论，形成统一意见，并且在公司股东会上产生关键的影响。

（2）签订投票权委托协议。将分散的小股东的投票权委托给公司的核心股东、领袖，和签订一致行动协议一样，可以起到集中表决权的作用。

（3）收购分散的股权。由公司实际操盘人个人或少数几个人收购其他小股东的股权。尤其在上市公司中，股东可以进行收购，将社会上大量散户的股权买入自己手中，增大自己的话语权，直至形成实际控制人地位。

（4）控制董事会。在公司章程中，修改董事会人员入选规则及董事会决议形成规则。如在公司内部形成内部合伙人机制，公司章程给予合伙人会议确定董事会人选的权力，或者提名董事的权力，而合伙人会议可以由某个持股比例小但对公司作用大的股东控制。通过这种机制设计，小股东可以控制董事会，进而成为公司的实际控制人。

目前全球公司法有两个不同法系，一个是英美法系，另一个是大陆法系。大陆法系和英美法系对于董事会和股东会权力边界的界定并不一样。大陆法系的模式是"股东会中心制"，即董事会只拥有股东会明确授予它的权力，而英美法系则奉行"董事会中心制"，即除了股东会保留的，董事会具有一切其他权力。我国采取类似于大陆法系的制度，但是在股权分散的情况下，可以借鉴英美法系增强董事会的权力，避免公司权力真空，确保公司的稳定性。

（5）形成代持关系。这种方式更适合非上市公司。公司有众多小股东，虽然看起来决策更加民主，但是会带来决策效率低下、扯皮事情增多的不利影响。因此，某些股东可以与其他股东签订代持协议，后者将股权交由前者代持，股权对应的表决权也交给代持人，那么代持人就成为公司的实际控制人。

# 控股架构

## 问23　控股公司"不可或缺"的原因有哪些?

在股权架构的布局中,控股公司有着举足轻重的作用,对于绝大多数公司来说,控股公司是股权布局过程中不可或缺的一个角色。那么,控股公司的优势有哪些呢?总的来说,主要体现在控制权把握、税收筹划、多元化业务开展及家族财富传承。

### 1. 有利于强化大股东控制权

通常而言,我们在设计股权激励方案时,都会在顶层设计时建议企业设立一个家族控股公司,而且持股比例最好能超过50%。一方面,在控股公司持股的股东都是家族内部成员,家族成员对公司经营出现意见不一致时,所有问题都会放在控股公司内部解决,对外始终保持一个声音,这样就可以避免因股东意见不一致而导致公司经营波动,在保持股权架构稳定的同时,也确保了大股东对公司的控制。

另外,成立控股公司也相当于在股东层面设立了一道防火墙。控股公司作为一种制度安排,通过持股、业务、管理人员等方面的限制,在母公司与附属机构之间以及附属机构相互之间设置屏障,旨在割断各种业务之间的风险传递，以防止风险相互传染。控股公司内部产生的矛盾，由于防火墙的存在不会传递到下属业务公司。同样地，业务公司出现的一些经营风险也不会通过控股公司传递到大股东本人身上。

## 2. 有利于公司进行税收筹划

成立控股公司后，控股公司从下属子公司获得的分红收益可以不必分红给控股公司股东，而是直接由控股公司再次用于投资、消费，这部分资金是不需要再缴纳企业所得税和个人所得税的。相反，若是自然人直接持股，虽然分红收益可以直接给到自然人手中，但该收益必须先扣除个人所得税后方能用作其他用途。因此从企业多元化投资的角度，控股公司在一定层面上可以进行税务筹划。

控股公司在税务筹划上一般围绕以下几个目标：①递延缴纳股息收入的所得税。在一般情况下，母公司只有在收到子公司汇入的股息，才把这部分股息还原为应税所得缴纳公司税。如果控股公司有一个子公司，其股息不汇入母公司，就可以递延缴纳母公司的所得税。②增加税收抵免限额。这是指建立控股公司后，可以把原来由各个子公司分别计算税收抵免限额，改变为综合计算。在各个子公司不出现亏损的情况下，综合法相对会得到更多的抵免限额好处。③递延缴纳资本利得的所得税。在控股公司所在国免征资本利得所得税的条件下，母公司的财产如通过控股公司转让，其增益如不汇入母公司，可递延缴纳所得税。

同时由于控股公司所获得的分红收益是无法直接分到自然人股东的手中的，所以我们在进行股权激励时，最好预留一小部分股权在控股公司之外，以自然人方式持有。上市后，股东可以通过二级市场抛售，套现一部分用于改善个人及家庭生活。

## 3. 有利于公司开展多元化业务

控股公司财力雄厚，为了加速资产增值，减少市场风险，普遍采用多元化经营战略。若想开展其他业务，控股公司会提供一个很好的平台。其所获收益不仅可以再投资到主体公司，亦可投入其他产业，为多元化发展打下基础。控股公司进入市场经济的多个领域，产品注重系列化和多元化，因而竞争与发展能力较强。

以复星集团为例，复星集团通过股权布局实现了企业多元化扩张和规模迅速增大。复星集团创建于1992年，是中国较大的综合类民营企业集团，目前拥有钢铁、房地产、医药、零售和金融服务以及战略投资业务。复星集团的发展非常迅速，到2019年，在中国500强企业中名列81位，在中国民营企业排行榜排名第48位。这样快速的增长主要得益于其成功的产业经营和整合，以及成功的资本经营。复星集团从医药行业起家，通过不断地扩张、并购，快速进入了钢铁、金融、地产等众多行业。

复星集团产业扩张在很大程度上依赖其精巧的资本运作。1998年8月，复地成立；2002年8月，投资建龙集团，11月成为豫园商城单一最大股东；2003年1月，和建龙集团投资宁波钢铁，同月投资国药控股，3月成立南钢联，5月成立德邦证券；2004年4月，投资招金矿业；2007年投资华夏矿业；2010年6月17日，收购地中海俱乐部7.1%股权，从而成为该企业最大的战略投资者之一。2012年，与美国保德信金融集团(Prudential Financial)合资创办复星保德信人寿。此外，对中国最大的民营银行——民生银行(Minsheng Bank)进行投资。2014年，以10亿欧元的竞标价购得葡萄牙最大的保险集团Caixa Seguros 80%的股权。其他的投资项目包括马来西亚连锁餐厅——食之秘(Secret Recipe)以及美国电影制作公司Studio 8。对地中海俱乐部提出新一轮收购报价。

通过分析复星的资本路径，我们不难发现，收购上市公司母公司、合作成立联营公司或者以原始法人股的方法介入，是复星集团进行股权布局的主要方式。没有正确的战略为指导，企业的发展必然是盲目的、无序的，生命力也不长久。通过股权合作、收购上市公司等方式进行股权布局，是企业实现多元化扩张、迅速成长壮大的风险最小、成本最低、效果最好的战略之一。

### 4. 有利于管理与传承家族财富

成立一个家族控股公司，并且将家族所有成员纳入其中。理论上控股公司内部的股份可以进行分配，但是分配比例也要遵循一般原则，不能太过相近，必须让操盘者能够拥有控制权。尽管在一个家族内，股比及话语权可以进行协商，然而若考虑到日后的家族变故或股权传承等因素，太过平均的股份很容易留下隐患，即便子女一代传承不存在问题，到了孙子女一代可能就会出现问题。股份的收益可以按比例，也可以事先约定不对称分红。这样的好处是整个家族一个声音在说话，而且控制权很稳定，又不用急于明确股份传承。

"清官难断家务事"，第三方专业机构不能决定企业让谁接班，但是独立的第三方机构可以用专业的力量为企业预先设计好一套游戏规则，将来按照这个规则去交接班。控股公司的好处便是借助这个专业的力量事先打造好架构，未来企业在选择接班人的时候通过内部协商即可在控股公司内实现传承。

## 问24　设立控股公司在现实中如何操作？

如果主体公司刚开始筹划设立，则可以先进行控股公司设立，再投资到主体公司，比较简单易行。

如果原来主体公司已经存在，且是自然人持股，现在要成立控股公司，大致有两种方式：第一种是将自然人的股份转移给一个法人，即新设立的控股公司；第二种是新设控股公司，对主体公司进行增资扩股。

第一种方式的操作步骤是，第一步出资成立一个公司，第二步将个人股权转让给控股公司。这样，原自然人股东可以拿到股权转让价款，但是，股权转让涉及个人所得税，即按照增值部分的20%纳税，这就取决于股权转让价格的认定。如果有外部投资者进入，则将公司注册资本和以最近一次融资价格计算的资本进行比较，增值部分要进行纳税；如果公司没有引入外部资本，则应与公司的净资产进行比较，增值部分进行纳税。

还有一种做法，就是不用新设控股公司，股东可以直接用主体公司的股权进行出资，但税务上和新设控股公司再进行股权转让是一样的。

第二种方式是先出资成立一个公司，该公司再对主体公司进行增资扩股，使其成为控股公司。这种做法的好处是不涉及股权转让所得税的问题，但导致的问题，一是如果原先公司注册资本已经较大，增资完成后更新的注册资本将更大，与公司的经营业绩、利润指标可能不相匹配；二是增资资金被沉淀在公司账户上了，原自然人股东无法自由拿出使用，而且增资资金可能对原股东也会有一定的出资压力。

在设立控股公司的时候，主要有两种形式：一是有限公司形式，二是有限合伙企业形式。有人会问："有限公司是很常见的模式，可是有限合伙企业无须缴纳企业所得税，很多条款也可以自行约定，看起来也不错。设立控股公司的时候是用有限公司还是用有限合伙企业呢？"这里我们还是建议，如非特别必要，一般都采用有限公司形式，这主要是从风险防范、税务筹划等角度进行考虑的。

首先，在风险防范上，有限公司的股东以出资额为限承担责任，而有限合伙企业的普通合伙人是承担无限连带责任的，所以，作为股东来说，有限公司比有限合伙企业风险小很多。

其次，在税务筹划上，有限公司的税务分两种：如果控股公司未来所得来自主体公司分红，则不需要缴纳企业所得税；如果控股公司未来所得来自自身经营，或者转让持有的主体公司股权，则需要缴纳企业所得税。

有限合伙企业的税务也分两种：有限合伙企业中的有限合伙人是统一按照20%的税率征收的；有限合伙企业的普通合伙人按照法律规定是以5%～35%的累进税率征收的。有不少地方的税务主管部门出于简化征收工作的考虑，也会出台统一按照20%征收的细则。有限合伙企业注册地的地方政策也有差异，有些地方会出台更为优惠的税收政策，如西藏自治区、内蒙古自治区、新疆维吾尔自治区等，各企业家可以根据自己的情况进行选择。但是，这些地方的税务优惠，也有一定的风险，需要充分估量上一届政府的承诺在下一届政府那里是否被延续，尽量避免后遗症。

从控股公司的使命看，控股公司是出于对主体公司保持控股权而设立的，为企业大股东所有，通常不会出售股份。主体公司分红给控股公司，作为投资收益控股公司并不需要缴纳企业所得税，控股公司的股东不把投资收益分到股东个人，把控股公司作为股东转投资和消费的平台，也无须缴纳个人所得税，所以分红时控股公司是非常有利于税务筹划的。

有限合伙企业适合作为员工持股平台，分红给合伙人，但无论如何是要缴纳个人所得税的，分红时税收优惠得不到体现。员工持股平台的使命是对员工进行股权激励，而员工股权最终会逐步退出，所以，持股平台是逐步会走向消亡的，因而设立有限合伙企业比较合宜，在股权转让的时候也可以避免缴纳企业所得税。

## 问25　设立控股公司过程中的"坑"和"难点"有哪些？

有人说，设立控股公司不就是在现有公司上面加一层公司，新的公司控股现有公司吗，能有什么风险？我们经过多年的实践发现，企业大股东将自然人控股通过股权转让或增资方式变成法人控股，如果随意操作，是容易出现一些问题的。

### 1. 赔偿责任风险

从理论上讲，以合伙企业或有限公司作为控股公司的形式，都是可以的。如果以合伙企业形式作为控股公司，由于普通合伙人是承担无限责任的，在正常进行投资、管理业务时，没有任何问题，一旦控股公司欠债且难以归还时，普通合伙人需要承担最终的赔偿责任。而作为有限公司形式的控股公司，股东仅按照出资额为限承担赔偿责任。因此，在合伙企业和有限公司这两种形式下的控股公司股东，承担风险的程度有所差异。

## 2. 税务筹划规范性风险

很多企业在设立控股公司时，其注册资本的规模已经较大，此时，如通过增资形式设立控股公司，则会导致企业的注册资本金额翻番甚至更多。在企业难以短期实现利润快速增长的情况下，企业的净资产收益率会明显下降，资本回报降低，不利于进一步引入外部资金。如果通过减资后再增资设立控股公司，则需要将减资和增资的动作放在两个不同的年度进行，以避免工商管理部门及外部相关机构误认为公司故意避税和腾挪资本；如果通过股权转让形式设立控股公司，则需要规范公司的财务制度，避免工商税务部门认定转让无效，向公司征收惩罚性的税收。

如果企业觉得增资不太可行，那么通常会选择股权转让的方式。企业家可能重点考虑税收成本，而想方设法隐藏资产，这会造成资产评估、审计的准确性不足，有可能在将来受到税务部门的追究。

## 3. 减资带来商誉降低风险

企业在运用先减资后增资方式设立控股公司时，外部合作伙伴对企业的可靠性、稳定性会产生怀疑，可能认为企业商誉不再如以前，进而降低与企业合作的愿望。这种风险如果实际发生，将导致企业设立控股公司变得得不偿失。因此，企业在减资时，要做充分的理由说明。

## 4. 大股东地位风险

设立控股公司常常被看作大股东个人或其家族出于传承的考虑，其实不尽然。即使没有传承方面的考虑，也要设计控股公司的股东构成，有时，核心管理人员的股权应该置于控股公司内。在众多的企业案例中，控股公司股权架构设计不当，容易造成引狼入室。著名的国美股权之争就是很好的例子。在黄光裕因经济犯罪锒铛入狱时，陈晓成为董事局主席，掌握了实权。其依据国美董事会拥有实行股权激励权力的制度，对外资股东、管理层及自己实行股权激励，让三者的股权之和超过稀释后的黄光裕股权并意图控制国美。黄光裕通过增持国美股权、以剥离1/3未纳入上市公司的门店为威胁、发控诉信等手段，最终让陈晓出局，夺得这场股权之争的惨胜。如果在设立控股公司时，黄光裕就将陈晓的股权合并进来，则日后陈晓无法联合管理层和外资股东来威胁黄光裕，也就不会产生夺走国美控制权的问题。因此，企业在设立控股公司时，须考虑到日后稀释股份以及引入外部股东后控制权的安全性问题。

不容忽视的是设立控股公司还存在以下难点：必须征得公司小股东同意和税务成本较高。

## 1. 必须征得公司小股东同意

我们知道了设立控股公司有很多好处，比如公司在现有股权架构的基础上设立控股公司后，就可以通过把相关股东放在一个控股公司内，与创始股东本人形成命运共同体，将内部人员股权与外部投资者股权相区隔，以免造成兄弟阋墙，避免类似的"国美事件"再次发生。

然而我们真正在操作时，总会遇到各种各样的问题。企业要想设立控股公司，就必须改变现有的股权架构。而在设立控股公司的过程中最直接的问题就是需要把一些小股东的股份转让给控股公司，但是小股东可能未必同意转让。原来的小股东都是作为自然人持股的，他们的股权是自由的，企业上市后小股东也都可以自由减持股票；但一旦股权转让给控股公司后，其股权自由度将大大降低，所以小股东往往不是很积极，甚至消极对抗，此时需要企业和第三方对设立控股公司的利弊进行分析，做好小股东的说服工作。

## 2. 税务成本较高

如果在上面设立控股公司，可以新设立公司，也可以以其他公司的壳作为控股公司。如果新设控股公司的话，可以把原来自然人股份的一部分转让给控股公司，我们知道，一些企业历史比较久，股权按照净资产作价的话，增值部分很大，此时转让股权就需要缴纳股份增值部分的20%作为股权转让所得税，这是一笔不菲的代价。

如果在下面设立主体公司，以目前的公司作为控股公司，则不存在税务成本问题，但可能存在业务经营的障碍：①有些企业的客户或供应商是世界500强企业，换个公司做业务，尽管实际控制人与业务都没变，但由于公司名称改变，往往需要缴纳改名费等费用；②有些经营领域如工程需要资质，新设公司资质转移比较困难或者需要花费很长时间；③如果有些公司正在考虑上市，则新设公司的业绩需要从此后三年计算，而原来的业绩无法连续计算，加大了上市的时间成本。

很多企业家在设立公司时图简单，最初都不会考虑设立控股公司来持有主体公司的股权，而往往采用自然人持股的方式。他们平时忙于业务，到了主体公司发展壮大之后，再将自然人持股调整成控股公司持股，就会导致税务成本极大。按照目前的税务政策，将股权转让给配偶、父母、子女、祖父母、外祖父母、孙子女、外孙子女、兄弟姐妹以及对转让人承担直接抚养或者赡养义务的抚养人或者赡养人，属于计税依据明显偏低的正当理由。如果转让方计税依据明显偏低，低到"零"的程度，则构成直系亲属间股权无偿转让或赠予，不需要缴纳个人所得税。但自然人将股权转让给法人须缴纳股权转让所得税，即增值部分的20%，这导致很多企业家由于巨大的税务成本，而对设立控股机制望而却步。

因此，应该在企业尚小的时候布局控股公司的设立，等到企业壮大后，就能巧妙避免很多成本。

# 持股平台

## 问26　设立持股平台到底是"添麻烦"还是"不添麻烦"？

在为企业提供落地股权激励的咨询服务时，如果要对激励对象实行实股激励，我们一般会建议企业家提前设立持股平台。有的企业家会问到，设立公司，管理起来麻烦，能不能就以自然人形式持股呢？以自然人形式持股的话，激励对象感觉会更好吧？我们建议设立持股平台，原因如下。

### 1. 增强大股东控制力

曾国藩曾说过："利可共而不可独，谋可寡而不可众。"企业在实施股权激励的过程中，利益可以分配给大家，但是决策权必须集中在少数核心人员或企业家本人手中。除了控股公司，设立持股平台也是一种可以让企业家采用较少的资本，对企业进行更强控制的一种手段。

以合伙企业形式的持股平台为例，具体的操作方法是，企业可以建立一个或多个持股平台，员工统一在平台上持有财产份额，间接持有企业的出资或股份。我们知道，2007年《中华人民共和国合伙企业法》实行以后，设立有限合伙企业变得合法和普遍。合伙企业的表决权并非根据财产份额大小决定，而是由其所担任的角色和承担的风险来判断的。普通合伙人对合伙企业债务承担无限连带责任，并且拥有话语权；其他股东以有限合伙人的身份拥有收益权、发展建议权、知情权，但不具有决策权。企业可以设立这种持股平台，将股权转让给由大股东代表和激励对象一起成立的有限合伙企业，让大家在有限合伙企业内持股，大股东担任普通合伙人。这样，一方面员工享有股权收益权，并不损其利益；另一方面持股平台对外的声音只有一个，平台的话语权仍然归大股东所有，从而增强了大股东对企业的控制力。

## 2. 构建股权防火墙

成立一个员工持股平台，即将员工所持的股放在员工持股平台上，而不是直接放在主体公司里。对主体公司来说，员工是间接持股的股东。这样做的好处就是，所有的员工股东都统一在平台内部进行管理，新员工入股、老员工退股都是持股平台的事情，不会造成主体公司股权不稳定。而且因为员工股东都在持股平台上，如果将来有员工股东和公司产生纠纷，要打官司，也无法要求分割主体公司的财产，从而在员工和主体公司之间建立起了一道防火墙（因为打官司的主体是员工持股平台，持股平台成为一个法律上的主体，员工只能要求分割持股平台的财产）。

还有一个好处就是可以保障主体公司财务的安全性。很多公司的财务都是保密的，因为财务报表涉及很多公司的经营机密和战略意图。如果员工在主体公司直接持股，此时作为股东提出来要看公司的账怎么办？我国对股份公司有很明确的规定：所有权和经营权是分离的，股东不能直接查阅账目，要通过审计机构才能查看。但是有限责任公司的股东是拥有对公司财务状况的知情权的，尤其是2016年8月施行的《最高人民法院关于适用〈中华人民共和国公司法〉若干问题的规定（四）》更是明确保护了股东对于公司会计财务的知情权。如果让员工只是在持股平台拥有股权的话，他就没有资格去查阅主体公司的财务报表了，这样就起到了屏蔽作用，规避了在财务知情权上的扯皮问题。公司只要对下属的投资企业最后出个审计报告，就符合了法律的要求。

### 3. 打造企业激励股权池

持股平台的成立相当于设立了一个股权池，企业可以将持股平台的一部分股权作为奖励和激励员工（包括创始人自己、高管、核心层员工）的手段，剩余股权则预留在股权池中，用于未来新晋人才与外部引入人才的激励。一方面，对于员工而言，预留的股权是一个看得见摸得着的激励；另一方面，也不必在每次向员工授予股权时都重新走一遍流程。

那么设立股权池有哪些方式呢？对于大部分成熟企业而言，可以通过增资设立有限合伙企业作为员工持股平台，并且预留一部分乃至绝大部分股权作为企业的股权池。有限合伙企业的股权可以暂时由大股东或大股东代表代持，以后通过股权转让的形式，授予相关人员。未来企业扩股、缩股、投资者入股乃至发行公众股时，股权池都按照同比例进行稀释；而对于一些现金流并不充裕但投资者较为看好的初创企业，则可以设立期权池。企业每一轮融资，都新设立一个期权池，以前的持股股东按各自持股比例共同稀释。

企业打造股权激励池，并不意味着将股权给出去就收不回来了。企业的股权池最好设立为一个流动型的模式，新员工在入股的时候加入股权激励计划，老员工离职或因其他原因退出时可以把该部分股权收回，重新投回股权池中，从而保证股权池长期可用。

## 问27　在设立持股平台的过程中有哪些问题需要解决？

设立持股平台有着很多的优势，能够产生很大的价值，但是，在设立持股平台的过程中，还是存在一些难点需要解决的。

### 1. 股份来源

我们在设计股权激励的时候，股份来源一般有三方面：老股东转让股权，激励对象对公司增资，公司回购股东股权用于转让。具体来说：

（1）老股东转让股权。如果以实股对公司员工实施股权激励，一般由老股东，通常是控股股东或大股东向股权激励对象出让股权。根据支付对价的不同，可以分为两种情形：其一为股份赠予，老股东向股权激励对象无偿转让一部分公司股权；其二为股权出让，出让的价格一般以公司注册资本（初创公司）或公司净资产的账面价值（成熟公司）确定。当然，也有部分公司，如互联网、高科技公司，股权转让定价方式更为灵活。

（2）增资。股权激励对象可以以相对优惠的价格参与公司增资。这里需要注意的是，因为股权转让或增资过程中原有股东有优先认购的权力，因此事先要处理好老股东的优先认购问题。公司可以在股东会上对股权激励方案进行表决通过，形成决议，约定其他股东对与股权激励有关的股权转让与增资事项放弃优先购买权。

（3）公司回购股权。公司将小股东的股权进行回购，之后再将回购的股权转让给股权激励对象。股权回购后向激励对象进行转让的具体操作方法和第一种类似。

## 2. 兑现的税务成本

美国人做税务筹划，其思路是通过一些合法的途径调整架构。比如，汉堡王通过并购的方式，从美国搬到加拿大。整个美国的汉堡王都成为加拿大公司的分支机构，加拿大的税率是15%，美国是35%。汉堡王通过这一方式，将整体税负率大幅下降，即使美国总统也不能指责其搬迁重组、更改总部的行为不妥。因此，税务筹划并非有些人想象中的一定有违法律法规，而是如何在不违背法律框架下，尽可能为公司减少不必要的税务负担。

国内同样有很多企业在做税务筹划，其中中国平安保险（集团）股份有限公司（以下简称平安保险）在员工限售股减持股票时的税务筹划便是一个典型的案例。

2007年，平安保险在A股上市之前，由于国内法律方面有制约，其员工持股计划全部是通过法人代持股的形式实现的，即由平安保险员工出资成立新豪时、景傲实业和江南实业三家法人公司，由这三家公司代员工持有平安保险公司的股份。

2010年4月，这三家公司为员工代持的平安保险的部分限售股解禁。当这些代持股公司准备将其代持的股票通过市场变现后，将实现的收益转付给员工时，高额的税收负担引起了大家的关注。由于平安保险的员工持股计划是通过法人持股的形式操作的，平安保险股票在法律上的持有人是新豪时、景傲实业和江南实业这三家公司，而平安保险员工只是这三家公司的股东。当这三家公司将代的限售股在市场转让后，转让收益首先需要在这三家公司层面按25%的税率缴纳企业所得税，三家公司减持股票后的税后利润再转付给员工时，员工个人作为股东取得的转让款还要再缴纳20%的个人所得税。40%的税收负担引起了平安员工的极大不满。

为此，平安保险积极进行税收筹划。公司于2012年发布公告，称员工持股平台已于2012年5月11日前转让部分股权至战略投资者。其中，新豪时55%和5%股权分别转让给北京丰瑞股权投资基金和天津信德融盛商贸有限公司，景傲实业60%股权已转给中国对外经济贸易信托有限公司，江南实业38%股权已转让给林芝正大环球投资有限公司。此举使平安保险的高管及员工得以套现约167.43亿元。

平安保险本次公告另辟蹊径，由于新豪时、景傲实业和江南实业这三家公司成立的目的很简单，就是为员工代持平安保险上市的股份，这三家公司的功能就类似《关于外国投资者并购境内企业的规定》中所述的"特别目的公司"。这样，平安保险的员工就可以通过直接转让新豪时、景傲实业和江南实业这三家公司的股权，间接转让平安保险上市公司的股票。此时，由于平安保险的股票并非在市场上直接转让，避免了公司层面的企业所得税，只就个人股权转让部分按"财产转让所得"征收了20%的个人所得税。平安保险将这三个持股平台的股份转让给相关战略投资者，既有效解决了代持股的重复征税问题，维护了员工的利益，也避免了员工限售股直接在市场减持对公司股价波动的影响，实现了员工持股向战略投资者持股的平稳过渡，也维护了股东的利益。

从税收政策来看，我国的所得税体制上本身就存在经济性重复征税。但我国的经济性重复征税目前仅存在于个人股东和公司层面。对于公司股东和其投资的公司之间的重复征税，《中华人民共和国企业所得税法》已通过规定对符合条件的居民企业之间的股息红利所得给予免税进行解决。而代持股高额税负的根源就在于其发生在个人股东与其投资的公司层面，因此，最好的解决之道在于能够找到一个可以避免缴纳企业所得税的穿透实体来为员工代持股。从我国目前的法律规定来看，合伙企业便符合这个条件。根据《财政部 国家税务总局关于合伙企业合伙人所得税问题的通知》（财税〔2008〕159号）的规定，合伙企业以每个合伙人为纳税义务人，实行"先分后税"原则。因此，用合伙企业代持股可以有效避免经济性重复征税导致的高额税负问题。很多上市公司都是通过成立有限合伙企业的形式代持股的，在源头就解决了代持股的重复征税问题。

市场上采用的另一种方法就是将代持股平台迁移到一些低税率或可以给予税收返还的地区，通过降低税率或财政返还的形式，减轻经济性重复征税的税收负担。例如，平安保险将新豪时、景傲实业的注册地迁至西藏林芝，而江南实业的注册地仍保持在深圳不变。由于西藏的企业所得税税率只有15%，同时林芝市对于企业缴纳的所得税在地方留存部分后还给予一定比例返还。对于企业注册地的变更，根据《财政部 国家税务总局关于企业重组业务企业所得税处理若干问题的通知》（财税〔2009〕59号）的规定，企业发生其他法律形式简单改变（包括登记注册地仅在境内转移）的，可直接变更税务登记，不涉及清算和分配问题。因此，该方法也被大家广泛采用。部分地区也出台了一些地方性措施，吸引这些企业迁入或直接在当地注册。下面是我国税收筹划的部分规定。

（1）上市公司。根据《财政部 国家税务总局 证监会关于上市公司股息红利差别化个人所得税政策有关问题的通知》（财税〔2015〕101号）规定，自2015年9月8日起，个人从公开发行和转让市场取得的上市公司股票，持股期限超过1年的，股息红利所得暂免征收个人所得税。

个人从公开发行和转让市场取得的上市公司股票，持股期限在1个月以内

(含1个月)的，其股息红利所得全额计入应纳税所得额，持股期限在1个月以上至1年(含1年)的，暂减按50%计入应纳税所得额，上述所得统一适用20%的税率计征个人所得税。

（2）有限合伙企业。①股权投资企业和股权投资管理企业应依法履行纳税义务，股权投资企业和股权投资管理企业及其相关方应根据《中华人民共和国企业所得税法》和《中华人民共和国个人所得税法》等有关法律法规，自觉履行相关纳税义务。②明确以有限合伙企业形式设立的股权投资企业和股权投资管理企业中自然人的税收、以有限合伙形式设立的股权投资企业和股权投资管理企业的经营所得和其他所得，按照国家有关税收规定，由合伙人分别缴纳所得税。

其中，执行有限合伙企业合伙事务的自然人普通合伙人，按照《中华人民共和国个人所得税法》及其实施条例的规定，按"个体工商户的生产经营所得"应税项目，适用5%～35%的五级超额累进税率，计算征收个人所得税。

不执行合伙事务的自然人有限合伙人，其从有限合伙企业取得的股权投资收益，按照《中华人民共和国个人所得税法》及其实施条例的规定，按"利息、股息、红利所得"应税项目，依20%税率计算缴纳个人所得税。

（3）新三板。新三板个人持股股息红利持股不到一个月的，分红的税率是20%；满一个月不满一年的，分红税率是10%；满一年的，分红税率是5%；挂牌上市递延纳税。持股公司把许多分散的企业联合成一个实体，往往可以减少应缴纳的赋税。

## 3. 虚拟股转实股的操作与管理

在实施股权激励时，我们一般都不太建议对员工直接进行一步到位的实股激励。其原因，一方面是由于实股的退出手续较为复杂。因为员工实股是在工商注册的，股权作为私有财产受到法律保护，实股一旦授予员工之后，很难再从员工那里收回。很多企业家对外面来的经理人很慷慨地给了实股，没过几年发现磨合不好，实股给了出去收不回来，非常尴尬。另一方面是由于很多公司经营了多年，资产已经比较大了，员工一时间很难拿出一大笔钱购买实股，若仅仅购买一小部分又难以达到激励的初衷。再加上实股一般受到的约束条件较少，给予员工实股以后，很难保证几年以后员工的激情持续高昂。如果员工股东出现懈怠，开始"躺在股权上睡大觉"，反而会挫伤其他奋斗者的积极性。因此，在股权激励方案设计之时，我们一般建议先授予虚拟股，待期限、绩效、职级等条件满足后，再逐步由虚转为实。

虚拟股只有分红权和增值权，没有表决权；虚拟股可以不全部出资，不完整的出资对应不完整的权益也是说得过去的。持股期间，员工可以拿走每股的分红和每股的增值收益。未来若激励对象表现良好，经过公司董事会批准，便可将虚拟股转成实股。当然，在设计激励制度时就要明确转实股的规则，如按照每股净资产作价转实股，不溢价。转实股时，有两种计算依据：一种是当时的每股的净资产，另一种是锁定现在每股的价格。这要根据公司的实际需求来设计。转实股之后，可以分红，也可以为了谋求公司快速发展而暂时不分红，将利润留存在公司，股权价值在增值中可以得到体现，而且以后公司若挂牌上市，股权价值会得到极大的提升，激励对象也能获得资本增值的收益。

## 问28 分公司、子公司、事业部、办事处有何区别？

随着公司业务的发展，很多企业家有时会纠结新设机构或者板块到底用何种模式比较合适，是用分公司、子公司，还是事业部、办事处？

分公司、子公司、事业部及办事处之间的主要区别，如表1所示。

表1　分公司、子公司、事业部及办事处的主要区别

| 类别 | 分公司 | 子公司 | 事业部 | 办事处 |
|---|---|---|---|---|
| 主体类型 | 不具有企业法人资格，不承担法律责任 | 具有独立法人资格，承担法律责任 | 不具有企业法人资格，不承担法律责任 | 不具有企业法人资格，不承担法律责任 |
| 注册资本 | 无须注册资本 | 须投入相应注册资本 | 无须注册资本 | 无须注册资本 |
| 经营活动 | 能与客户签合同、开发票，全面开展业务 | 能与客户签合同、开发票，全面开展业务 | 从事公司经营活动的一段或几段 | 只能从事总公司营业范围内的业务联络活动 |
| 经营范围 | 不能超过总公司范围 | 非限制项目都可从事 | 无 | 无 |
| 增值税 | 缴纳 | 缴纳 | 无须缴纳 | 无须缴纳 |
| 所得税 | 单独或汇总缴纳 | 独自缴纳 | 无须缴纳 | 无须缴纳 |
| 关系 | 总公司的派出机构，具有从属的特性 | 母公司控股或参股 | 总公司中一个相对独立的单元 | 总公司的办事机构，具有从属的特性 |
| 名称 | 总公司名称+××分公司 | 行政区+字号+行业+（股份）有限公司 | ××事业部 | 总公司名称+××办事处 |
| 人事管理 | 员工工资由分公司直接发放，也可总公司进行 | 单独发放工资，缴纳社保，也可在总公司进行 | 公司统一发放工资 | 人员的工资等事宜全部由总公司来操作 |
| 自主权限 | 具有一定的自主权 | 具有较大的自主权 | 基本在公司要求下经营 | 自主权较小 |

如果公司发展规模较大，需要对业务部门独立核算但不需要在区域上进行大规模扩张，则适宜设立事业部。

　　如果业务量不大，人员较少，且主要作为业务联络单元，则仅设立办事处即可。

　　如果业务量和人员数量具备了一定的规模，则需要考虑是该设立分公司还是子公司。建议结合以下几个方面进行考量。

## 1. 看分支机构盈利情况

　　一般而言，开办初期，分支机构可能发生亏损。

　　如果预计短期内不能盈利，则宜设立分公司，这样与总公司合并报表后，可以减少应税所得额，少缴企业所得税。

　　如果预计分支机构在开设后较短时间内就可能盈利，那么设立子公司就比较适宜，可以得到作为独立法人经营的便利之处，还可以享受未分配利润递延纳税的好处。

## 2. 看税负情况

　　随着业务发展、盈亏情况的变化，总公司仍有必要通过资产的转移、并购重组等方式，对下属分支机构进行调整，以降低税赋成本。选择设立分公司还是组建子公司，税赋将会有很大不同。

　　1）分公司和总公司之间的资本转移，如固定资产转移，不涉及所有权的变动，不必负担税收，但子公司必须依据当地税务部门的规定承担相应的税负。

　　2）子公司向总公司支付的诸如特许权、利息、其他间接费用等，要比分公司向总公司支付更容易得到税务部门的认可。

　　3）子公司利润汇总到总公司要比分公司灵活，资本利润可以保留在子公司或在税负较轻的时候与总公司汇总，这样就可以得到额外的税收收益；但是分公司交付给总公司的利润通常是不必缴纳预提税金的。

### 3. 看权限情况

由表1可以看出，相对来讲，子公司拥有更多的权限，当然也有其相对应的优势。

子公司模式对于母公司和子公司而言都有其独有的优势。

（1）对母公司而言：

- 子公司能独立完整地进行会计核算，亏损不会与母公司利润相抵；
- 企业集团设立子公司，可以使集团公司长期战略中须重点发展的业务领域得到长足发展，使整个集团在这些领域得以做强做大，从而强化集团的核心竞争能力；
- 通过确立子公司的独立法人地位，可以将子公司经营风险有效地限制在一定范围以内，集团公司只在出资范围内对其承担风险，不会因为子公司经营失误而遭受更多损失，更不会侵害到集团公司其他业务部门和其他子公司的利益；
- 子公司通过自身经营的努力，在其业务领域中形成商誉、品牌等无形资产，有助于提升企业集团的整体形象。

（2）对子公司经营管理方面而言：

- 在东道国同样只负有有限的债务责任(有时需要母公司担保)；
- 经济上比较独立，财产独立于母公司，子公司向母公司报告成果只限于生产经营活动方面；
- 因为经济地位和法律地位的独立性，子公司不会受母公司因法律、经济或者投资者投资战略考虑等因素被注销或者解散的直接影响；
- 经营管理独立，母公司对其影响仅限于大股东对公司本身的影响。

总而言之，选择何种形式的分支机构，还是要根据公司业务发展的阶段和各种分支机构的税赋特点来决定。既要合法合规，也要尽可能降低税负成本，这样，才有利于实现股东价值最大化。

# 问29 设立分（子）公司有哪些优势？

设立分（子）公司的优势在于可以打造高效灵活的业务架构，搭建优秀的内部创业平台，建立紧密的业务关联，降低公司的经营风险，创造更大的品牌价值，最大化体现企业的股权价值。

## 1. 打造高效灵活的业务架构

我们常常说道，要把"小企业做大，大企业做小"，这里做小的意思就是在一个整体的前提下，不断地细化每个业务单元，从而更好地提高效率和完善人才培养机制。近年来，稻盛和夫先生的经营思想在国内流传越来越广，稻盛和夫先生的阿米巴经营的核心思想也是划小核算单元，让每个人都清楚工作效益和效率。阿米巴经营绩效主要不跟个人收益挂钩，而是与荣誉、职级晋升挂钩，当然这也和日本企业的终身雇佣关系有关。日本企业强调终身雇佣，企业为员工提供高福利和高稳定性，相应地也要求员工对企业忠诚地付出。企业对员工的奖励主要体现在荣誉和晋升，员工因为有了职务晋升、有了更高的职级而获得极大的满足。这样一套理念，到了国内企业就需要进行本土化改造，除了授予荣誉，利益机制也要相配套。义利结合可能更加适合中国的国情，符合目前国内企业的特点。

大企业需要划分成多个不同的小集体，所有人都为各自的集体而努力，也为各自的结果负责。各个小集体一定要具有协同作用，不能把精力放在内部博弈，最后在企业内形成一个个"诸侯国"。分（子）公司化做到极致，就会实现每个分（子）公司都是一个大的阿米巴，员工自行制订计划、独立核算、持续自主成长的能力得到增强。分（子）公司化让每位员工成为主角，让全员有机会参与到经营之中。这样的企业能够依靠全体智慧和努力实现企业经营目标，实现企业的飞速发展。

世界已经飞速踏入了大数据时代。从信息的传播到物质的交换，从创意的来源到路径的对接，都开始发生了本质的变化。在这个时代，"去中心化"的呼声越来越高，当下的组织结构，已从大工业组织向信息时代的"去中心化"转变。

通过"去中心化"，把一帮相互认可的人拉到一块儿，产生化合作用，碰撞出一个谁也不曾预料到的惊喜结果。在这种模式下，谁有什么想法，拉上几个同事来侃一侃，侃过一番后大伙都觉得可以，就可以向公司申请资源立项了。在这几个成员内部通过民主机制产生项目负责人，驱动大伙干活的是大伙对项目的认同感、归属感以及对项目成功的渴求。

## 2. 搭建优秀的内部创业平台

创业是很多人的梦想，尤其在当今鼓励大众创业、万众创新的时代，但是创业并不容易，需要具备很多条件，如项目、资金、人员、制度、市场等，这些都是创业者需要面对和解决的难题。那么与其面对如此多不确定的风险外出创业，借助熟悉的平台、人脉和资源在企业里进行内部创业岂不是更加合适吗？

对于企业而言，只需要调动自己的资源，给这部分优秀的员工搭建一个平台，扶持他们去解决问题，完成自己的创业梦想，不仅可以留下优秀员工，避免这部分人员出去创业成为自己的竞争对手，而且对企业开拓新业务、做好项目创新等也是百利而无一害的。当企业发展到一定阶段后，由企业出面搭建一个内部孵化器，一方面，能够借助员工已有的经验，助力企业拓宽业务领域、实现扩张，促进企业快速高效地完善自己的产业链；另一方面，许多优秀的员工都会有自己的创业梦，他们想追求更大的发展空间，企业搭建创业合伙平台既能留住人才，也能避免"队友"成为"对手"这一困境出现。企业还可以在一些想尝试却又不想投入太多现金的领域，以设备和资源作价与员工合伙创业，从而拓展了业务。

## 3. 建立紧密的业务关联

京瓷阿米巴依据企业价值链环节横向切分，各阿米巴之间借助内部价格体系建立交易关系，人力、财务、行政等职能部门作为成本费用中心，不作为利润中心对待。

海尔目前在探索一个"自主经营体"，期望建立一个像时钟一样的创新机制，让企业整体充满活力，让每个员工主动去创造客户价值的同时体现个人价值，自主地核算投入产出。

然而无论是阿米巴还是海尔的"自主经营体"模式，其本质都是在于让员工自己拥有企业主的意识，在部门与部门、员工与企业中重新构成一种自主经营的核算关系。海尔高管用了三句话精彩概括和描述了这种关系——留足企业利润，挣够市场费用，盈亏全归自己。其中，"留足企业利润"体现的是企业可持续发展和竞争力，"挣够市场费用"才能谈得上市场经营和市场服务管理，而"盈亏全归自己"则是一种全新的激励机制，让员工去承担风险，独立经营，培育员工经营风险意识和责任能力。

在京瓷的阿米巴和海尔的"自主经营体"模式下，分（子）公司可以为企业构建更大的关联：不仅各个独立核算体之间互相关联，单元体自负盈亏可以最大限度地调动起业务单元人员的积极性，而且通过不断增设分（子）公司，也可以让更多的员工得到下设公司的股份，促使更多员工完成从"小股东"到"小业主"的角色转变，最终实现有限的股权（主体公司的股份总量有限）无限分配［在不断建立的分（子）公司分配股份］的目的。

## 4. 降低公司的经营风险

企业发展到一定阶段，设立分支机构是一件很自然的事情。不断开设新的分（子）公司能够在很大程度上帮助企业扩大经营范围与业务规模。然而，在设立分支机构的时候，企业需要从法律方面做好认真的、专业的考量。

我们知道，常见的分支机构主要采取总分模式(总公司与分公司)和母子模式(母公司与子公司)。其中分公司没有独立法人地位，一旦在经营中发生重大法律风险，就可能殃及总公司。相反，子公司有独立法人地位，从法律上讲，子公司的债务不会累及母公司，因而母子模式下，子公司可以在一定程度上帮助主体公司分担风险。

## 5. 创造更大的品牌价值

连锁企业的门店是分（子）公司化的典型代表。在这类企业里实施股权激励，如果可以最大化每个连锁门店的产出，则可以创造出难以想象的品牌价值。以良品铺子为例，根据其报会的招股说明书，良品铺子线下门店总数有2604家，集中分布在湖北、湖南、江西、河南、四川等省，发展空间还很广阔。线上则覆盖了包括天猫、京东在内的三十多个渠道。

## 6. 最大化体现企业的股权价值

分（子）公司具有一些显著的特点，如业务与利润空间有限，区域或产品结构往往比较单一，公司发展容易遇到瓶颈，而且分（子）公司一般很少单独上市。这样一来往往会导致在分（子）公司层面对员工进行股权激励时，初期的干股或者虚拟股有一定的效果，但随着时间的推移以及员工需求层次的上升，单纯的分红和增值可能对一部分核心人员的激励性不再那么强，其效果就会慢慢削弱。因此，对于忠诚可靠且能力强的员工，就可以适当授予实股，让其跟公司更长久地绑定。

由于很多子公司一般都是由主体公司全资控股或绝对控股的，此时，除了正常的经营激励，我们还可以采用主体公司与子公司少数股东对赌的形式，子公司当年业绩满足一定条件，如营业收入和净利润达到一定数值后，主体公司可以通过定增或者换股的方式，把子公司少数股东权益置换到主体公司层面；或者由主体公司按照一定市盈率回购分（子）公司股东的股权，从而让子公司股权价值最大化。

## 问30　设立分（子）公司在现实操作中应重点关注哪几个方面？

尽管设立分（子）公司有诸多的优点，但是在操作中需要重点关注以下几个方面。

## 1. 统一的战略与价值观

分（子）公司的设立和分拆，可以激活企业内部组织。而统一的战略和价值观是企业成功的基本要素。我们可以从阿米巴的"哲学共有"来细细品味这其中的道理。

谈到"哲学共有"这个问题势必要触及宗教，事实上每个人有自己的信仰和价值观，要改变和统一谈何容易！然而，这也是稻盛和夫的伟大之处。他回归质朴，将他的哲学思想建立在中国古代先贤教诲的"作为人何为正确"这个最简单、最朴素易懂的道理之上，破解了这一难题。

稻盛哲学的书有很多，但是出发点都是"作为人何为正确"。对此，每个人都看法不一，于是稻盛和夫提出了"哲学共有"的主张。"比如说同一张画，画上有一个杯子，你们有人看到水，有人没看到，因为杯子太干净了。为了让它显现出来，我们可以加上茶，加上咖啡，加上感冒冲剂。但是无论加上什么，水的结构不变。'哲学共有'就是把'作为人何为正确'的哲学思想作用在不同环境、不同人身上的共同标准，让不同层面的人认同它。"

在学习稻盛哲学的过程中，很多企业家谈论稻盛和夫的阿米巴经营，也有人把阿米巴经营看作稻盛实学的体现。"很多人认为稻盛的智慧有'稻盛哲学'和'稻盛实学'两个轮子。实际上，'稻盛实学'是'稻盛哲学'具体应用过程中产生的一种方法，因为'哲学共有'是我们做阿米巴的前提。对于任何一个企业，要想把阿米巴建立起来，必须在'哲学共有'上花大量时间。"

## 2. 完整科学的设立依据

做小企业，最小化核算单元，要以客户的需求和客户的满意为出发点，形成端对端的闭环，而不要在闭环中人为地设立很多交易环节，造成忽视客户需求、不以客户为中心的导向出现。总之，划小核算单元要以划分后组织的完整性、独立性为依据。

海尔集团在前几年推出的自主经营体模式就是一次重大的变革。张瑞敏不但是一个企业实践家，更是对企业经营理论进行着孜孜不倦的探索。他本人具有丰富的管理实践，也有深厚的管理理论，自主经营体要解决的问题，其实跟阿米巴是一模一样的。

海尔把8万多名员工分解成2000多个自主经营体，每个人都属于自主经营体的一分子。自主经营体分成三级，分别是利共体、平台体和战略体。利共体直接面向客户，平台体做支持，战略体把握方向。与传统的组织形式不一样，海尔的自主经营体打破了部门和流程的界限，强调组织的倒三角结构，利共体是金字塔的顶端，强调与市场、客户紧密贴近并发出要求，平台体提供资源支持和回应，战略体把握方向，任何项目如果不符合集团战略就会被否掉。所以，海尔的考核有战略绩效和经营绩效两个维度，以取低分者为原则，同时，战略绩效是个否决项。

海尔的自主经营体设置，必须同时符合端对端、同一目标、倒逼体系三个原则。端对端就是自主经营体内部形成了从客户需求到客户满意的系统闭环，任何一个中间环节并不能形成一个单独的自主经营体，从而使得自主经营体里面的努力都能指向终端客户；同一目标就是自主经营体面向的客户都是同一拨客户，攻坚战打的是同一个山头；倒逼体系就是以客户满意为目标倒过来设置自主经营体里面每个环节的绩效指标，互相承诺。自主经营体的体长竞聘上岗，根据做得好与不好，易上易下。

阿米巴经营要防止出现只抓一点不及其他、只见树木不见森林、只顾自己不顾整体的本位主义出现，更要防止因为阿米巴而导致内部冲突和矛盾。根据我们的经验，建议企业最好以产品、区域而非价值链为原则来划分阿米巴。原因主要是根据产品、区域划分的阿米巴之间关联度小，而价值链之间的关联度大。稻盛和夫在京瓷实行阿米巴的时候，就碰到这样的问题。当时京瓷把生产、营销等都当作阿米巴来核算，结果导致生产阿米巴和营销阿米巴之间出现矛盾，生产不关注市场与客户，只关注与营销相关的内部交易，抱怨营销订单不及时（不提前通知）、不平衡（多的多，少的少），而营销则抱怨生产供货不及时，生产价格高，还不如外部采购。稻盛和夫的最后做法是取消营销阿米巴核算，改成提成制，大家都面向市场与客户，从而使得大家的目标达成一致。因此我们建议企业要做阿米巴的话，最好根据产品、区域而非价值链划分，在阿米巴内从客户需求到客户满意形成闭环。只有大家都面向客户，才是一个没有矛盾的、整体利益一致的阿米巴。

### 3. 科学有效的管控

设立分（子）公司以后，由于各分（子）公司都是相对独立的经营体，所以如何进行科学有效的管控，既发挥各分（子）公司的积极性、主观能动性，又能最大化发挥公司整体的能力，避免协同不力和内耗，实现整体利益最大化，是很重要的操作难点。一般来讲，公司应对各分（子）公司的战略规划、高层选拔任命、投融资和财务资金管理等方面实施统一的管控，而在集中采购、公司品牌策划推广等方面，则根据产品、客户和供应链的相关性，或者统一管理，或者各自发挥，具体的生产经营则由各分（子）公司独立负责。

## 问31 到底是统一持股好，还是分层持股好？

在跟企业家交流的过程中，我们经常听到他们跟我们问这样的问题：高管、核心骨干到底在公司整体层面持股（统一持股）还是都在下层公司持股，或者分层持股？这个问题不能绝对化，不能简单地说，统一持股比分层持股好，反之也不妥。一家企业，到底适合统一持股还是分层持股，需要结合企业类型、发展阶段、具体需求等来判断。

### 1. 统一持股的利弊分析

统一持股有助于培养员工整体意识、大局观，达成企业整体利益最大化的诉求，而且非常有利于人员调动。

但是，统一持股有可能导致"大锅饭"现象存在，干得好与干得不好的不能明显区别出来，即出工不出力的员工得到与其不相符的激励收益，干得好的员工却不能获得相应的回报，容易挫伤他们的积极性。即使匹配绩效管理，员工收益和绩效考核结果挂钩，但绩效考核是否公正、合理和科学是个问题。绩效管理对大多数企业来讲都是一个极大的难题和巨大的挑战。

## 2. 分层持股的利弊分析

实行分层持股，员工的付出和收益的关联度高，结果明确。责任与收益相关联后，就会减少付出与收益不成正比的现象，从而真正实现"一分耕耘，一分收获"。

但分层持股往往会导致员工的局部意识，只管本核算单元的事情，弱化了其对企业整体利益的关注。而且，如果下属单元发展不平衡，效益差异大，则下属单元间人员调动难以实现，部门协调问题严重。还有，过于强调下属单元自负盈亏、自主经营，容易诱发下属单元独立发展，极易导致团队出走的现象。

正因为有这样的利弊存在，我们就不能一概而论。我们建议：

（1）根据企业类型选择激励的分层方式。如果是个人推动型、轻资产型或沉没成本小的企业，应分层持股且在下层公司做重点持股；如果是品牌拉动型、重资产型或沉没成本大的企业，建议侧重统一持股。

（2）根据企业发展模式选择激励的分层方式。选择持股层面与企业的发展模式息息相关。如果是专业化经营的企业，很多企业都把企业自身作为利润中心，下属单元作为成本中心，统一持股较好；如果下属单元按产品、区域等原则划分，下属单元依然是利润中心，则可以分层持股；如果是多元化经营的企业，下属单元关联度不高，则可以分层持股。有的企业做产业链经营，下属单元间看起来还是独立运作的，但彼此之间有着较为密切的关联关系，存在着较多的关联交易，在此种情形下，建议在下级公司持股的同时，在总（母）公司层面也持有部分股权。如此一来，在充分考虑自身业务单元的利益的同时，也能关注到企业的整体利益。总之，股权激励要秉承"持下不持上"的原则，但也要防止"九龙治水，各管一摊"的情况出现。

（3）根据企业发展阶段选择激励的分层方式。除了要考虑业务形态、经营模式的差异来定持股层面，还要考虑企业的发展阶段。企业在非资本化运作阶段，可能需要侧重于分层持股，以激发各个层面人员的积极性，让企业成为一列高速动车；企业在准备上市阶段，各层面要围绕上市战略而动，劲往一处使，那么就要将之前的分层激励，往拟上市主体层面转移，以便大家都能享受到上市带来的巨大收益。如果此时还执意分层持股，那么在拟上市公司下层持股的激励对象将无法获得公司上市带来的股票增值，进而影响其积极性，从长远看也会造成公司业绩滑坡，即便公司上市后也难以保持健康、持久的发展。

（4）根据企业的核心能力确定激励的分层方式。股权激励不能损害，而应该强化企业的核心竞争能力。有些企业比如平台型企业，它的核心竞争力不是来自单点、某个板块，而是来自平台的整体能力，如一些平台型物流企业（如中国邮政），它的核心能力不是某个片区的盈利水平，而是它的网状结构，这个时候推行股权激励，重点是考虑整体持股，在此基础上再考虑适当激活下属片区的活力，不管是通过薪酬还是股权来激发活力。但是毋庸置疑，股权激励的重点是有利于培育企业整体的核心竞争力。有些企业如零售企业，它的核心竞争力来自每个单元的经营水平和活力，这个时候推行股权激励，重点是下属业务单元的股权激励，激发每个人的积极性和创造性，在此基础上，辅以少数核心人员在总部层面持股。

## 问32　在股权置换现实中如何操作？

当两家公司A和B存在优势互补时，它们可能通过股权置换让双方股东都既持有A公司股权，也持有B公司股权，这样有利于两家公司更加深入地合作。股权置换的类型主要有三种，其一是"单一股权"置换，其二是"股权+现金"置换，其三是"股权+资产"置换。

## 1. "单一股权"置换

这种置换是仅以置换双方的股权进行交易的。它的操作方式一般是：A公司增发新股，B公司的股东C以其对B公司的股权对A公司投资，取得A公司增发的新股，而A公司取得B公司相应的股权。此种方式不需要支付现金，减少了企业整合的资金压力。

置换的流程如下：

第一步，A公司召开股东大会，决议增发新股。

第二步，B公司召开股东大会，对股东C将其持有B公司的股权转让给A公司做出决议，或者直接由B公司其他股东放弃优先购买权，同意股东C将其持有的B公司股权转让给A公司。

第三步，A公司及股东C双方或A公司与股东C中的一方聘请评估机构对股东C持有的B公司股权进行价值评估。

第四步，A公司与股东C谈妥转让价格后，签署股权转让协议。A公司聘请会计师事务所对B公司股权进行验资。

第五步，A公司办理工商变更登记，向股东C颁发股东出资证明，并且将股东C纳入股东名册。同时，B公司办理工商变更登记，向A公司颁发股东出资证明，并且将A公司纳入股东名册。

## 2. "股权+现金"置换

这种置换是置换双方既以股权进行交易，某一方又出资购买另一方部分股权的方式。它的操作方式一般是：A公司增发新股，B公司的股东C以其对B公司的股权对A公司投资，取得A公司增发的新股，而A公司取得B公司相应的股权；同时B公司以一定的现金向A公司投资，取得A公司增发的部分新股，成为A公司的股东。

"股权+现金"置换的流程如下：

第一步，A公司召开股东大会，决议增发新股。

第二步，B公司召开股东大会，对股东C将其持有B公司的股权转让给A公司做出决议，或者直接由B公司其他股东放弃优先购买权，同意股东C将其持有的B公司股权转让给A公司。同时B公司根据章程规定召开股东大会或董事会，对B公司以现金向A公司投资事宜做出决议。

第三步，A公司及股东C双方或A公司与股东C中的一方聘请评估机构对股东C持有的B公司股权进行价值评估。

第四步，A公司与股东C谈妥转让价格后，签署股权转让协议，且A公司与B公司签署增资协议。

第五步，A公司聘请会计师事务所对B公司股权及B公司现金出资进行验资。A公司办理工商变更登记，向股东C及B公司颁发股东出资证明，并且将股东C及B公司纳入股东名册。同时，B公司办理变更登记，向A公司颁发股东出资证明，并且将A公司纳入股东名册。

## 3. "股权+资产"置换

这种置换是置换双方既以股权进行交易，某一方又以资产作价购买另一方部分股权的方式。股权加资产实物式置换操作方式与股权加现金式置换相类似，一般是：A公司增发新股，B公司的股东C以其对B公司的股权对A公司投资，取得A公司增发的新股，而A公司取得B公司相应的股权，同时B公司也以其部分实物对A公司投资，取得A公司增发的新股，A公司相应取得B公司的部分资产。

"股权+资产"置换的流程如下。

第一步，A公司召开股东大会，决议增发新股。

第二步，B公司召开股东大会，对股东C将其持有B公司的股权转让给A公司做出决议，或者直接由B公司其他股东放弃优先购买权，同意股东C将其持有的B公司股权转让给A公司。同时B公司根据章程规定召开股东大会或董事会，对B公司以其实物资产向A公司投资事宜做出决议。

第三步，A公司及股东C双方或A公司与股东C中的一方聘请评估机构对股东C持有的B公司股权进行价值评估。B公司或A公司聘请评估机构对B公司投资的实物资产进行资产评估。

第四步，A公司与股东C谈妥转让价格后签署股权转让协议，且A公司与B公司签署增资协议。

第五步，A公司聘请会计师事务所对B公司股权及B公司的实物资产进行验资。A公司办理工商变更登记，向股东C及B公司颁发股东出资证明，并且将股东C及B公司纳入股东名册。同时，B公司办理工商变更登记，向A公司颁发股东出资证明，并且将A公司纳入股东名册。

## 问33　事业部制的公司该如何持股，考核又该如何匹配？

很多企业会将内部的研发、生产、销售等环节划分成多个事业部，这些事业部有的是上下工序关系，有的是并行的关系。比如服装企业，可能有A品牌事业部、B品牌事业部……小家电制造企业有风扇事业部、空调事业部……还有的企业按照区域不同成立国内事业部、欧美事业部、日韩事业部……广泛存在的事业部制公司，对有针对性的股权激励有着非常强烈的需求。采用内部事业部制架构的公司，在实施股权激励的时候，主要有以下三种方式可以选择。

### 1. 统一持股，统一考核

统一持股的意思是，公司作为一个统一持股平台，总部和各事业部人员统一在公司层面持股，事业部不单独设置持股平台。统一持股的主要目的是，统一大家的方向、目标、思想于公司层面上，所以没有单独设置事业部持股平台。统一考核的意思是，将公司整体作为考核主体，不以各事业部的业绩成果作为考核主体。公司和事业部的人员都在公司层面持股，考核指标为整个公司的目标，而不考虑各事业部的目标实现情况。但由于没有事业部层面的考核，就需要增加个人绩效考核。如果公司目标实现了，则总部和各事业部个人绩效表现合格的可以获得股权收益，个人绩效表现不合格的拿不到股权收益；如果公司目标没有实现，则总部和各事业部的人员都拿不到股权收益。

　　这种操作方式，适用于那些事业部的划分不是很清晰，尤其是各事业部之间存在内部交易关系的情形。也就是说，各事业部虽然表面上能算出自己的收入、费用、利润，但各事业部之间其实存在着内部竞争。各事业部的收益，不是通过市场竞争实现的，而是通过内部定价实现的，某一事业部获利，意味着另一事业部受损。这种情况是中小企业走向事业部制架构的过程中，由于管理能力的局限性，导致的一种非正常状态。这种状态并非公司没有察觉到，但其短时间内没有找到好的解决办法，或者说解决这个问题需要一定的时间。所以这一阶段为了防止造成内耗，只强调公司总体目标的实现，各事业部不适合单独考核。同时，为了防止总部和各事业部人员躺在股份上睡觉，增加个人绩效考核作为底线要求。待各事业部的关系理顺之后，这种激励方式最终会过渡到下面第二种操作方式。

## 2. 统一持股，分级考核

　　统一持股的含义上文已经阐释过了。分级考核，是指将公司整体、各事业部定义成两级考核主体。在公司持股的人，与公司层面考核指标挂钩；在事业部持股的人，与事业部层面考核指标挂钩。虽然所有人员统一持股，但股权的收益考核指标，与其所在的经营平台指标挂钩。如果是总部人员，就与公司层面目标实现情况挂钩；如果是事业部人员，就与事业部层面目标实现情况挂钩。也就是说，如果某个事业部实现了自己的目标，即使公司整体没有实现目标，负责这个事业部的激励对象也能享受股权收益。反过来说，如果公司整体实现了目标，某个事业部没有实现自己的目标，则负责这个事业部的激励对象也不能享受股权收益。在这种情况下，只考核事业部层面目标，就不再考核个人绩效了。一个事业部的团队，要么都能拿到收益，要么都拿不到收益。

　　这种操作方式，适用于那些可以独立核算的事业部，包括能算出自己的收入、成本、费用、利润，且各事业部之间不存在竞争关系、可能需要合作的情况。统一持股，能让各事业部围绕共同的目标去团结奋斗，维系各事业部的合作精神。分级考核，则可以防止"吃大锅饭"。表现好的事业部，不因为公司整体目标实现欠佳而享受很少的收益；表现差的事业部，也不能"搭便车"。虽然事业部的股权收益不与公司整体目标挂钩，但由于所有股东都在公司层面持股，分的是公司股权的收益，所以公司整体目标实现情况越好，全体股东的股权收益就越大。这样就引导各事业部共同努力，携手并进，做大公司业绩。

### 3. 分级持股，分级考核

分级持股的意思是，公司划分两级持股平台，分为公司层面和事业部层面，公司和各事业部单独设置持股平台（事业部不是独立法人，所以是虚拟的持股平台）。分级考核的含义在上文已做详细解释。

这种操作方式，适用于已经完全成熟独立，可以各自独立发展，基本具备子公司化运作条件的事业部。这种操作方式运作一段时间后，事业部完全可以成立子公司独立运作。如果只是事业部，只能用虚拟股激励；如果成立子公司，不仅可以用虚拟股激励，还可以用实股激励。

以上三种方式，是基于事业部的成熟程度，从理论层面划分的。在企业操作的实际层面，一个企业如果划分了几个事业部，很可能各个事业部的成熟程度是不一样的。所以，事业部制的公司，内部激励方式很可能是上述三种方式的混合体。不成熟的事业部，放到公司层面持股，统一考核；半成熟的事业部，放到公司层面持股，在事业部考核；成熟的事业部，在事业部持股，在事业部考核。这样，激励方式就能充分匹配各事业部的发展阶段和实际情况，达到激励的效果，实现公司整体和各事业部的发展目标。

# 控制权

## 问34　股权布局中有哪几个关键的"控股"比例？

通常情况下，拥有较高的持股比例和表决权比例相对来说是控制公司最简单也是最有效的方法。到底拥有多少持股比例和表决权比例可以控制公司呢？那就要了解一下不同持股比例和表决权比例所代表的含义了。

对于公司的控制权而言，最重要的几个持股比例和表决权比例如下所述。

### 1. 完全控制权 67%

对于绝大多数公司来说，谁拥有的股权越多，谁掌握的控制权就越牢固。那么控股股东的股权要拥有多少才能带来安全感呢？通常我们把持有 67% 以上的表决权称为"完全控制权"，因为这代表着控股股东拥有了2/3的表决权。

《公司法》第四十三条规定："股东大会作出决议，必须经出席会议的股东所持表决权过半数通过。但是，股东大会作出修改公司章程、增加或者减少注册资本的决议，以及公司合并、分立、解散或者变更公司形式的决议，必须经出席会议的股东所持表决权的三分之二以上通过。"

由此可见，"2/3"——67%的表决权，是一个极具诱惑力的比例，它代表着控股股东难以撼动的决策地位，几乎可以相当于100%的权力了。

## 2. 绝对控制权51%

51%的表决权，可以绝对控制公司，即批准或否决涉及公司的一般事项决议的权力。当然，很多人会被"绝对"二字误导，以为51%的表决权就可以拥有绝对话语权，可以在公司里说一不二；但事实上，即使拥有51%的表决权、但未达到67%的表决权，除非公司章程另有约定，否则有七个事项是无法独立决策的，就是《公司法》第四十三条中提到的：修改公司章程，增加注册资本，减少注册资本，公司合并，公司分立，公司解散和变更公司形式。

## 3. 否决性控制权34%

34%的表决权可以行使一票否决权。作为股东，在无法达到51%的表决权的情况下，相对安全的表决权为34%，因为这个表决权使股东拥有七个重大事项（上文中提及的《公司法》第四十三条中提及的七个事项）的否决权，如果该股东不同意，这七个重大事项是无法通过的。也正因为如此，对于控股股东来说，34%这条线也被戏称为"股东捣蛋线"。

## 4. 重大影响线20%

根据《企业会计准则》的规定，当股东持股比例超过20%但低于50%时，通常被认为对被投资公司有重大影响。投资方一旦对被投资公司有重大影响，将被要求以"权益法"对该投资进行会计核算。

A公司在新三板挂牌前投资了B公司，持股比例19%。因为没有达到20%，A公司对B公司的投资采用"成本法"进行会计核算，除非B公司分红，或者A公司将其所持的B公司股权转让，或者A公司对B公司的投资计提减值准备，否则该项投资不会影响A公司的利润。但如果A公司在新三板挂牌时，对B公司的持股比例为21%，将被视为对B公司产生重大影响，需要采用"权益法"进行核算。在该种核算方法下，B公司每年的盈亏情况会对A公司合并报表中的利润产生影响。

## 5. 申请解散线10%

《公司法》规定，单独或者合计持有公司10%以上表决权的股东，可以提议召开临时股东会或股东大会，提议召开董事会临时会议，提出质询、调查、起诉、清算、解散公司。因而，作为实业投资者，尤其是参与公司运营的投资者，建议拥有表决权的比例尽量不低于10%。

## 6. 临时提案资格线3%

根据《公司法》的规定，在股份有限公司中，单独或者合计持有公司3%以上股份的股东，可以在股东大会召开10日前提出临时提案并书面提交董事会。

## 7. 股东代表诉讼线1%

《公司法》于2005年修改时引进了股东代表诉讼制度，有限责任公司的股东以及股份有限公司连续180日以上单独或者合计持有公司1%以上股份的股东，有资格提起股东代表诉讼，行使代位诉讼权，即当公司利益受到侵害时，在公司拒绝或者怠于行使诉讼权的情况下，股东可以为了公司的利益而以自己的名义直接向人民法院提起诉讼。

此外，对于上市公司或者准备上市的公司来说，以下几个持股比例也比较重要。

## 1. 要约收购线30%

当股东可以实际支配上市公司股份比例超过30%时，将被证监会认定为"拥有上市公司控制权"，也就是说30%也是上市公司实际控制认定线。如果股东持有上市公司已发行股份的30%及以上时，继续增持股份应采取要约方式进行，发出全面要约或者部分要约。

## 2. 重要股东判断线5%

无论是上市公司还是拟上市公司，持股比例达到5%以上的股东被称为"重要股东"，主要体现在以下几个方面：

1）5%是关联方认定线。根据国内证券交易所的规定，持有上市公司5%以上股份的法人或者其他组织及其一致行动人被认定为上市公司的关联法人；直接或者间接持有上市公司5%以上股份的自然人被认定为上市公司的关联自然人。

2）5%也是股东披露线。在上市公司中，控股股东和持股5%以上的股东被并称为大股东。上市公司大股东如果计划通过证券交易所集中竞价交易减持股份，应当在首次卖出的15个交易日前预先披露减持计划。如果上市公司员工持股计划持有公司股票已达到公司已发行股份总数的5%时，也应当依法履行相应义务。

## 3. 股东减持限制线2%

大股东减持或者特定股东减持，采取大宗交易方式的，在任意连续90日内，减持股份的总数不得超过公司股份总数的2%。

## 问35　为什么说以平台持股的形式进行实股激励比较好？

从实践来看，实股激励的形式不外乎自然人直接持股、通过设立基金管理计划持股、以有限公司或合伙企业形式平台持股。每种持股方式都有优劣势，那为何说以平台持股，而且采用有限合伙企业平台进行实股激励相对更好呢？

主要可以从如下几点考虑：

（1）公司决策。员工直接持有公司股份，一方面会相对弱化大股东（或实际控制人）对公司的控制，另一方面影响公司重大决策的形成与效率，开个股东会要通知所有直接持股的股东，会议形成的决议上要有这些股东的亲笔签名，这是一件非常头痛的事。因此，当公司要开股东会表决重大事项时，不通过持股平台的形式会有很大的风险，一个小股东不同意或者不方便签字，就会导致该事项进展暂缓。而通过持股平台，将众多股东放入其中，在公司需要进行重大决策时，由该法人代表或合伙企业的普通合伙人作为代表统一在股东会上表达，这样，持股平台可以形成统一的声音，有利于公司快速决策。

（2）股东数量。《公司法》第二十四条规定：有限责任公司由五十个以下股东出资设立。第七十八条规定：设立股份有限公司，应当有二人以上二百人以下为发起人。从法律的规定可看出：公司的股东有数量上限，而股权激励对象动辄几十人，甚至多达百人以上，如果全部直接成为公司的股东，则人数很容易突破法律的强制性规定。同时，股东数量太多，对公司未来引进投资者或上市都不利。华为一直没有上市，自然有众多缘由，但全员持股无法满足上市要求是其中一个。而将所有激励对象的激励股份纳入持股平台，在持股平台内按约定拥有股权、分享公司利益，整个持股平台以公司一个法人股东身份出现，是较为妥当的安排。当然现在证券监管部门都要求拟上市公司股东数量穿透计算到自然人，上述功能逐渐弱化，但是对于公司工商登记时的股东人数要求，还是很有帮助的，因为持股平台是作为主体公司的一个股东认定的。

（3）股份变动成本。员工直接持有公司股份，在发生股权转让、变现等变动时，会引起公司股权的变更，需要到工商等部门去做变更手续，增加额外工作和成本，且有时手续很烦琐。如果是拟上市公司，还需要对股权结构进行新的调整，同时对相关细节进行披露。而如果激励对象的股权放入持股平台，就可以在持股平台进行调整，不涉及主体公司的股权变更或信息披露，操作相对简单而且快捷，公司也间接实现了股权结构调整的目的。

（4）激励留人初衷。公司实施股权激励都有留人的初衷，而在直接持股情况下，员工对所持股权的决定权更大，在公司上市后容易抛售股份套现走人，起初的留人念头结果成了"股散人散"的局面。公司留住人才的愿望不能实现，对公司持续的激励产生严重的冲击，很大程度上会影响公司的发展。而通过持股平台间接持股，一方面按持股平台约定的窗口期减持，降低了激励对象自由抛售股权的灵活度；另一方面也可以在持股平台约定好退出条款，有效避免"上市后就套现"等投机情形发生。而拟上市公司做这些服务期约定，或者离职股权收回等条款的安排，很容易因为担心上市前股权不稳定而被券商等中介机构和证券监管部门反对进而删除，不利于公司留住核心人才。

（5）规避公司层面的股东纠纷。《公司法》对股东权利的授予是多方位的，除了利益权、投票权、监督权，还有诉讼权等一系列权利，这是给了股东通过司法途径保护自身权益的途径。若激励对象直接成为公司股东，万一双方意见不一，容易演变为股东诉讼，因为股东人数众多且可能涉及的是公司高管，发生纠纷诉讼会让公司难堪。而通过持股平台，让纠纷、诉讼在持股平台内解决，持股平台成了有效的"防火墙"。

## 问36　以大股东个人名义还是以公司名义进行投资？

很多时候会有企业家问到，打算投一个比较好的项目，以大股东个人名义还是以公司名义投资比较好呢？

以大股东个人名义投资和以公司名义投资，工商局等部门在操作过程中对二者的要求有所不同。一是在投资入股程序上，通常以个人名义投资入股程序较为简单，以公司名义投资入股程序相对复杂。以个人名义投资入股，自然人只需要满足年龄条件、具有完全民事能力、办理合法的身份证件即可；以公司名义投资入股，需要公司的营业执照、董事和监事身份证、税务登记证、资产负债表等，相对烦琐。二是体现在股东身份上，个人入股后身份为自然人股东，而公司入股后是法人股东。

以个人名义和以公司名义对外投资时较大的差异体现在以下几个方面。

### 1. 税收筹划方面

论何种方式更佳，很现实的就是看税收的筹划空间。从股息分红来讲，以大股东个人名义投资，未来从投资的公司取得的收益需要缴纳20%的个人所得税。以公司名义投资，根据企业所得税法，该投资所获得的股息分红是不用交纳税款的。当然当公司再一次将红利分配到自然人时，则自然人仍须缴纳20%的个税。

如果是股权转让，税负会有所差异：以大股东个人名义投资，股权转让需要就股权增值部分缴纳20%的个人所得税；以有限公司投资，则需按照40%纳税，其中25%为该有限公司股权转让时所承担的税费，（1 – 25%）×20%=15%为该有限公司将税后利润分配给投资者的时候，投资者所承担的股息红利个税税负，合计40%的税负水平已经相当高了。

因此，如果只是短期投资或者规划上市后套现，以个人名义投资比较好。但对长期持有股权的人来说，以个人名义投资税负较高，如果长期持有，每次取得的分红即使再投资于被投资公司，也需要缴纳20%的个税，而且被投资公司以未分配利润、盈余公积、资本公积转增股本，自然人股东均须缴纳个人所得税。因而如果计划长期持股，则可以考虑以公司名义投资。

## 2. 风险控制方面

论何种方式更安全，就要看出现问题时风险到底有多大。如果所投资公司发生事故或者经营不善，以个人名义投资入股，容易把股东个人牵扯进来，如果中间有一层有限公司阻隔，则背后自然人的风险可以被有效规避。因而，当有些投资存在安全隐患或亏损风险，可以以公司名义进行投资。

## 3. 整体布局和长远发展方面

论何种方式更有利于长远发展，就要看架构如何搭建、整体如何布局。

如果投资后要长期持股，则"自然人—投资公司—被投资公司"的模式有税收筹划的效应，这时投资公司就如同一个资金池，可以将被投资公司的分红很方便地进行调配用于再投资，而无须承担税负。除了分红，被投资公司转增注册资本，投资公司也可以享受免税待遇。如果投资的范围更广、金额更高，投资者还可以将该投资公司专业化运作，通过专业化的投资团队，进行多领域的投资，此类投资可以涉及投资者经营的其他企业的相关行业，也可以是不同的行业，投资业务就从投资者的从属业务变成与其他业务地位平行。

如果投资后希望搭建一个多元化的业务集团，则"自然人—控股公司—集团公司—各多元化子板块"的模式有利于形成集团化的管理架构，发挥合力。一方面可以提升集团公司的资金实力和品牌形象，增加银行的授信额度；另一方面资金和人员也可以相互调剂，统一管理。

总的来讲，短期投资或规划上市后套现，以个人名义投资比较合适；规划长期持股，或者规划多元化团队工作，或者想专心做投资业务，以公司名义投资比较合适。

## 问37　设立一致行动人协议条款要注意哪些关键点？

有的公司在发展过程中，原来一股独大的股东，为了激励员工、吸引人才、整合资源方，很可能让自己的股权比例降低到不能直接控制公司，这就有了通过一致行动人协议增强控制权的需求。

可能很多人对一致行动人协议还比较陌生，不知道一致行动人协议条款有哪些内容，有哪些关键点。要知道设置一致行动人协议条款要注意哪些关键点，就得先了解什么是一致行动人。一致行动人是股东通过协议或者其他安排，与其他股东共同扩大其所能够支配的一家公司股份表决权数量的行为或者事实的人。一致行动人协议是在公司准备上市或公司股权分散的状况下，有的股东想联合其他小股东扩大表决权时，与各股东签订的协议，以提升部分股东对公司的控制力及公司决策效率。另外，在实践中，有的公司在引入新的投资者时，即约定了该投资者在一段时间内要与原股东保持一致行动人关系。

设计一致行动人协议条款，要把握如下关键点。

## 关键点1：利益平衡

部分股东之间签订一致行动人协议，其中有的小股东可能会因将投票权让渡给其他股东方而带来利益的损失。

在签订协议时，一致行动人协议的主导方，基于自我权力加强的考虑，往往利用其持股比例较高的优势地位，侵吞纳入一致行动范围的其他股东的投票数，是对其他股东固有权益的侵蚀。小股东难免会担心自己的投票权被主导方占据而受到控制权、收益权被损害的风险。这种风险在一致行动制度下的确难以避免，但还是可以在协议中加入利益平衡机制，以保障小股东权益，最终实现有效的一致行动。

比如，以投票权换收益权。可以设计这样的条款：相对持股比例较小的股东在协议中将投票权让渡出来，以其一定范围的投票权与主导方进行交易，以投票权换取比出资比例更高的分红比例。这种方式可以适用于公司对其高管或核心员工进行股权激励时，大股东与激励对象签订的一致行动人协议。激励对象让渡投票权可以享受更加低的激励权益行权价格。

## 关键点2：一致行动期限

我们通常看到的一致行动人协议都会约定履行期限，不会永久地执行下去。一致行动期限届满，如无其他补充约定，一致行动关系即告解除。关于一致行动期限，在实践中有的公司股东签署了长达5年甚至10年的一致行动人协议。这种做法，看似在相应的年份里，股东关系比较稳定，实则存在很多问题。一方面，在公司实际情况发生变化时，由于一致行动人协议的存在，股东的选择空间被压缩，受到不利影响的一方很可能违背协议要求，签的协议形同虚设；另一方面，股东间关系发生恶化的风险增加，忽视小股东诉求、损害小股东利益的情形也会加重，公司变得不稳定；再者，部分股东长期不参与公司事务，容易产生用脚投票的心理。因此我们认为对于一致行动期限应根据公司情况或股东情况做出合理的约定。在期限届满后可以通过补充协议的方式延长合作期限，而不宜盲目设置长期的一致行动期限。

### 关键点3：矛盾解决机制

签署一致行动人协议，不代表股东间就不存在矛盾和冲突。

每次在股东会表决或者协议约定事项进行前，签署了一致行动人协议的各方要先就股东会表决事项讨论出一个结果，并且作为各方对外的唯一结果，然后再在股东会上表决或者决定事项是否进行。

若一致行动人之间对该事项产生矛盾，无法形成一致意见时，为了保证最终形成对外的唯一结果，就需要在协议中约定明确的矛盾解决机制。

矛盾解决机制1：以某一方股东的意见为准。若各方无法达成一致意见，各方应按照某一方的意向进行表决。这种做法是实操中运用较为广泛的做法，好处在于十分简单明确，但也存在损害其他人利益的嫌疑。

矛盾解决机制2：以代表多数表决权的意见为准。协议约定，占所有自然人股东所持股份总数50%以上的股东意见为统一表决意见，如不能形成50%以上的统一意见，则股东意见中支持比例最高的表决意见为统一表决意见。

企业家可以根据自己企业的特点和需求，进行有针对性的设计。

### 关键点4：违约责任

我们在实践中经常碰到有的公司的一致行动人中的某一方会随意破坏协议约定。一致行动人协议可以按照一般协议的违约责任设置违约金，违约金约定须明确，赔偿损失的计算应具备可操作性，甚至可根据不同表决事项设定不同的违约金和赔偿损失标准。

一致行动人协议可以约定其他违约责任，例如，协议中可约定：如果任何一方违反其做出的签署承诺，必须按照其他守约方的要求将其全部的权利与义务转让给其他守约方的一方、两方或多方，其他守约方也可共同要求将其全部的权利与义务转让给指定的第三方。

## 问38　公司法定代表人应该由谁来担任？

大家都知道，每个有限责任公司或股份有限公司都必须有法定代表人，是代表法人行使职权的负责人。法定代表人有什么样的资格要求？是只能由公司的大股东担任，还是公司的任何员工都可以？我们先看看哪些人可以担任法定代表人，哪些人不能担任。

《公司法》规定，公司法定代表人依照公司章程的规定，由董事长、执行董事或经理担任，并且依法登记。公司法定代表人变更，应当办理变更登记。

根据《企业法人法定代表人登记管理规定》，符合以下条件之一的，不能担任法定代表人：

1）无民事行为能力或者限制民事行为能力的。

2）正在被执行刑罚或者正在被执行刑事强制措施的。

3）正在被公安机关或者国家安全机关通缉的。

4）因犯有贿赂罪、侵犯财产罪或者破坏社会主义市场经济秩序罪，被判处刑罚，执行期满未逾三年的。或者因犯罪被判处剥夺政治权利，执行期满未逾五年的。

5）担任因经营不善破产清算的企业的法定代表人或者董事、经理，并且对该企业的破产负有个人责任，自该企业破产清算完结之日起未逾三年的。

6）担任因违法被吊销营业执照的企业的法定代表人，并且对该企业违法行为负有个人责任，自该企业被吊销营业执照之日起未逾三年的。

7）个人负债数额较大，到期未清偿的。

8）有法律和国务院规定不得担任法定代表人的其他情形的。此外，公务员不能兼任公司的法定代表人。

法定代表人对于公司来说，职责重大。一方面，法定代表人对外代表公司在合同等有关公司的法律文件中签字，代表公司在报刊发表公司声明；另一方面，法定代表人对公司的生产经营和管理全面负责，并且接受本公司全体成员和有关机关的监督。

由于法定代表人对外代表公司主体，对内是最高的"行政长官"，他的确定对公司非常重要。公司选择法定代表人，首先，应在法律允许范围之内，不可选择法律不允许之人；其次，由于法定代表人是公司对外的代表，那么法定代表人应具有管理公司的能力和有关的专业知识并尽可能全身心地从事公司的生产经营管理活动；最后，很重要的一点是，他是公司在需要承担法律责任时的第一责任人，因此，法定代表人得是最忠诚于公司且最受到信任的人。

例如，中国民营企业的代表华为，在多年的经营中，一直没有以公司创始人任正非为法定代表人。根据最新的工商信息，华为公司，包括华为技术有限公司和华为控股有限公司，法定代表人都是赵明路。这种设计很可能考虑到华为在发展过程中法定代表人的责任承担，值得广大中小企业参考。

法定代表人是如何产生的呢？

如果是没有成立董事会的有限公司，那么就由公司股东来决定，一般会选举公司执行董事或者经理来担任；如果是成立董事会的有限公司，那么当然就由公司董事会来选举决定，一般会选择公司董事长或总经理来担任公司法定代表人。

# 股权融资

## 问39　股权融资的主要形式有哪些？

来到我们课堂学习的很多企业家，有的需要对员工进行股权激励，有的想对上下游资源进行整合，还有的希望通过股权实现融资，增加企业现金流，推动企业发展。

纵观市场的股权融资，其融资方式无外乎股权质押、股权转让、增资扩股和股权私募四种。

### 1. 股权质押

顾名思义，股权质押是指出质人用自己的股权作为质押标的物。股权质押又称为股权质权。

股权质押在现代企业经营过程中常有发生，在上市公司更是发生得非常频繁。比如某企业的股东以该企业股权作为抵押向当地银行贷款1000万元，银行则取得该部分股权的抵押权。一般观点认为，以股权为质押标的物时，质权的效力并不等于拥有股东的全部权利，只是拥有其财产权利。换言之，就是股东出质股权后，质权人只能行使与财产权利相关的权利，如收益权，企业重大决策与选择管理者等与财产权利无关的权利仍由出质股东行使。

股权的出质人依照约定偿还质权人相应的成本和费用后，可以赎回相应的股权。

## 2. 股权转让

股权转让是指企业股东按照相关法律规定将自己所持的股份以某个价格转让给他人，使他人成为企业股东，而自己所持股份减少或退出股东行列的民事法律行为。

股权转让是一种物权变动行为，转让后，股东基于股东地位而把对企业所发生的权利义务关系全部转移于受让人，受让人因此成为企业的股东，获得股东权。

如上海某公司于2000年1月1日成立，该公司共有三位股东，其中A股东出资100万元，占出资额的30%；2019年4月1日，A股东将手中的10%股权转让给上海的另一家公司，并且约定转让价格为1000万元，于2019年4月6日前支付完股权转让款。

股权转让是转让方与受让方达成一致而发生的股权转移，因此，股权转让应为契约行为，需要通过协议的形式加以表现。

## 3. 增资扩股

增资扩股是权益性融资的一种形式，是指企业向社会募集股份、发行股票（上市公司或非上市公众公司）、新股东投资者或原股东增加投资扩大股权，从而提高企业资本金。

对于有限公司而言，通常是指企业增加注册资金，新增部分由新股东认购或新老股东一起认购。

常见的增资扩股的形式主要有以下两种。

（1）形式一：吸引新股东加入。例如，某企业原出资总额为2000万元，其中，A出资1000万元，占出资总额50%；B出资600万元，占出资总额30%；C出资400万元，占出资总额20%。

现该企业增资2000万元，A认缴200万元，B认缴600万元，C认缴200万元，D认缴1000万元。增资完成后，该企业原有股东的出资比例发生改变，其中A股东、B股东各占出资总额30%，C股东出资比例为15%，D股东出资比例为25%。

（2）形式二：老股东同比例增资。例如，某企业的原有出资总额为1000万元，其中，A出资500万元，占50%；B出资300万元，占30%；C出资200万元，占20%。

现企业须增资1000万元，按照原有股权比例，A须出资500万元，B须出资300万元，C须出资200万元。如此，该企业的原有出资比例并不发生改变，该方式只适用于内部老股东增资。

## 4. 股权私募

股权私募是相对于股票公开发行而言的，以股权转让、增资扩股等方式通过定向方式引进新股东，人数不得超过200名，是一种通过增加企业新股东而获得资金的一种股权融资行为。

国内有不少企业为了获得发展，都进行了股权私募融资，如顺丰。

顺丰在上市前的多年都是靠自身的积累不断发展的，直到2013年，在国内其他快递公司的追赶下，顺丰开始寻求外部资本的助推。2013年8月20日，顺丰速运获得来自元禾控股、招商局集团、中信资本、古玉资本的联合投资，总投资金额80亿元。此次融资是顺丰成立20年来的第一次股权融资。

## 问40　融资节奏怎么把握？

融资其实是一件细水长流的事情。在选择投资机构时要"只选对的，不选贵的"，在此基础上，不能因为遇到"金主"就狮子大开口。投资者给予创业公司的，是以合理的估值为依据的。市场所给的价格非常重要，过高和过低都不可取，融资价格要正确对待。

公司在估值较小时，如果拿大比例的股权去融资，会过度稀释原股东股权比例，也会压缩未来的融资空间，进而会导致公司未来估值不能合理增长。

所以，合理的融资节奏对于企业发展显得非常重要，在融资节奏的把控上，有以下建议：

（1）避免一步到位。一步到位的融资，看起来是很诱人的，但是对创业公司来说是不合理的。一般合理的融资节奏要遵循"小步快跑"的原则，一来可以加快融资决策，二来可以让估值合理上升，不至于在早期估值低的时候因为融资造成创业者失去太多股权。有些创业者的融资计划是预估了36个月的钱，这是没有必要的，是一种对股权和资金的浪费。

（2）"小步快跑"才是良性循环。一般的资金计划为6～9个月，长的也尽可能不多于12个月，并且与业务计划、产品计划、运营计划等相关计划绑定。公司在每个融资阶段要有不同的业务指标。如在Pre-A阶段，创业者要明确Pre-A轮的业务指标，有利于在规定时间完成项目计划，开展Pre-A融资。完成相关融资后，就要按照预期的业务开展进行公司的经营管理，基本达到预期目标后，继续A轮、B轮等融资。

（3）保持现金流很重要性。公司早期需要投资者提供的外部资金来支撑发展，因此，在考虑融资计划时，也一定要考虑拿不到钱的情况。毕竟活着很重要，机会只留给活着的人。在Plan B执行之前问自己，目前现金流是否可以在现有商业逻辑下实现盈利？是否能够产生稳定的现金流支撑公司继续稳定前进？此外，公司在早期寻找的投资者应在资金之外加以支持，比较理想的状态是，投资者还可以为公司带来战略资源、业务资源等资金之外的支持。公司在发展期更要保持健康的现金流状况。发展期公司的融资要在多家投资机构中选择，不宜在"一棵树上吊死"。同时吸引多家投资公司进入，能可靠保证融资的及时到位。

（4）项目和投资者匹配。要为自己和投资者预留充足的时间。融资方在想清楚做什么项目、如何做这个项目后，匹配上融资计划，最好提前两个月准备融资资料和见投资者。给投资者留下充足做调研、判断的时间，也会给你足够的甲方心态。做好准备后，融资方就不至于在投资方爽约时而感到慌乱。投资者喜欢锦上添花的多，这是可以理解的。

## 问41　民营企业融资要掌握哪五大原则？

中小民营企业在正式融资之前要制定一个指导企业融资行为的融资计划书，其中包括融资决策的指导原则和其他一些融资行为准则，目的在于确保企业融资活动顺利进行。我们在股权激励及合伙人项目服务过程中，也听到有的中小民营企业在融资过程中没有明确的计划，盲目性很大，抱着侥幸的心理误打误撞，对投资方不加鉴别、全面接触，让许多招摇撞骗的投资中介或者投资公司有机可乘。导致的后果轻则使企业浪费了不少的人力和财力，重则让企业覆水难收。

### 1. 收益与风险相匹配原则

企业融资的目的是将所融资金投入企业运营，在运营中推动业务发展，最终获取经济效益，实现股东价值最大化。在每次融资之前，企业往往会预测本次融资能够给企业带来的最终收益，收益越大往往意味着企业利润越高，因此融资总收益最大化似乎应该成为企业融资的一大原则。融资可能带来潜在风险，如投资方进入企业后，会对企业的经营发展建言献策，对企业的业务有促进作用，但也有可能投资方并不懂企业相关业务，他们的"指手画脚"会影响企业的决策，阻碍企业的正常发展。更有甚者，投资方与创始股东争夺企业的控制权，让本来安静的企业氛围笼罩在随时"换主"的阴影之中。

### 2. 融资规模量力而行原则

在中小企业融资过程中，确定企业的融资规模也非常重要。筹资过多，可能造成资金闲置浪费，增加融资成本；也可能导致企业负债过多，本息偿还压力大，无法承受，增加经营风险。

而如果企业筹资不足，又会影响企业投融资计划及其他业务的正常开展。因此，企业在进行融资决策之初，要根据企业对资金的需要、企业自身的实际条件以及融资的难易程度和成本情况，来确定企业合理的融资规模。企业在与意向投资方的交流沟通中，应做到双方深入理解，坦诚相待，融资方明确告知融资需求、计划及业务开展安排，让投资方明确能否满足投资需要，从而最大限度地确保融资计划圆满完成。

### 3. 控制融资成本最低原则

提起融资成本这个概念就不得不提起资本成本，这两个概念也是比较容易被混淆的。

资本成本的经济学含义是指投入某一项目的资金的机会成本。这部分资金可能来源于企业内部，也可能是向外部投资者筹集来的。

但是无论企业的资金来源于何处，企业都要为资金的使用付出代价，这种代价不是企业实际付出的代价，而是预期应付出的代价，是投入资金的投资者希望从该项目中获得的期望报酬。

考虑融资规模和周期时，要考虑融得的资金尽可能高效运用，推动业务快速达到预期，实现利润回报，避免所融资金躺在企业账上，无所用处，而承担无谓的资金成本。

### 4. 遵循资本结构合理原则

资本结构是指企业各种资本来源的构成及比例关系，其中债权资本和权益资本的构成比例在企业资本结构的决策中居于核心地位。这就要将债权融资和股权融资并重，且在企业发展早期，尽可能用较多的债务融资和较少的股权融资，以在获得发展资金的同时避免股权过多稀释，而在快速发展期或者相对成熟期，企业可以采取相反的策略，以减少融资偿还。

企业融资时，资本结构决策应体现理财的终极目标，即追求企业价值最大化。在假定企业持续经营的情况下，企业价值可根据未来若干期限预期收益的现值来确定。

### 5. 测算融资期限适宜原则

企业融资按照期限来划分，可分为短期融资和长期融资。企业究竟是选择短期融资还是长期融资，主要取决于融资的用途和融资成本等因素。

从资金用途来看，如果融资用于企业流动资产，由于流动资产具有周期短、易于变现、经营中所需补充数额较小及占用时间短等特点，企业宜选择各种短期融资方式，如商业信用、短期贷款等。

如果融资用于长期投资或购置固定资产，这类用途要求资金数额大、占用时间长，因而适宜选择各种长期融资方式，如长期贷款、企业内部积累、租赁融资、发行债券和股票等。

综上所述，中小民营企业必须善于分析内外环境的现状和未来发展趋势对融资渠道和方式的影响，从长远和全局的视角来选择融资渠道和融资方式。此外，对于企业而言，尽管有不同的融资渠道和方式可供选择，但最佳的往往只有一种，这就对企业管理者提出了很高的要求，必须选择最佳的融资机会。

## 问42　签订对赌协议有哪五个关键？

作为舶来品，对赌协议在引入中国后，一直被很多企业特别是创业阶段的企业小心翼翼地应用着。创业者处于相对弱势地位，在对赌协议上，经常被迫签订"不平等条约"，最终导致企业坠入万劫不复的境地。因此在签署相关协议时，应注重以下几点。

### 1. 对赌预期要合理

对赌协议常见的有"赌业绩""赌融资""赌上市"等几种方式，投资者要求创业企业在规定的时间内达到约定的业绩指标、实现融资额度或登陆资本市场，否则企业回购股权或者接受其他企业的并购。无论哪种方式，企业应在充分权衡对赌条款利弊的基础上，与投资者沟通协商，设定相对合理的对赌预期，为企业的稳健发展留有余地。不能为了融资而妄设目标，不顾后果，虽然可能一时融得资金，但长远却害了自己、害了企业。对赌机制中如果隐含了不切实际的业绩目标，这种强势的投资人资本注入后，往往会放大企业本身不成熟的商业模式和错误的发展战略导致的后果，使企业在歧途上越走越远。

## 2. 评判标准要客观

考虑到对赌协议大多私下签署且不对外公开，能够通过公开资料查找到的可参考的协议条款较为有限，因此对于对赌协议的评判标准往往缺乏统一的认知，这一特点给创业者带来较大的挑战。在签署相关协议时，创业者除了要对企业现有的综合实力、发展潜力、市场环境以及竞争环境等众多要素进行客观的、理性的风险评估，还应考虑引入专业咨询机构对于对赌筹码和触发条款进行有效的评估，以便在谈判和博弈中占据主动地位。

## 3. 谨慎选择对赌主体

对赌协议适用于投资机构与标的企业、企业实际控制人或大股东之间。关于对赌协议的签署，创业者应选择合适的对赌主体。从过往的经验来看，创业者经常会将标的企业作为所有合同签署的对赌主体。一旦标的企业承诺愿意承担对赌失败的法律风险，就会放大对赌风险带来的各种问题，严重的甚至会直接导致创业失败，创始人以个人资产承担兜底责任。

参照过往法院对于对赌协议纠纷的有关判例，创业者应慎重选用标的企业作为对赌主体或连带担保，一旦对赌失败，创始人至少可通过出售部分股权、换取资金以进行相应补偿。但如果标的企业作为对赌主体牵涉其中，标的企业自身运营将因此面临巨大挑战，此时创始人较难实现有效自救。

## 4. 理性确定优先股与优先清算权

这里的优先股更多的是通过企业章程和协议条款约定来实现的各类优先权益，包括股利分配优先权、赎回和清算优先权等，其中也包括了"一票否决权"。优先股持有人可以优先于普通股股东分得企业利润，或者优先行使股东的一些其他权利。

优先清算权以优先股为基础，是持有优先股的股东享有的特别权利，其行使条件是目标企业发生破产、解散、控制权变更或资产出售，投资者有权触发有限清算条款，提前退出。创业本就不是一条康庄大道，很多创业企业在经历了B轮、C轮融资后，有可能发展严重偏离预期，抑或陷入经营艰难的境地，于是便开始进入清算或解散程序，这个时候优先清算权条款就生效了。

有数据统计，超过八成的投资条款中设置了优先清算条款，同时投资者为保证内部收益率，还会设置优先清算倍数条款，优先清算倍数的数值会设置为≥1。对于创业者来说，需要判断优先清算条款的类型、优先清算倍数，投资人在启动该条款时是否有参与分配权、是否有分配权上限等。

因此，创业者在签署投资协议时，在关注估值和融资额的基础上，更应理性对待优先清算权的条款设置，以保障自身权益。一般情况下，清算倍数越低，对创业者越有利。通常在优先清算权基础上，还会约定有一定上限的参与分配权，即当收益超过投资本金的一定倍数后，就不再享有资产分配的权利。

## 5. 设立员工期权池

员工期权或员工持股计划，通过约定预留一定比例的企业股权作为期权池，来授予那些具有突出表现的员工或用以吸引优秀员工加入。

如果天使轮后预留的期权池过小，在早期实施几轮员工激励计划之后，期权池就基本发放完毕了。未来企业若要吸引更多优质员工加入时，则必须让渡新的股权，这也会导致企业原有股东和投资者的股权被稀释。在大多数情况下，员工期权池的设立更多是来自投资者的要求，其从自身实际利益出发，经常会提出在融资前提高员工期权比例的要求。一般情况下，员工期权池的比例在10%～20%为宜，如果前期投资期权预留比例过高，则后续融资时再次预留期权的余地较小，后续引入其他投资者和创业者预留期权的概率更小。

近几年，员工期权池的设立成为解决创业者与投资者估值分歧的重要途径。简单来说，当创业者对企业的估值高于投资者的估值预期时，双方可约定参照投资者的较低估值进行融资交易，待交易完成后，再增发估值差额部分等比例的股份作为员工期权池。这一方法对于新进投资者来说无疑是被动稀释了股份，而对于创业者来说，其在整体估值让步的基础上，以更低的成本争取到了更多的权益。

# 第三篇
# 方法篇

# 股权模式

## 问43　常见的股权激励模式有哪些？分别适用于何种情形？

按照权利类型划分，股权可以被分为分红权、增值权和投票表决权。这三种权利的不同组合，形成了不同的股权激励模式。

市面上股权激励模式有很多，如分红股、增值权、岗位股、身股、银股……五花八门、杂乱无章。我们以专业角度，以股权的三项基本权利出发，对股权激励模式进行了如下划分。

### 1. 干股

干股是一种只有利润或者超额利润分红，没有增值收益，也没有表决权的激励形式。

干股的优点为：①让员工更关注利润，节约成本；②短期激励效果强，能够让激励对象迅速感受到效果；③超目标分红方式让员工养成不断挑战目标的习惯，促进员工能力快速提升；④让员工感觉到与企业有更紧密的关系；⑤促进企业主体效益快速提升；⑥给予团队更大激励，促进其成长。

干股的缺点为：①容易造成员工急功近利的短视行为；②容易造成"鞭打快牛"的效果；③适合的企业类型较少，主要是门店、连锁企业；④对企业现金流要求高，可能造成企业资金压力过大。

干股激励模式适合连锁型的、贸易型的且现金流较好的企业，特别是餐饮连锁、零售连锁企业。单店较好核算收益，员工的责任心对门店的业绩起到至关重要的作用，很适合就单店的经营进行激励。单店做得好，店内的主要负责人的收益就高。而且店长及核心员工偏爱简单的股权收益计算方式，干股这种有利润或超额利润，就从中拿出一部分分配的形式，恰到好处。

## 2. 期权

该种激励模式是经营者与激励对象以合同的形式约定，经营者授予激励对象一定数额的股票期权，在满足一定时间要求及达到企业业绩目标后，激励对象按照按约定的行权价格自愿购买企业实股或兑现增值。达到时间条件和业绩条件后可以行权买实股的被称为权益期权，只能兑现增值的被称为增值权期权。权益期权在行权后有表决权、分红权、送配股权等一切与其他股东相等的权利。

在一般情况下，期权激励对象不需要缴纳保证金。当然，也可以在期权的基础上，缴纳一定的保证金。

期权的优点为：①不稀释当前企业的财务利润；②适用于发展空间大、具有资本运作预期的企业；③在国内外都有非常成熟的操作经验。

期权的缺点为：①激励人员当前的获得感不足；②股票的来源和退出渠道存在问题，对于非上市企业而言，经营者所持有的股份还没有正常的退出渠道，难以变现，股权的激励作用被打折扣。

这种激励模式适合互联网型、初创期、科技型的企业，主要考虑到企业当下缺少稳定的收入和利润来源，且需要一段时间对拟激励对象进行考察，员工也需要一段时间了解企业的商业模式。

## 3. 期股

企业根据销售额、净利润、净资产等指标估值，拆分成虚拟的股份，在激励计划实施前与每位被激励者签订协议，约定给予期股的数量、分红时间、兑现增值时间、转实股要求等。与简单的分红不同的是，期股激励方式下被激励者享有股票价格升值带来的增值收益，但不享有企业所有权。

期股激励对象通常需要缴纳一定比例的保证金。

期股的优点为：①相对于其他股权激励方式，成本较低，只需要董事会进行资产核算、效益分析、价格约定等，涉及的外部环境少；②激励期长，避免短期行为；③进入退出较为简单，避免了实股激励带来的潜在纠纷；④被激励者投入的成本一般较低，解决了员工出资能力低的问题；⑤不影响企业的总资本和所有权架构，避免因变数导致企业股价的非正常波动。

期股的缺点为：①对股权持有者的约束力没有实股的强，即缺乏真正的风险承担者，约束机制效果不足；②兑现时是依据当时企业股票的价格的，如果价格过高，会导致企业的现金支出压力过大；③如果没有转实股机制，激励对象的"主人翁"意识可能还不足。

这种激励模式适合传统制造业、成熟的服务业等经营稳定、着眼长远发展的企业。这类企业现金流有时可能欠缺，用虚拟股激励，可以让激励对象在获得短期回报的同时，还保有随着企业发展获得更大增值收益的机会。

国内企业用得最多的也是这种期股激励模式。激励对象通常需要缴纳一定比例的保证金。激励对象在退出激励计划时，保证金会按约定退回。

## 4. 实股

原股东以工商注册的股份或以代持的形式吸纳新的股东进入，新的股东对利润、企业资产都有所有权，且根据持股比例和相关约定享有股东其他权利，履行股东义务。这种激励模式适合比较成熟的、处于发展期的、拟上市的或者拟挂牌的，已上市或者已挂牌的企业。

实股激励的优点为：①对企业资产有所有权，是真正意义上的股东；②更能激发激励对象"主人翁"意识；③基本按照国家法律法规及企业章程操作即可，不用再拟定其他法律文件。

　　实股激励的缺点为：①可能因为股东间不合，造成企业决策困难；②如约定不清、不详细，则容易导致股东离岗不退股，带来其他股东不满，也会造成引进的人才没有足够的股权来激励；③灵活性差，对于损害企业利益的股东在现有法律体系下，无法收回其股权。

　　从企业发展状态来看，采用实股最好是在企业处于上升期时，因为员工在企业里面工作，看到企业的发展，出资意愿强很多，激励的效果比较好，员工的收益也比较高。

　　从企业发展阶段来看，拟上市的或者拟挂牌的企业，也比较适合采用实股。

　　已上市或者已挂牌的企业，通过限制性股票、员工持股计划等方式进行股权激励，也是比较常见的。

　　我们根据多年的股权激励项目落地案例，总结出这样的经验：

　　（1）没有最好的激励模式，只有最适合的激励模式。跟我们买东西一样，不买贵的，只买合适的。企业要根据所处行业、发展规模、人员结构等实际情况有针对性地选择。

　　（2）自己认可并被员工接受的激励模式就是好模式。能否实施下去，关键在于员工对企业的信心，以及股东与员工的心理博弈是否取得一个比较好的平衡。

　　（3）不仅可采用单一的激励模式，还可采用组合的激励模式。需要调研小组根据企业的实际情况，访谈员工的想法，结合原股东的想法综合提出建议。比如，对于初创期的互联网企业，核心的创始合伙人要给实股，起到最直接的激励作用，对核心的骨干员工可以给期权，激励其与企业长期共同发展。

　　（4）无论采用哪种激励模式，都需要有动态调整的思路。不是说这个股份给下去就完了，或者给了就定了。股份分给确实表现好、贡献大的员工，不仅对于获得者本人是一种肯定，激励其再接再厉，对其他人也是一种榜样示范作用。

## 问44　激励对象该以何种形式持股？

曾经在辅导一家企业落地股权激励项目时，我们听到大股东这样说：我们是个新三板公司，要激励一批核心员工，到底是放在持股平台激励，还是以自然人的身份激励呢？你们是专家，麻烦帮我们解决掉这样的问题。

诚然，企业推行实股的股权激励时，都无法绕开一个问题：激励对象通过什么方式持有激励股？总的来说，激励对象持股方式主要有直接持股、间接持股两类，间接持股又可细分为通过有限公司持股和通过有限合伙企业持股。

三种持股方式各有利弊，下面就逐一分析介绍。

### 1. 激励对象直接持股的优缺点

优点：①税负最低。激励对象持股获得的利息、股息、红利所得税率为20%，股权转让税率为增值部分的20%。上市公司限售股转让税率为20%，如按核定征收，税率为股权转让所得的20%×(1−15%)，即17%。持股期限在一个月以内（含一个月）的，其股息红利所得全额计入应纳税所得额；持股期限在一个月以上至一年（含一年）的，暂减按50%计入应纳税所得额；持股期限超过一年的，暂减按25%计入应纳税所得额。新三板挂牌公司政策更为优惠：在2019—2024年，持股一年及以内的，纳税政策与上市公司一致，持股一年以上的，取得的股息、红利等不予纳税。②激励性最强。股权由激励对象直接持有，股东荣誉感、价值感容易体现。

缺点：①对激励对象长期持股约束不足。根据《公司法》，股东持有的股权是股东的个人财产，未来发生纠纷时如希望其退出但其不配合，则会带来麻烦。另外，目前国内普遍存在企业上市后，直接持股的员工股东一旦等到解禁即抛售的情况，一些高管甚至为了规避一年内转让股份不得超过年初所持股份25%的约束，在企业上市后不久即辞职，辞职半年后出手全部股份套现。这违背了企业通过员工持股将企业与员工的长远利益捆绑在一起、留住人才的初衷。②直接持股意味着股东具有参与股东会对企业重大事项进行表决的权力，股东较多，会让企业发展遭遇多种不同意见，不利于快速决策。③若员工在企业向证监会上报材料后辞职，企业大股东不能回购其股权。

## 2. 激励对象通过有限公司间接持股的优缺点

优点：①相对于激励对象个人持股，更容易将激励对象与公司的利益捆绑在一起。在上市之前可规避因激励对象流动而对公司层面的股权结构进行调整。在公司向证监会申报材料之后及过会之前发生激励对象辞职等情况，可通过调整激励对象持股公司的股东出资额的方式解决。②相对于合伙企业，国内关于有限公司的相关法律法规更健全，未来政策风险较小。

缺点：①税负最高。不考虑税收筹划，股权转让法人股东需要缴纳25%企业所得税（高新技术企业为15%），法人股东的自然人股东获得转让款后还要缴纳20%的转让税，分红税负20%，比员工直接持股和合伙企业间接持股税负都高。②由于是通过公司转让限售股，所有股东只能同步转让股权。

## 3. 激励对象通过有限合伙企业间接持股的优缺点

优点：①相对于激励对象个人持股，更容易将激励对象与企业的利益捆绑在一起，且在企业需要股东做决策时操作更简便，大多数决议只需要普通合伙人做出即可。在上市之前还可规避因激励对象流动而对企业层面的股权结构进行调整，万一在向证监会申报材料之后过会之前发生激励对象辞职等情况，可通过调整合伙企业出资的方式解决。②相比有限公司制持股平台，在税收方面有优势，在转让限售股时，营业税及附加税与有限公司一致，员工缴纳5%~35%或20%的所得税（根据不同地区政策而定）。③由于有限合伙企业的特点，若实际控制人担任唯一普通合伙人，则可以少量的出资完全控制合伙企业。

缺点：①由于是通过合伙企业转让限售股，所有合伙人只能同步转让股权；②如果按个体工商户税率缴纳个人所得税，边际税率较高（35%）；③在实际操作中，公司的纳税时间一般延后，而合伙企业的纳税时间较早；④激励对象出于转让出售自由的考虑，往往倾向于个人持股，需要专业咨询机构对激励对象进行专业知识灌输；⑤与有限公司相比，目前国内有限合伙企业的相关法律法规仍不健全。

我们在实际的股权激励项目操作中，通常会建议企业设立有限合伙企业，让当下实股激励对象及未来由虚拟股转为实股的激励对象，通过有限合伙企业间接持有股权。通过有限合伙企业的方式，企业家可以将收益权分享给激励对象，继续掌握企业的控制权，一举两得。

## 问45　期权和期股有哪些区别？

在经济学教科书中，期权是经常出现的词语，而期股的说法是没有的。正是我们多年的股权激励实战积累，总结了数千家国内企业的激励需求，提出"期股"一词，并且加以广泛应用。

期权与期股虽只有一字之差，但含义差异巨大。

### 1. 概念不同

期权是一种激励与风险防范并重的办法，在历史上对企业的发展产生了巨大的作用。期权在西方发达国家运用多年，现在一般应用在资本市场。

作为一种股权激励方法，期权是指由企业赋予激励对象一种等待的权利，激励对象在规定的年限内可以以事先确定的某个固定价格购买将来的一定数量的企业股票。

期股是我们在股权激励实践中，结合国人的性格特点，专门设计的激励模式。它是指企业所有者出于激励员工的目的，以优惠的条件确定即将转让的股份数量与价格，受让员工从协议签订之日起获得期股对应的分红。在若干年锁定期后享受期股对应的增值。如果在锁定期内离开企业，则不能享受增值收益。股份所有权与表决权仍然由企业原股东享有。期股还可以与实股进行对接，即期股运转一定周期后，如业绩达标或期限达到，则期股激励对象在企业股东会或董事会批准后，有权按照期股的持股比例购买企业实股，实股价格一般是授予期股时企业的净资产价格或者转实股时企业的净资产价格。

## 2. 激励的核心与作用不同

期权激励的核心是取得股票期权时是无偿的，激励对象着眼于企业未来发展。这种股票期权可以使激励对象以现在比较低的价格购买成长发展了几年的价格增长的股票，从而分享企业发展的收益，当然如果股票价格缩水，则激励对象可放弃行权，从而避免损失。

期股激励的核心是让激励对象的短中长期利益和企业业绩均挂钩。期股激励模式让激励对象在短期内也享有收益权，但收益与绩效考核密切挂钩，不存在放弃行权的情况。

## 3. 权利与义务对等性不同

期权激励一般是一种无义务的权利。无义务是指在企业给予激励对象期权时，激励对象不需要为期权支付对价，只在将来行权时才支付行权价格取得实际的股票，当然也可以放弃行权。

期股激励一般是一种有义务的权利，即激励对象在取得期股时需要支付对价，很多时候表现为保证金。有的企业为加大激励力度，往往在企业估值上对激励对象打折，并且让激励对象按照折后的估值缴纳保证金，而非入股款。缴纳保证金后，激励对象一方面承担该部分保证金的潜在利息成本，另一方面可能因为企业发生财务状况恶化而承担保证金无法得到偿还的风险。

## 4. 权利类型不同

期权持有者在行权购买实股前，不享受企业的分红收益、财产分配权、表决权，在行权购买实股后，享受企业的分红，而在出售实股时，则获得实股转让价与行权价之间的差额。

期股持有者则不同，其享有期股的分红权及增值权等权益，但不享有所有权与表决权。在转实股后可享受分红权、表决权（直接持股的）和财产所有权。

## 5. 价值与付出的关联程度不同

期权激励与企业业绩有联系，但没有必然联系，特别是对于上市公司而言，其股票价格的上涨并不一定就是业绩增长的原因，很大程度上还受资本市场环境的影响。

而期股激励则与企业业绩及激励对象的绩效考核有必然联系，而且企业还可以选择是否将期股转为实股，以及转化的条件，相比较而言制度设计的空间比较大，适用面相对广一些。

企业在选择股权激励模式时，一定要结合自身的情况和激励对象的需求，不可盲目选择一种在其他企业可能效果不错的激励模式套用在自己企业身上。

# 激励对象

## 问46　如何确定股东的准入条件?

股权激励是对人的激励。股权激励的成败与选人正确与否关系很大。

用人永远是所有企业主心中的痛。如何用人、用什么样的人,这些问题很多企业主都尚未能找到一个完美的解决方案。

其实很多时候,很多企业主错在太重视"相马"——把精力放在选人上,按照自己的条条框框去"套"人才,只是在寻觅更多的"我";忽视了"赛马"——大胆地使用新人,让员工用工作中的事实说话,而不是用简历、学历、资历说话,借用央视《焦点访谈》的说法:用事实说话!

既然用事实说话,那"赛马"的刺激一定胜过"相马"的刺激,这样的刺激未必是所有的人都能承受的。股权激励的对象准入条件便是"赛马"的标准,需要拟激励对象拿出实实在在的业绩与实力。

### 1. 激励对象入选的基本条件

(1)法律法规。根据《上市公司股权激励管理办法(试行)》,明确不能成为激励对象的包括:独立董事和监事;单独或合计持有上市公司5%以上股份的股东或实际控制人及其配偶、直系近亲属;最近12个月内被证券交易所、证监会及其派出机构认定为不适当人选的；最近12个月内因重大违法违规行为被证监会及其派出机构行政处罚或者采取市场禁入措施的；具有《公司法》规定的不得担任公司董事、高级管理人员情形的，以及其他法律法规规定不得参与上市公司股权激励的等。虽然财务总监处在敏感岗位，却未被明令禁止。

（2）岗位层级。对不同层面的人应该不同对待，往往很多时候骨干员工是我们股权激励计划实施的重点对象。因此，股权激励的对象一般为：

1）高管。高管是企业战略决策与日常经营管理的核心力量，包括现有的高级管理人员，以及未来要引进的高级管理岗位的优秀人才，他们是企业未来的事业合伙人，需要重点激励。

2）中层干部。中层干部是企业日常经营管理的中坚力量，担负着上传下达的重任，同时肩负着执行企业战略决策的使命。通过股权激励，促使中层干部将企业作为自己的职业发展平台、事业平台。

3）核心技术（业务）人员。在知识经济时代，知识是最重要的资源。在企业特别是高新技术企业里，关键成员及其知识资本完全融入了企业价值及其增值的创造过程，成为与财务资本同等甚至更为重要的实质性资本要素。人力资本产权理论指出，非人力资本和人力资本都可以掌握企业的控制权，在知识和技术成为最重要的生产要素的企业，存在着非人力资本产权与人力资本产权的平等合约。因此，核心技术研发人员和专业骨干等关键成员应该获得其人力资本的产权，掌握对企业的控制权，从而分享剩余价值索取权。所以将核心技术人员和业务骨干纳入股权激励对象的范围，有助于提高企业的业绩水平。

4）基层骨干。基层骨干包括各业务领域的关键岗位任职人员，涵盖研发、采购、生产、商务、工程、营销等部门。培养一批能力强、对企业高度认同的基层骨干，可夯实企业系统运行能力，提升企业的核心竞争力。

（3）劳动关系。很多企业家会担心：我的企业采用虚拟股的形式，员工出资入股后会不会被认定为企业非法集资呢？

依据国务院发布的247号令，可以给非法集资做出这样的定义：单位和个人未按照法定的程序经有关部门批准，以发行股票、债券、彩票、投资基金证券或其他债权凭证的方式向社会公众筹集资金，并且承诺在一定期限内以货币、实物及其他利益等方式向出资人还本付息给予回报的行为。

从国家颁布的法律法规我们可以发现，对于非法集资的定义主要包括以下几个特点：①未经有关部门依法批准，包括没有批准权限的部门批准的集资以及有审批权限的部门超越权限批准的集资。②承诺在一定期限内给出资人还本付息。还本付息的形式除以货币形式为主外，还包括实物形式或其他形式。③向社会不特定对象即社会公众筹集资金。④以合法形式掩盖其非法集资的性质。

因此，为了避免非法集资的嫌疑，股权激励对象必须是与企业签订劳动关系的正式员工。

（4）工作年限。一般来说，授予股权时，员工必须有在企业工作的一定司龄，因为股权激励对象既是利益的共同体，更是价值观的共同体，大家要在一定时间磨合的基础上绑定在一起发展事业。否则，股权授予容易收回难，仓促给出股权，如果觉得不合适，或者事先没约定好，就可能导致难以收回股权，甚至造成大的股权纠纷。

当然，对于特殊的激励对象，尤其以股权方式引进的激励对象则另当别论。

## 2. 激励对象的甄选标准

股权激励对象的确定一般要按照一套公平的标准进行，确保公平性，所以在确定激励对象之前要先定标准。股权激励对象不是面向所有人，但所有人都有机会，我们把选择激励对象的标准公布出来，符合标准的人员就可以成为激励对象，暂时不符合标准的，也可以看到奋斗的方向。具体到选人标准，要考虑激励对象的特点、激励对象的业绩表现等多种因素。

（1）激励对象的特点。在企业中，具有人力资本价值的员工有很多种，例如，在企业刚起步时，和企业主一起打拼，不计薪酬，不辞辛劳，终于和企业主一起让企业步入了正轨的人，这类员工可归为功臣，在股权激励时，可以给予历史贡献股。

在自己岗位上发挥出了极高的才能，是企业业绩提升的主力，这类员工可归为能臣，在股权激励时，可以给予岗位股。

对于开拓型人才，我们称为将才，在持股平台上持下层机构［分（子）公司］股权；而对于管控型人才，我们称为相才，在持股平台上持上层机构（公司总部）股权。

对于战略管理层人员，可以将其纳为合伙人；对于管理层/核心技术层人员，可以分配其股权；对于基层人员，发放薪酬即可。

看好自己的人，是平台的能人，可以在分（子）公司持股（看分红），成为分（子）公司内部股东。

看好公司的人，可让他担任各板块负责人/高管，可以在持股公司持股（看增值），成为公司内部股东。

看好企业主的人，通常是创业元老（忠诚的人），可以在控股公司持股（看上市溢价），成为控股公司内部股东。当然，这种情况非常少，只有极为忠诚的创业元老才能享受此等待遇。

（2）激励对象的业绩表现。无论在哪个板块、哪个部门，在选择股权激励对象时，除了考虑员工在企业未来发展中的重要性，最重要的是"以业绩事实说话"。按过往业绩论功行赏，这是一种通用的做法，也是相对而言客观公正的做法。未来重要性的衡量有着更多的主观成分，而过往业绩的衡量却可以做到相对客观。按业绩论功行赏也有利于树立标杆，员工为企业做出贡献就可以获得回报，从而激励更多的员工努力地工作。至于具体的业绩标准，需要结合企业自身情况量身定制，不能一概而论。

这就是我们所说的通过业绩表现进行"赛马"，最终脱颖而出的就是企业的核心人才。

那么哪些人是核心人才呢？通常意义上就是那种在企业发展过程中通过其高超的专业素养和优秀的职业操守，为企业做出或者正在做出卓越贡献的员工，或者因为他的存在而弥补了企业发展过程中的某些空缺或者不足的员工。核心人才往往具有不可替代性、很强的创新性，或者比其他员工更具有竞争性。

我们知道，在一个企业中，往往是20%的人才创造了80%的效益，核心人才动力的激发与否往往是企业能否获得成功的关键。如同开车一样，方向错了，马力开得再足也只会离最后的目标越来越远。核心人才在企业经营中所扮演的角色就如同开车的方向盘一般重要，这部分人或者推动企业战略的实施，或者提升品牌的价值，或者拉动销售量，可以为企业创造巨大价值。

为了突破企业发展瓶颈，企业应该针对不同职能的核心人才采用不同的激励方式。例如，针对营销型核心人才，企业可以采用提成或者给予股权的方式激励他们；针对技术型核心人才，企业可以采用专项奖励、新产品提成或者给予股权的方式激励他们；针对生产型核心人才，企业可以采用生产成本节约奖或者给予股权的方式激励他们。

总之，在股权激励方案设计环节中，激励对象的确定是核心问题之一，在设计过程中要考虑方案的公平性、激励的力度，关键还应有动态定人的考量，通过建立一套动态的机制不断选拔和优化人才，保证股东有进有出，进退有章可循。


## 问47 对创业元老如何激励？

一个企业如何对待创业元老，会很大程度地影响其他员工的心态，对企业的人员稳定性和流动性产生很大影响。

电视剧《乔家大院》中，复盛公票号的大掌柜顾天顺，在复盛公干了40年，但因其任用私人、胡麻油掺假、擅自挪用公款等被揭发，顾掌柜主动请辞，东家乔致庸同意了顾掌柜的辞职申请并提拔后来居上的年轻伙计马荀为新掌柜，其他的老掌柜们都觉得不服气，而顾掌柜一句"我在复字号效力了40年，就是这样的下场"，更是让所有的掌柜们陷入了迷茫：我们的未来在哪里？

的确，没有企业元老们，就绝对没有企业的今天；但有了他们，企业也可能没有明天。在企业初创时，他们为企业曾经尽心竭力，无私奉献，但是随着企业的不断发展壮大，他们或者已经不能胜任；或者居功自傲、拉帮结派，成为企业发展的绊脚石；或者负气出走，投靠竞争对手，另立门户。能否将创业元老们合适地安顿好，是对企业很大的考验。那么应当怎样妥善处理呢？

## 1. 股权释兵权

历史上宋太祖用"杯酒释兵权"这一巧妙的手段为刚刚建立的北宋王朝清除了障碍，此后，社会开始稳定并渐渐走向繁荣。一个朝代是这样，一个企业也是这样。既然创业元老们的知识和才能已不能胜任其所在的岗位，就必须退下来让有能力、有才华的人上，这一点毋庸置疑。当然，对于他们以前的功劳也必须肯定，对他们以前的贡献也必须补偿，这样他们才愿意心甘情愿地退出。

股权激励便是一个很好的平衡方式，让元老们心甘情愿地离开现有管理岗位，为企业的核心员工腾出足够的发展空间。"股权释兵权"对企业的新老交替有着深远而微妙的影响，因为股权使创业元老们的身份从高管转变为股东，当拥有股权的创业元老们再看到新进的职业经理人拿着几倍于自己当年的工资时，他们的心态会转变，认为这些人是在为自己的企业打工；同时，创业元老们未来的收入仍与企业的业绩紧密相关，可以让元老们永远心系企业，充分发挥其经验和知识等的作用，也能极大地降低企业现金支出的压力。

可采取的股权激励形式多样，如期股、限制性实股等，具体的激励计划（如数量、股票价格及授予和行权方式等）可以由企业与元老们协商确定，也可纳入企业的整体股权激励计划之中统一考虑。

## 2. 高福利待遇的"关爱中心"

创业元老们不愿意退出的一个最重要原因就是个人利益：一旦离开岗位，原有的高收益都没有了。因此，关键就是如何解决创业元老们的个人利益问题。

上文提及的股权激励是从长期激励的角度来对创业元老们进行补偿的，而高福利待遇的"关爱中心"则是通过高福利待遇的方式进行补偿的。企业的各类委员会，可以作为"关爱中心"的载体，在这里，元老们依然享受着高福利待遇，担任委员会主任、名誉主席等虚职，一方面可以为企业继续贡献一定的经验和智慧、发挥余热，另一方面也会有一定的荣誉感。

## 3. 长短结合的"金色降落伞"计划

经过多年的实践，我们研究创造出了一种"股权激励+现金补偿"的方式，我们称之为"金色降落伞"计划。"金色降落伞"计划是一种长短结合的退出机制，比单纯的股权激励和单纯的现金补偿方式更有优势，是二者的有机结合，在方案的设计上也较为灵活。

"金色降落伞"计划可以帮助解决功勋企业家及创业元老们离退休的问题，用来消除或弥补企业高管退休前后物质利益和心理角色的巨大落差，避免出现"59岁现象"。同时，"在职金手铐，离职降落伞"亦被看作完善企业治理机制、减少内部人控制的重要举措之一。企业在实施"金色降落伞"计划时应注意如下几点：

（1）"金色降落伞"计划补偿的金额需要与企业业绩及其任职时间挂钩。要避免出现业绩不佳却获得高额离职补偿的尴尬，也要避免政府官员临近退休时来企业做高管，从而获得高额退休金的行为。

（2）要完善企业股权激励机制。"金色降落伞"计划中高管收益大部分应来自股权，这也有利于离职高管的利益与企业利益保持一致，有利于高管持续关注企业发展，避免其在任职期间及离职后做出有损企业长远利益的行为。同时，为了企业人才的新陈代谢和基业长青，避免股权被创业元老们过多地占用，压缩对企业接班人团队的激励空间，应对创业元老们的股权持有时间及退出节奏进行控制，逐步落地，平稳过渡。

（3）决策机制需要公开透明。西方企业主要是民营企业和上市公司，其高管退出计划一般由企业董事会决定，并且在年报中披露。而中国的"金色降落伞"计划很多针对国有企业，计划参与的对象——董事长和总经理常常在董事会拥有决定性影响力。建议对国有控股企业，"金色降落伞"计划应与高管薪酬计划一起报送国资委审议，上市公司应该通过股东大会审议，并且予以公示。

## 问48　对新进人员如何激励？

企业在发展过程中，总是伴随着一些老人的离开以及大批新人的进入。这就好比生命的新陈代谢、血液循环。在企业发展的各个阶段以及各行各业中，每年招聘新人都是人事必要的工作之一。但是怎么样找到企业需要的人才并长久地留用下来，是个难题。这就要上升到企业对新人的激励政策层面，越来越多的企业已经在探讨新进人员激励这个普遍的话题，有的已经付诸实践。

在传统企业还普遍使用"工资+奖金"来招聘人员的年代，互联网、新经济领域企业开始尝试"薪资+股权激励"的全新模式。随着人们对股权激励接受度的提高，员工在寻找新工作时，往往会对股权激励有所要求，在洽谈入职条件时，会涉及实股多少或者虚拟股多少。

在新人的激励中，首先，要选对模式。在股权激励实践中，除了少数至关重要的人员引进时会直接用到实股，对于一般新进人员几乎用不到实股的方式。因为实股是用来激励贡献巨大、忠诚度高、具有一定稳定性的员工。新进人员对于企业文化的认同、工作环境的融入以及对企业业务发展的贡献，都是有待时间考验的。此时给予新进人员实股，具有很大的风险，即使那些自称能力很强且在其他企业中做出了出色业绩的，一般也只给其代持股，并且约定好解除代持的条件。

如果一个企业已经推行虚拟股激励，则顺其自然，新进人员通过试用期后，就有机会参与虚拟股激励。新人和已经参与虚拟股激励的老人一样，可以参照转实股的条件和步骤，逐步将所持虚拟股转为实股。

其次，要做好时间的区分。新人与老人的股权激励模式可能不同，较普遍的做法是，新人与老人在时间上区别开来。老人的股权，不管采用何种形式，基本上是一次性授予，而对于新人，通常是分年度或季度来授予的，通过若干年度、季度的目标实现情况的考察，鉴别新人的能力、忠诚度及与企业的匹配度，一方面这是企业选择适当人选的必要之举，另一方面这也是新人判断自己是否适合该企业的重要机会。

再次，对新进人员激励，核心是激励的刺激性和安全性的平衡。无论如何，发挥激励对人员积极性、主动性、创造力的激发，是第一要考虑的，否则，新人在选择入职企业时，难有冲动和期盼的感觉。而且即使在入职后，新人也不能被有效调动起来。作为一种必要的防范举措，企业要给新人确定阶段性目标，并且匹配阶段性的股权激励，这也是一种新人与企业相互不了解而达不到激励效果后进行有效调整的方式。

为了让股权激励方案在新人与老人这两类人群中都能有效落地，在与这两类人群沟通时，要分别强调其合理性、科学性：对于新进人员，除了要讲明白企业股权的价值，更要说明为何其能够得到激励，如何做才能获得全部激励；对于老人，要讲解其与新人相比，有更大的优惠和激励性。这样，各方都会更加认同激励政策，从而使股权激励发挥作用。

## 问49　对掌握核心技术的研发人员该如何激励？

参加我们股权激励课程学习的企业家中，有不少是从事研发+生产+销售一体的业务的。这些企业家来上课学习，有个共同的关注点：企业里面有几位很关键的技术研发人员，他们对企业很重要，也很忠诚。困惑的是，他们的工资已经比较高，绩效上面也难考核加码，想给股权，但又不知道怎么给？

这确实是个大趋势。当下中国的"人口红利"几近枯竭，"人才红利"的时代渐渐到来。成千上万家企业，正在由单纯的人力推动走向人力+技术推动。技术人员在企业员工中的数量占比增大，重要性也逐渐突出，这部分人的激励问题是必须解决的。

国家政策对该类人员的股权激励也是大力支持的。《国家税务总局关于我国居民企业实行股权激励计划有关企业所得税处理问题的公告》规定，上市公司对在职直接从事研发活动人员发放的股权激励，按规定作为当年上市公司工资薪金支出扣除的，记入研发费用部分可以加计扣除。

2019年推出的科创板制度对技术人员入股给予了更大的弹性，诸如AB股制度、20%的股权激励额度等。

对掌握核心技术的研发人员的激励是必要的、重要的。那么，如何激励，才能让企业和技术人员双方均觉得可行？我们在这里进行详细的探讨。

（1）与其他类型人员激励模式相同，但绩效考核显示差异性。对于已经在企业工作多年的核心技术研发人员来说，享受与其他类型的核心人员平等的激励待遇，是非常有必要的。如果企业内部实行的是期股激励制度，且激励平台只有企业一级，那么技术研发人员也可以按照此制度获得激励，在激励股分配上，技术研发人员可以按照岗位类别获得激励上的侧重。在企业层面，技术研发人员受到的约束是一样的，即企业的业绩指标、发展指标均达到预期目标。在个人绩效考核层面，技术研发人员的特殊性需要突出：技术研发人员的个人指标应更多地与研发的成果是否达到预期、研发的阶段性进展是否符合要求、研发成果是否被应用生产端认可，以及研发出的技术的应用情况、研发产品的销售情况等挂钩。

（2）根据技术实现情况，分阶段给予激励。这种激励方式尤其适用于新引入的核心技术研发人员。企业在与意向的技术研发人员沟通时，由于双方利益点不同，技术研发人员会倾向于夸大自己的技术实力和技术实现的预期回报，从而要求企业给予较大比例的股权，此时企业无法准确知道对方拥有的技术或者技能到底可以为企业带来多少价值。如果企业直接不同意对方的要求，则无法引进这类人才，但如果100%答应，则难以把控技术人员的贡献。为了平衡双方的诉求，我们建议，企业可以答应意向加入进来的核心技术研发人员相应的股权，但是，这部分股权要在一定的时间，分步给到位。举个例子来说，企业和准备引入的核心技术研发人员沟通，初步约定要给10%的企业股权，那么可以每年给予2.5%，四年给予完毕，同时每年给予都有一定的要求，包括研发、技术改造等工作的完成度，完成后，当年的2.5%进行注册或者授予。通过这样的操作，一方面，可以为企业留下人才的同时防范企业利益流失；另一方面，可以让技术研发人才看到奔头，不断朝着企业目标努力。

（3）一次性授予，但须签对赌协议。现在的企业往往求贤若渴，一旦在市场上碰到企业需要的技术人才，可能愿意花费大的代价，将人请过来。殊不知"请神容易送神难"。对于自己技术十分自信的专家、大牛，如果分阶段给股权，他们很可能不乐意，而企业又非常希望将这样的人才"为我所用"。在这种情况下，我们建议，企业可以根据与技术大牛商谈的股权比例，一次性给予，将人才请进门。技术人才在企业当中发挥出预想的作用，自然是各方愿意看到的结果，但也有可能最后由于各种各样的原因，造成原先说的美好的前景并没有成为现实。为了避免未来合作不愉快带来的潜在纠纷风险，企业在引进技术人才时就要"约法三章"，该有的约定一定要约定好，"丑话说在前头"。第一，给的股权是带有条件的，需要在若干年达到研发和技术转化的目标，如某一年没达到目标，则收回授予股权的25%，某两年没达到目标，则收回授予股权的50%……有了规定，企业可以放心地把核心工作交由技术人才去做，而技术人才也知道前期获得股权并不意味着可以高枕无忧，还需要加倍努力，才能将股权变成自己的财产，为自己带来回报。将制度落在纸上后，在每年的一个固定时间段，企业和技术人才可以对照要求，如果没有达到相应要求，则坚决按照要求收回股权。

（4）将技术部门独立核算，增强技术人才的积极性。传统的观念认为，技术研发部门没有产品输出，不产生销售收入，因而只被作为费用部门。当一个企业的技术研发部门规模尚小、研发人员不稳定且研发方向不明确时，对于技术研发人员的激励，从上述三点进行思考较为妥当。但如果企业的技术研发部门已经较为成熟，人员结构较为稳定，研发制度基本完善，而且研发方向相对明确，则可以推行研发部门内部独立核算并加以激励的制度。我们在一家A股上市公司的技术研发部门人员激励中就推行了这样的激励政策，得到技术部门核心领导的高度赞同。大致做法是：明确技术研发部门收入包括政府研发补贴、科研成果转让收入、公司科研奖励、新产品上市三年内的销售提成、新工艺上线三年内带来的成本降低额以及内部成果转让费等，相应的成本费用为研发人员工资薪酬、业绩奖金、项目奖金、项目费用、技术设备采购、研发材料采购、对外合作费用等，技术研发部门的收入与成本费用的差值就是利润。部门内部人员可以直接在部门平台进行股权激励或者利润提成。当然，如果公司有上市计划，则应对核心技术研发人员在公司平台进行激励，或约定在公司即将上市时将技术部门的激励转换到公司层面。

随着技术研发人员在企业中的重要性越来越高，技术研发人员如何进行激励，成为很重要的研究课题。我们通过多年的实践，得到上述一些经验，企业家们可以选择运用。

## 问50 如何激励提成很高的销售人员？

在推行股权激励的时候，有一类人员是肯定要直面的，那就是企业的销售人员。在我们的课程上，也经常有客户问：我们是销售拉动型的企业，销售没干劲，产品就出不去，企业就没收入、没发展。但是我们的销售人员，特别是销售经理、销售副总，收入都比较高，而且这些人经常跟客户接触，了解的东西多，脑子都比较活，很容易跟企业走远，对我们忠诚度不够。怎么对他们进行股权激励，让他们能够安心在企业做呢？

对于绝大多数企业来说，销售环节是关乎企业运营发展的关键环节，销售环节如何激励是让企业家头疼的事情，主要体现在以下三个方面：

（1）销售人员的收入通常都很高。大多数企业品牌或产品的强大程度并不足以摆脱对销售的过度依赖，企业的业绩往往要靠销售人员通过个人能力或资源积累才能实现，因而销售团队的收入通常占企业人力成本相当大的一部分，年收入100万元左右的销售人员大有人在。正因为其年收入相当高，所以要有相当的股权收益才能打动他，不然他会认为"我出钱入股了，结果股权收益也就那么一点点，还不如不入股"。

（2）客户资源的黏性大部分体现在销售人员身上。现在很多企业的销售很大程度依赖销售人员的客户资源积累，在产品差异化、特色化不是特别明显的情况下，有能力的销售员极易带着自己的客户群投奔其他企业，因而通过股权这个纽带绑定销售大牛非常有必要。

（3）能力强的销售人员极易另立山头，创办自己的企业。在产品可以代工或者差异化不明显的情况下，销售显得至关重要。能力强的销售人员发展到一定程度，极易自己另行组建团队，成为企业的直接竞争对手。很多企业家最初创业的时候也是这样创办起自己的企业的，因而更加担心自己的销售大牛组建团队另立山头。

面对销售人员诸多复杂的因素，如何对销售人员进行股权激励呢？根据我们的经验，销售人员的业绩贡献是比较容易衡量的，而且他们相比生产、研发等类型的人员，更看重眼前利益，所以通常情况下，以销售提点的激励方式是可以的。但市场上每家企业都推行提成制，企业难道只能进行提成点数的"火拼"吗？对于销售人员就不能运用股权激励吗？显然不是。

激励这部分人群，就要讲究方式方法。

（1）恰当处理股权激励与提成的关系。我们在实际操作过程中，遇到很多这样的案例。拿着大笔提成的销售人员一听到企业要进行股权激励，心里会犯嘀咕：老板是不是想把我的提成降下来，换上以利润计算并且需要各种考核的股权激励？企业家和管理人员要宣讲股权激励政策。一般而言，企业要进行的股权激励是与之前的薪酬提成制度并行不悖的机制，并不会影响提成的发放。当然，也有部分企业希望部分替代提成，那么企业要明确告诉销售人员为何要这么做以及部分替代后销售人员两部分收益加总后一般会超过原来的提成收益，要充分尊重销售人员的意愿。

（2）选好第一批给予股权激励的人。万事开头难，首批销售人员激励成功，能够起到示范作用，带动其他人员。所以首批激励对象，要选择部分核心人员，且应挑选看好企业和企业家的人，也就是忠诚度高的销售干将，通俗地讲就是"又红又专"（忠诚度高、能力又强）的人，

（3）设计好股权激励模式。销售人员习惯了拿提成的规则，认为这种方式简单有效，基于此，股权激励的模式就不能还是简单、重复的分红拿提成。企业家要塑造梦想，如上市或被并购，让销售人员感受到企业发展的广阔前

景，根据这样的愿景，企业设计的激励模式应是既有分红又有上市或被并购获得资本溢价的巨大回报，这样更容易调动销售人员的积极性。

（4）要让员工既有"钱"，也有"权"。销售人员收入已经很高了，但未必很认可企业。我们听到很多销售人员说，因为企业给的钱多，所以我才留在这边的。不论什么类型的员工，当金钱已经带来不了太多的乐趣时，需要用归属感、参与感激发他们。因此如何让提成很高的销售人员也能融入企业文化、参与企业管理，是需要认真思考的。企业在分配股份的同时，要适当考虑将包括销售人员在内的激励对象纳入企业管理会议中，使其参与企业的文化建设、制度建设，对企业的战略制定、业务发展提出建议。如此这般，销售人员精神上得到满足，更容易与企业走近，也更有可能和企业长期走下去。

（5）内部独立子公司化。当然也有销售人员认为业务都是靠自己打拼来的，更加相信自己个人的力量，不愿意和其他人在一口大锅里吃饭。企业就可以考虑内部创业路线，充分发挥销售人员个人的能力。对于这种类型的销售骨干，与其等待其有一天离开企业自行创业，不如与其合资设立子公司，将其变成子公司的负责人，在企业的整体一盘棋下做小老板。当然，企业与销售人员合资成立子公司，要给予更大的股权比例，同时下放经营权，给予其充分的子公司经营管理权，发挥其优势，将企业共同做大。

总的来讲，销售人员不论薪资提成高低，都要和企业其他类型人员一样，拥有加入股权激励计划的权利。销售人员中的核心关键人员，也是要被激励到的，只是在方式方法上要有针对性。

而从长远来看，企业要想留住这类人才，需要进一步提升企业总部的管理能力，加强平台和品牌建设。"打铁还靠自身硬"，否则，任何激励方式都不能留住销售精英。随着社会经济的发展，靠一个人单打独斗就能撑起一片天的时代已经过去了，未来要靠团队的力量、资源整合的力量、品牌的力量。因而要加强企业的平台和品牌建设，提升管理能力，提升产品质量，提升团队协作能力。股权激励不仅是一种激励方式，更是一个改革过程的开始，通过股权激励的力量将销售和研发、生产、质保、售后等各环节真正扭成一股绳，共同推动企业发展。这样，销售人员自然要依附在企业平台上。

## 问51　如何对引进的特殊人才进行股权激励？

一家企业，它在选人、用人方面，很多都是遵循常规的做法的，如企业缺营销的人员，人力资源部就去市场上招聘此类人才。有时候，企业有意无意间遇到具备特殊技能的人才，这种人加入后可能对企业有极大的推动作用，如果按照企业的常规做法，这种人才就不愿意加入企业，而且这种人才的重要性也无法体现。

曾有位与我们达成战略合作的企业家在股权激励项目推进过程中，跟项目成员说：我们要引进全球最牛的教育人才、医疗人才、城市运营人才……对于这样的人才，你们准备怎么激励？

这种情况我们遇到的不多，但某一个省市或者国内一流人才我们是经常碰到的。

这里，我们总结几条经验，供大家参考。

（1）按照入职时间或完成工作的节点给予股权激励。引进的特殊人才也属于新人，新人与企业之间的信任和了解程度通常都是不够的，按照老员工那样一次性给予股权，显然是不合适的。因此，在设计股权方案时，特殊人才的股权比例可以高于一般人员，但需要结合特殊人才在企业服务的时间分阶段授予股权。如果引入的特殊人才完成的工作可以量化，则可以约定：特殊人才与企业达成的是完成工作项数的，则按照完成工作的节点，授予和兑现分红股、虚拟股，最后授予实股。这种分段授予的方式，既能够让特殊人才享受一定的股权收益，又给了企业验证人才真正价值的时间，是让人信服的。

（2）给股份也给相应的权限。对于特殊人才，股权激励不只是让他享受企业的红利或价值增值，还需要视其能力，将其放到一定的管理岗位上，让其担当起重任，如负责新业务板块。既然是特殊人才，那么他的作用和价值或者在企业眼中的期待就不会如一般老员工那样。特殊人才往往能对企业某块业务显著补强，或者是某类业务的主要负责人、核心人员，除了要匹配股权激励，还需要充分授予责权利。这样，特殊人才进入企业，会有施展才华的广阔空间。

（3）利益的分配，更侧重于长期的增值。无论是特殊人才还是老员工，他们作为激励对象，可能会期待得到企业短期的分红收益。而以长远眼光来看，企业和激励对象更为正确的思考和做法应该是一致认为，只有企业健康、持续发展，才可能实现源源不断的利润增长，才可能持续推行股权激励，进而激励对象才能长久获得股权带来的好处。因此不能透支企业当下的现金流，而应将资金用于扩大再生产，补充研发、生产、销售、服务等各条线的力量，以期获得更好的市场竞争优势。所以，对于已经发展较为成熟的企业，对于特殊人才，可以给予短期的分红激励，更多的是给予长期的增值激励；对于还处在发展阶段或者本身不是依靠利润增长的企业，要给予特殊人才长久的增值想象空间，让其能够伴随企业价值的提升而获得增值。这也许是西方国家的企业在发展过程中一直推行股票期权的重要原因。

（4）建立合伙人机制。企业对特殊人才激励，需要的不仅是特殊人才本身的工作技能，可能更希望其参与企业的管理甚至通过其引入企业需要的外部资源。那么，在股权激励基础上，企业应为特殊人才设计合伙人机制，让特殊人才成为企业的一条"鲇鱼"，激活企业的活力，激发员工的奋斗精神，提高企业经营质量。特殊人才成为合伙人，就不仅有财务上的回报，更有身份上的认同感、精神上的荣誉感。在这种情况下，特殊人才更有动力去发掘自己的各种资源为企业提供帮助。当然合伙人机制还需要考虑功勋老员工、企业当下的股肱之臣。

（5）适当考虑实股激励。特殊人才的需求往往也是有特殊性的。特殊人才做出符合要求的贡献，可以对其用更为长期的激励，如实股。对于很多跟随企业多年的员工，虚拟股激励就已经足够了，而特殊人才往往希望自己的话语、行为能够更多地影响企业，并且得到尊重，因此，很多时候，他们是有实股需求的。那么，在设计激励机制时，一种方式是直接授予特殊人才实股，这类实股可以通过有限合伙形式，也可以与企业家本人绑定，在控股公司中持有。如果一开始是虚拟股激励，则要有从虚拟股到实股的过程，让特殊人才能够长期为企业贡献智慧和力量。当然，在实股阶段要特别注意，将风险控制在可承受的范围。

特殊人才可能并不是每个企业都需要的，但是对有所需求的企业而言，这样的人才是可遇不可求的，一旦遇到适合自己的，就要想办法留住、用好。

每个特殊人才，我们在设计股权激励方案前都要与其进行有针对性的沟通、探讨，此时就体现出专业机构的重要性。专业机构参与后，企业和特殊人才之间就有了沟通的桥梁，而且双方对专业机构都相对更为信任，因此，专业机构设计出来的用于激励特殊人才的方案更容易落地推进。

## 问52　如何激发总部人员的积极性？

企业的管理都需要阴阳平衡，有人在前方做业务，有人在后方做管控支持，表面上看后方总部是一个成本和费用中心，很多企业都想把成本最小化、收益最大化。但是，一个国家如果从上到下都追求GDP，没有相应的部委进行规则制定和管控以及提供专业支持的话，肯定会乱套。企业也是一样。如果一个企业全部是前方开拓型的人才，表面上看是挺好的，但是没有人在后方做管控和支持的话，肯定是不行的。

总部人员刚开始也是开疆拓土的人才，但是随着企业规模越来越大，有一些人员逐渐官僚习气越来越重，响应不及时，形成一个人员臃肿的管理型总部，这是需要改正的，但是并不代表总部的所有功能都要变成经济效益中心。激励对象以开拓者为主，但是规则制定和管控部门在企业当中也是不可或缺的。

企业越做越大，官僚习气越来越重的时候，如何激发总部人员的积极性？如何把一个管控型、管理型、官僚型的总部，变成一个积极响应的总部？

### 1. 把传统的组织改造成平台型的组织

传统型的组织是职能制的，有总裁、经理、基层的员工，一般是总裁下达命令，中层传达，下层执行，中层经常以上级的姿态自居。传统型的组织前端的人是下级，有问题不敢反馈到总裁这里，因为上面有一个叫"上级"的人在阻碍，而当这个"上级"上传下达越来越延迟的时候，官僚气息就蔓延开来了。

要建立积极响应的总部，首先要从组织设计上把传统型的组织改造成一个平台型或者生态型的组织，将"自上而下"的决策模式变为"上下协同"的决策模式，让"听得见炮火的人"来决策。

这种生态型的组织是以前线为主的，形成前端、中端、后端倒金字塔的结构，把基层员工变成小老板，把总部变成服务供应商，而不是老板高高在上、中层耀武扬威，基层安逸自在。

当把企业的组织改造成一个生态型组织的时候，前端的人不仅是下级，更是一个独立的业务单元，或者说是很多的小老板。这时候总部人员的角色就会转变，不仅是管理和服务者，而且是供应商，要服务好前端的客户。当前端的人因为总部的人服务不到位、质量不好、采购不及时、供应跟不上的时候，就会把这些信息直接传递到企业最高层，改变了以往总裁被中层"架"在上面、听不到底层声音的弊端，这对总部人员也更是一种督促，有助于企业快速响应和决策，也有助于提升总部人员的积极性。

## 2. 把总部变成团队孵化器

如果对总部进行股权激励的话，要跟总部的效益挂钩，拿出1%的股权都是很大的股权数，而且付出和回报是完全不相关的，影响力很小。这时候就需要把组织拆分，设置一个晋升和激励机制，通过考核之后才能获得股权。比如一个副总，只有培养出三个以上执行经理的时候才能晋升，或者才能获得股权。这样，这个组织就不是一个人的组织，而是一个裂变型的组织，从而可以打造出一个有活力、有价值的团队。

## 3. 让总部人员变成业务的投资者

让总部的副总、总监、部长们成为自己分管的业务或者相关项目的投资者，成为一个有限合伙人，这样一来，总部人员不仅是管理者，而且与这些项目收益的高低相关。

这种模式已经在很多企业当中实施，尤其是在一些越来越大、越来越官僚的企业，不管是上市公司还是非上市公司，一般都是总部控股、操盘，手持大股，相关人员跟投，这样一来不仅有管理绩效上的相关性，而且有实实在在的股权上的相关性，总部真正被激活。当然，在这个过程当中，要防止利益输送，将资源向自己所投资的项目过度倾斜。

总之，激发总部活力，第一，要把传统的组织改造成一个平台型的组织；第二，要从组织上，把总部变成团队孵化器，孵化出大量的人才团队；第三，总部的人往下跟投。这样多管齐下，才能使总部变成一个以绩效为中心、服务于前端市场、积极响应、不官僚的总部！

## 问53　如何应对上市后员工热情减退？

上市是很多企业的追求，因为上市能够给企业带来诸多好处，如融通资金、规范治理、提升品牌形象等。但是，企业在上市之后，又会面临新的问题。其中，如何激励员工持续奋斗，为企业的发展努力工作，是企业面临的一大难题。

有的企业在上市前就对大部分老员工实施了股权激励，企业上市后问题暴露出来了，不管企业采取何种措施，都无法激励这些老员工。原因很简单，辛辛苦苦工作一个月，获得的薪酬有限，而股票套现之后所得颇丰，两相对比，老员工似乎没有理由再以满腔的激情和热情去工作了。

我们一个位于江苏省的上市公司客户，上市前公司给司机分了一些股份，现在市值一百多万元，而司机的岗位月工资仅为2000多元，公司上市后司机工作毫无积极性。

因实施股权激励导致激励过度，后续其他激励就难以见效的现象不足为怪。那么，企业应如何应对上市后员工热情减退？

## 1. 通过持股平台对老员工间接进行股权激励

激励过度，一般产生于企业上市之后，由于股票在资本市场的溢价导致激励对象财富剧增，但是其资产的套现需要在股票市场上出售其持有的股票。所以可以通过持股平台对老员工间接进行股权激励，控制其套现，从而避免其工作热情减退，甚至故意辞职，提前兑现。

## 2. 把老员工安排在监督岗位

一般来说，老员工对企业忠诚、归属感强、文化认同度高，对企业运行非常熟悉，因此，企业可以把他们放在如审计、纪检、监察等监督性岗位而非执行性岗位。如此一来，人岗匹配，配置得当，各得其所。

## 3. 把老员工安排在子公司治理岗位

把老员工安排在子公司董事等岗位，这些岗位要求员工忠诚、勤勉。事实上，很多专业意见会由总部职能部门等进行参谋，而老员工则可恰当地发挥忠诚、勤勉的义务。进而，这些老员工成为从参与企业日常经营的管理者，到参与重大决策的制定者，再到仅仅作为股权的所有者，最后股份套现后成为社会人，这是一个符合古今中外企业发展规律的顶层设计。

## 4. 把老员工安排在守成领域

新员工拓展，老员工守成，大体上也是用人的基本原则之一。新员工有激情，做增量；老员工懂行情，守存量。

## 5. 客观公正地考核评价

推行客观公正的绩效管理系统，对人员进行合理的评价。尽管可能由于过度激励，老员工的基本生活需求、收入需求等都满足了，但他们还是会有被尊重的需求。如果工作无激情，导致客观公正的考核评价分数低，老员工面子上会挂不住，他们会因为尊重的需要而激发一定程度的工作热情。

## 6. 优胜劣汰，激发工作活力

如果上述办法不奏效，只能釜底抽薪，对少部分人根据考核结果进行硬性淘汰，重新把他们的需求层次降到安全需求、归属感需求层次，因为对于每个人来说，都有在一个组织中获得安全感、得到归属感的需求。这样做对其他人员也能以儆效尤。

# 激励周期

## 问54　股权激励何时导入比较合适？

经常会有企业家问："我的企业还小，很多东西还不规范，是不是不适合做股权激励？"也有人问："我的企业几十年了，是不是没有必要做股权激励了？"股权激励到底什么时候导入比较合适呢？

作为调动员工工作动力和积极性的激励机制，股权激励在企业的任何时候都是需要的，因为企业在任何时候都需要大家努力工作。但是，股权激励方案设计要与企业的生命周期和企业自身特点相适应，因为不同阶段面临的问题不一样，企业家们需要充分把握好时机，在正确的时间做正确的事，从而提高员工参与的积极性，促进企业健康发展。

### 1. 结合企业生命周期

我们知道，管理学中有著名的企业生命周期的概念。随着企业发展到不同阶段，其生命周期也有所不同。股权激励在企业不同生命周期均可导入，但因企业所处生命周期阶段不同，在激励对象选择、激励方式、激励力度、考核方式等方面有所区别。

（1）在企业初创期，企业的核心命题是生存。这时企业的发展比较依赖市场和技术，企业的目标是生产产品和在市场中求得生存。此时，股权便是吸引合伙人、稳定团队、达成心理契约的利器。在激励对象选择上，重点是激励能够独当一面的核心的营销和技术合伙人；在激励方式上，应尽可能考虑企业的长期发展，选择兑现时间长的方式，另外尽可能把激励对象与企业捆绑在一起；在激励力度上，初创阶段在企业生命周期四个阶段中所需激励力度应是最大的；在考核方式上，应重点考察激励对象在企业的生存能力和成长能力上所作出的贡献。

（2）当企业进入快速发展期后，企业的核心命题是发展。人才和管理升级成为当务之急，此时企业的目标是开拓市场，努力提高企业和产品品牌在客户中的知名度，树立良好的形象。股权激励便需要起到推动人才团队新老更替的功能，助力企业顺利完成再次发展。通过激励要使员工在工作中感到愉快，在行动上更加勤奋，不断开拓进取。在激励对象选择上，由于企业规模扩大，人数较多，但处在不稳定时期，所以激励范围要比较广泛，包括企业的各级领导者、技术骨干、主力员工；在激励方式上，与前一阶段相似，也应尽可能考虑企业的长期发展，选择兑现时间长的方式，另外也要根据企业的现实情况对为企业做出贡献的人员给予切实的奖励；在激励力度上，可稍弱于前一阶段；在考核方式上，应重点考察激励对象在企业的成长、盈利方面上所做出的贡献。

（3）在上市前，企业的核心命题是规范化。一说到上市前的规范，可能很多企业家头脑中首先闪现的是财务、税务方面的规范化，其实上市前企业的规范化包括企业管理的方方面面，其中非常重要的就是治理结构的规范化。治理结构的规范化听起来比较抽象，举个例子就很容易理解了。中国一些民营企业都是"一把手"负责制，企业大大小小的事情都由"一把手"负责，事无巨细、铺天盖地，股东会、董事会、监事会基本形同虚设，不夸张地说，股东会、董事会、监事会基本被一把手"一勺烩"了。很多时候不是老板不想放，老板也想轻松一点，哪个老板又心甘情愿为大大小小的琐事所绊住，甚至废寝忘食呢？但现实情况就是老板不敢放，也不能放。没有相应的机制，无法明确哪些事项该由哪个层面的人负责；没有相应的机制，企业里再也找不出第二个跟老板一样用心的人，有些事情确实没法下放。

对于准备上市的企业来说，股权激励可以从股权结构上、动力上推动企业走上治理规范化的道路。通过股权激励可以将核心高管和骨干人员真正凝聚起来，使其从单纯的员工身份变成"员工+股东"的双重身份，对企业的发展更上心；以股权作为纽带，把上市梦变成一群人的梦想，大家为了共同的上市梦而成为共同的追梦人。这样一来，老板就不会"不敢放权"了。一方面，"一把手"负责的全部经营权可以分解为决策权、执行权和监督权，分别由股东会、董事会、总经理和监事会各司其职；另一方面，对各部门进行授权，激励对象的积极性进一步得到提高，管理金字塔越来越能发挥其作用，从而推动企业健康有序地发展，加快上市进程。

对于准备上市的企业来说，在激励方式上，要把长期激励与业绩很好地结合起来，避免激励对象的短期行为，可采取实股、期权等激励方式；在激励力度上，实现上市目标后带来的股权收益应该是前所未有的；在考核方式上，应重点考察激励对象在企业的价值创造能力以及盈利能力上所做出的贡献，考核指标中要加大企业层面指标达成情况的占比，引导大家全力以赴，推动企业上市。

（4）在上市后，企业的核心命题是激发活力与创新。很多人会认为上市是"造富工程"，一旦上市完毕，资本市场的溢价效应就兑现完毕，也就没什么奔头了，实则不然。上市后依然需要通过股权激励激发组织的活力与创新。一方面，可以在上市主体公司层面直接进行员工激励，主要面向上市主体公司的核心管理层和管理骨干；另一方面，可以在上市公司子公司层面进行激励，子公司层面的股权虽然不是上市公司的股权，但是在子公司发展越来越有前景的时候，上市主体公司可以定向增发收购子公司的股权，从而实现激励对象手中股权的"二次上市"，最终实现资本市场的价值，如隆平高科、恒生电子都采用过这种模式。企业上市后进行股权激励有着天然的优势，虽然它本身的溢价已经兑现，但是它可以借助证券市场的平台快速实现资本溢价，可以激发各个板块，尤其是业务子公司的活力。因而上市不是终点，而恰恰是一个新的起点。

总而言之，股权激励伴随企业一路成长。无论企业处于生命周期的哪个阶段，均需要结合企业所有制性质、行业性质、经营模式以及地区范围等因素综合考虑并设计激励方案，从而凝聚人心，推动企业发展，实现企业战略目标。

## 2. 结合企业经营状态和员工心态

股权激励在实际操作时，要契合企业家和员工的心态，在合适的时机，即在企业家和员工的心理平衡时，推行会比较合适。

一般来说，股权激励最好在企业的成长期开始实施。处于成长期的企业规模不大，但是有足够的发展潜力，管理人员和员工也可以清晰地看到企业发展的希望和潜力，股权激励就很容易产生巨大的推动力和向心力。企业家这时候可能会觉得企业经营情况这么好，没有必要进行股权激励。但是实际上好的企业是由大家一起去创造的，而且企业经营起起伏伏，总会遇到沟沟坎坎，在好的时候实施股权激励比较容易导入，体现了企业共享的文化，那么在企业经营相对困难的时候，共担机制才能有效。

## 问55　转实股的要求和时机如何确定？

实股，又叫银股、财股，即在工商登记注册后的股权。相比于虚拟股（干股、期股等），拥有实股则成为企业注册的股东，其权益受《公司法》的保护。

从股权激励的角度来讲，拥有实股就是拥有跟创始股东一样的股权；虽然持股比例有差异，但单从股东身份这个层面，激励对象与创始股东身份一致，因而拥有实股是对激励对象最大的认可。也正因为如此，实股激励对激励对象的要求非常严格，直接给实股激励的比较少，大多数企业导入股权激励的时候，一般都会从虚拟股慢慢转成实股。

虚拟股转实股，一方面有一个对员工的考察期，让员工逐步适应股东身份，逐渐培养股东意识和股东思维；另一方面也给企业和员工一个等待期，双方在等待期双向磨合之后，再转为实股。那么到底何时转实股，满足什么条件才可以转为实股呢？

（1）忠诚度高。实股的进入和退出都需要在工商局登记注册，须按照《公司法》严格执行。一旦在持股过程中有纠纷，需要通过法律途径解决，处理起来比较复杂。大部分实股股东通常要么是夫妻，要么是家族成员，要么是创业团队核心成员，都是关系密切或者知根知底的人，所以在给予激励对象（一般是极少数的核心成员）实股时，一定要遵循"红大于专"（忠诚度高于专业度）的原则，也就是说忠诚度是排在首位的。

（2）任职时间长、贡献巨大。通常在员工任职时间长、历史贡献巨大的情况下，可以考虑适量给予实股。一方面是对激励对象历史贡献的认可，毕竟其以往对企业的贡献不能视而不见，更不能"过河拆桥"；另一方面也是打造企业文化的一种方式，企业对员工过去的贡献尊重并认可，员工对企业的未来愿景才会信任并有期待。这里要注意，历史贡献只是一小方面，不是全部，毕竟历史是过去时，企业要发展更要放长远、看未来，因而股权数量要控制，仍要以对未来的贡献作为主要激励方向，防止激励对象"躺在股权上睡大觉"。

（3）虚拟股持股周期满，按照约定达到转实股条件。在设计股权激励方案时，通常采用虚拟股转实股的激励模式。在虚拟股持股周期满（一般为3~5年）、企业阶段性战略目标达到、个人业绩优秀的前提下，可以分批将虚拟股逐步转为实股。但虚拟股激励对象人数会多一些，因而要设置好员工持股平台（一般采用有限合伙企业作为员工持股平台），以避免股权纠纷和风险。

（4）即将准备上市。在即将准备上市的情况下，首先，企业股权结构必须明确，国内除科创板外，企业整体的虚拟股激励须转为实股激励。这时要看激励对象团队和个人的业绩表现，达标的转实股，不达标的转实股量适当减少甚至取消转实股资格。其次，不允许出现股权纠纷，一旦出现股权纠纷，就会严重影响上市进程和效果。同时，要通过员工持股平台统一管理激励对象的实股。

总的来讲，由于实股本身的特殊性，进行实股激励时一定要将退出条款约定好。如果激励对象以自然人形式持股，则需要通过企业章程和股东协议约定退出、调整等机制；如果激励对象通过员工持股平台持股，则需要将员工持股平台的进入、退出和调整机制设定好。

## 问56　内部人员与外部投资者入实股间隔多久比较好？

这是一个很多拟上市企业容易忽视的问题，而且一旦处理不好，可能会给企业上市进程造成很大的负面影响。

内部激励对象入实股的时间和外部投资者入实股的时间间隔安排，主要考虑做股份支付处理时对企业业绩的影响。内部投资者的入股价格一般是远远低于外部投资者的价格的，甚至低于企业评估净资产的价格，如果内部激励对象的入股时间迟于外部投资者的入股时间，或者在六个月之内外部投资者就紧跟着内部激励对象入股的话，做股份支付的财务处理时，会大大提高企业的当期费用，从而会使企业当年的利润大大降低，影响企业的上市进程。

那么什么叫股份支付？股份支付是企业为获取职工和其他方提供服务而授予权益工具或者承担以权益工具为基础确定的负债的交易。

股份支付具有以下特征：

（1）企业与职工或其他方之间发生的交易。只有发生在企业与职工或向企业提供服务的其他方之间的交易，才可能符合股份支付准则对股份支付的定义。

（2）以获取职工或其他方服务为目的的交易。企业获取这些服务或权利的目的在于激励企业职工更好地从事生产经营，以达到业绩条件，而不是转手获利等。

（3）股份支付交易的对价或其定价与企业自身权益工具未来的价值密切相关。在股份支付中，企业要么向职工支付其自身权益工具，要么向职工支付一笔现金，而金额高低取决于行权时企业自身权益工具的公允价值。

在股份支付的处理中，股权公允价值的确定依据一直是争议较大的一个问题，证监会的审核中也对这点尤为关注。对于拟上市企业来说，公允价格会有一个较大的波动范围，不同企业在确定公允价格从而决定是否要确认股份支付的过程中会采用不同的方法，以下几种方法是常被拟上市企业所采用的：

1）公允价格为略高于（10%左右）或等于根据评估确认的每股净资产值。

2）实践中常采用近期（一般为六个月以内）外部投资者入股的价格来确定公允价格。但该种方法产生的公允价格也常被各个企业和中介机构认为并不十分公允。原因在于外部投资者的投资价格因为伴随着对赌、业绩承诺等情形，有风险溢价在里面，或者外部投资者可能因为能为企业带来其他资源而对其入股价格有影响。因此以此来确定员工或服务提供者的入股价格显然有些不合理，目前一般的意见是PE（Private Eguity，私募股权投资）价格的60%～70%被认定为相对公允的价格。

3）参考二级市场同类企业的股票价格。

4）用估值方法确定公允价格。估值方法主要包括现金流折现法、相对价值法等。不同的估值方法会导致确认的公允价格不同，易被操纵。用估值方法确定公允价格目前国内没有相关已过会企业案例可供参考。

基于此，实践中最常采用的方法是将上述第一种与第二种方法相结合，从而确定公允价格。但是当第二种方法的前提条件不存在时，也就是六个月内没有外部投资者入股，一般采用第一种方法。

所以，激励对象转实股和外部投资者入股的时间一定得是内部激励对象在前面，并且两者隔开至少半年，最好分别安排在两个财务年度。

再直白点讲，股份支付相当于企业拿出一笔管理费用给员工购买企业的股票，这笔管理费用等于外部投资者与员工入股资金的差额。从资产负债表上看，这个是会计科目的调整，不影响现金流，因为企业并没有实际将资金支付出去，仍在企业内部，只是换了名目而已。从利润表上看，股份支付增加了管理费用，必然减少了当期净利润额，因此就有可能影响拟上市企业的财务报表。

## 问57　股权激励周期设置多长合适？

在进行股权激励时，中国人的理念和西方人是不一样的。西方人给股份的周期长达八年，就是说，企业给你股份，可能要八年后才能看到收益。但是在中国，可能三年以上就叫长期激励了。在西方，三年以下是短期激励，五年是中期激励，八年是长期激励。而在中国，一年是短期激励，2～3年是中长期激励，三年以上就是长期激励了。

到底激励周期设置多长合适呢？要综合考虑企业的战略规划周期、员工的心理预期、企业特点和工作性质等各方面因素。

### 1. 契合企业战略规划周期

企业所有的管理工具和方法，最终都是为了实现企业战略目标。股权激励作为支撑企业实现战略目标的激励工具，在激励周期设置上要与企业的战略规划周期相匹配。如果企业的战略是三年实现一个大的战略目标，那么企业的股权激励周期至少要三年以上；如果企业的战略是五年实现一个大的战略目标，那么企业的激励周期至少要五年以上。正所谓"大河有水小河满"，企业的战略目标实现了，利润达标了，激励对象方可一起分享。如果企业的战略目标没实现，那么激励对象的股权收益也跟随着打折扣甚至为零。通过这种方式将个人股权收益与企业战略目标直接紧密挂钩，"利出一孔"，从而使大家"力出一孔"，更好地推动企业战略目标的实现。

### 2. 契合员工心理预期

股权激励旨在通过中长期股权收益提升员工积极性和忠诚度，因而激励周期对员工来说既不能太长，也不能太短。激励周期太长，员工容易等不及。例如，上市公司华侨城曾做了一个周期长达十年的股权激励计划，结果激励对象纷纷离职。当然周期也不能太短，太短无异于普通的奖金激励，既体现不了企业成长的价值，同时也会让激励对象注重短期效益、萌生投机念头，不利于企业长远发展。

## 3. 契合企业特点和员工工作性质

企业要根据其自身特点，采用不同的激励方式和不同的激励周期。

例如，以研发为主的企业，研发人员是主要的激励对象，研发成果往往很难在短期内呈现出来，所以对于研发人员的激励可以采用期权或者实股等股权激励模式，且其收益周期与所研发产品的研发周期大致吻合。

以销售为主的企业，销售骨干是激励的重点。但是销售工作又有其自身的特点，有的销售人员任职时间并不长，但是也能做出优秀甚至卓越的业绩。这种类型的企业在设计股权激励周期时需要考虑其灵活性、动态性、可变性，可以采用分批授予股权的方式，有助于吸纳新晋销售骨干参与股权激励，不需要满5~6年的任职资格，任职2~3年的销售骨干业绩优秀的话也有机会参与股权激励。同时，锁定期满后分批兑现，这样一来激励对象任何时候想离开公司，就总有一批股权收益无法享受，留有遗憾，离职成本较高，因而会三思而后行，从而达到长期留人的目的。

此外，在实际操作中还要注意以下两个细节。

## 1. 员工股权激励周期节奏要一致

在对员工进行股权激励时，激励的周期最好保持一致，让大家同进退。也就是说员工获得股权以及股权可以流通的时间节点最好保持高度的一致，不要有差异。

例如，有个上市公司在实施股权激励时，对员工和高管都进行期权激励，等待期都是一年，一年后可以行权。这样看起来貌似周期一致，但问题是根据国家规定，普通员工在行权后即可出售股票，而高管还要遵守证监会的监管规则，要六个月后才能出售股票。一般而言，上市公司的股价在六个月前后可能相差极大，这样致使普通员工在行权后股价很高时出售股票，收益很大，而高管要在行权后再过六个月才能出售股票，此时股价低，几乎没什么收益，引起了激励收益的强烈倒挂，极大地挫伤了高管的积极性。

## 2. 股权激励的小周期要阶段性、有侧重

股权激励一定要在对的时间实施最正确的事情才能达到最佳的效果。股权激励若要产生长期激励效用，就需要分阶段进行，每个阶段都有企业当前的目标，每个阶段都应当有当前侧重的地方。

在股权激励大周期内，具体实施节点可以大致分为授予期、锁定期和兑现期。

一般在授予激励对象股权的时候可以根据阶段目标把授予期设为1～3年。比如在授予股权时，三年的授予期可按3：3：4的比例，每年一次，分三次授予完毕。每年达到阶段性战略目标方可按预订计划授予股权，若目标没达到，则授予股权要打折扣或者当年的额度不再授予。

锁定期则表示该激励对象的股权必须在企业锁定一定的年限，一般视企业情况可设置为1～3年，锁定期内员工股权不得出售和兑现。锁定期满后，期股及期权的兑现亦可分三年实施。这样，一项股权激励计划的全部完成就会延续5～6年，其间对员工有各种绩效和业绩约束，规避了员工拿到股权就不再奋斗的情况出现。利润分红则可以每年进行一次，保证对员工的短期激励，同时分红也可以不一次性分光，企业可以存留一定比例的分红份额，待下个年度返还。这样中短长期激励相结合，强化了长期留人的效用。

# 股权价格

## 问58　企业如何估值及定价？

设计股权激励，最重要的也是首当其冲的就是要搞明白，这个企业到底值多少钱。就目前而言，市面上并不存在任何一个机构和方法能够精准地估出一个企业究竟值多少钱，但通常而言，企业的商业模式决定了估值模式，我们可以用一些手段对企业价值进行大致的估算。

企业价值的估算方法主要有净资产估值法、净现值估值法、市盈率估值法、市销率估值法、市净率估值法、投资商估值法、市梦率估值法等。我们根据长期的实践经验积累发现，这些估值方法适用于不同的行业，并非通用于所有行业，应考虑企业生命周期、产业特征等因素选择估值方法。在股权激励过程中，常用的估值方法有以下几种。

### 1. 市净率估值法

市净率指的是每股股价与每股净资产的比率，比率越低意味着风险越低。市净率估值法的计算公式为：目标企业的价值＝市净率×目标企业的净资产总值。

市净率是衡量投资者愿意以净资产多少倍的价格来购买净资产。企业净资产的潜在价值越大，投资者愿意出越高的溢价购买该企业的净资产，则市净率越高；企业净资产吸引力越差，则市净率越低。

市净率的合理倍数是参考同行业历史平均水平得到的。市净率并不像市盈率那样普适于各种行业，只适用于那些拥有大量固定资产、资产规模较大、周期性较强的企业，如钢铁、化工、银行、航空、航运等企业。不适用于那些账面价值的重置成本变动较快的企业，以及固定资产较少、商誉和无形资产较多的服务型企业。

## 2. 市盈率估值法

市盈率（Price to Earning Ratio，简称PE或P/E Ratio）指在一个时期（通常为12个月）内，股票的价格和每股收益的比例。根据市盈率计算方式的不同一般分为：

1）静态市盈率=股票现价÷当期每股收益

2）预测市盈率=股票现价÷未来每股收益的预测值

3）动态市盈率=股票市价/通过季报数据折算的年每股收益

市盈率估值法是目前国内比较常见的估值方法，计算公式为：目标企业的价值＝可比企业市盈率×目标企业净利润。可比企业一般选取与目标企业相类似的三个以上的参照企业，参照企业最好与目标企业同处于一个产业，在产品种类、生产规模、工艺技术、成长阶段等方面越相似越好。很难找到相同的企业，因此，所选取的参照企业尽可能是成熟的、稳定的或有着稳定增长率的企业，这样在确定修正系数时只须考虑目标企业的变动因素。目前，可比企业市盈率是按同行业企业的平均市盈率计算的。当市盈率是10倍时，意味着投资者经过10年就可以赚回原来投资的本钱。因此，投资者更倾向于净利润高但市盈率低的企业。市盈率估值法通常适用于处于中后期发展阶段，且已经实现盈利，各方面发展比较成熟，IPO（Initial Public Offering，首次公开募股）预期也较为强烈的企业。

### 3. 市销率估值法

市销率（Price-to-Sales，PS）指普通股每股市价与每股销售收入的比率。市销率越低，说明该企业股票目前的投资价值越大。

市销率估算法的计算公式为：目标企业的价值 = 市销率 × 目标企业主营业务收入。目标企业主营业务收入属于既定且已产生的营业收入，用来确定企业相对于过去业绩的价值。由于营业收入的销售凭证较难做假且营业收入做假成本较高，比净利润更具有业绩的指标性。但是市销率并不能够揭示整个经营情况，因为有些企业虽然具有较高的销售份额，却处于亏损状态，无法清晰了解企业亏损原因。市销率主要用于销售成本率较低的服务类企业，或者销售成本率趋同的传统行业的企业，经常也被用于评估高营业额、低利润的高潜力企业，如互联网企业。目前，互联网企业大部分采用市销率。比如京东商城，每股净资产可能低于面值，变现能力和清算能力均不高，在没有盈利的情况下，也不适合采用PE法。最终京东商城参考同类型对标企业亚马逊，采用市销率法。

### 4. 投资商估值法

企业估值是投融资交易的前提。投资商想投资入股企业，投资金额所占企业权益比例取决于企业估值。投资商会根据企业所处的行业、发展阶段，采取不同的估值方法对企业进行评估。使用不同方法得到的企业估值可能不尽相同，需要投资商与企业相互协商谈判。企业希望用最少的股份换取最多的资金，而投资商希望用最少的资金获取尽可能多的股份，倾向于对企业盈利做出保守的估计，来减少风险，提高投资回报率。双方根据各自对企业的价值评估进行谈判，谈判成功后，双方站在各自的角度，确定出较合理的估值区间，按协商的结果，进行投融资交易等。

由于投资商的估值涉及双方的利益，并且经过谈判和磋商，较为慎重，所以可以作为企业估值的重要参考。

### 5. 市梦率估值法

对于已上市的大企业来说，企业估值基本可以用相应的指标估算，但对于那些尚未成气候的小企业，如何评估它的价值就成了一件有争议的事。有的人看重团队的力量，有的人则偏重商业模式。在这里我们想要说的是，处在该阶段的企业，其价值用市梦率来估算更为合理。

所谓市梦率，是指对企业的估值不是依据资产、收入、利润等显性的因素，而是根据其产品或者商业模式的创新性、颠覆性、高成长性，创业时机是否处于行业风口，创业核心团队的高成功率、多次创业成功率等，由投资专家和行业资深人士进行的高度的、超前的评价。像雷军的小米手机初创的时候以及现在李斌的蔚来汽车等，都是这样估值的。

市梦率这个词的出现已经有些年头了，一些人常常拿它来调侃那些市盈率虚高不下的股票。但事实上，市梦率绝不是张空头支票，很多互联网科技型企业堪称传奇的发展历程，已经向我们证明了市梦率估值法的合理性。

总的来讲，对于一些重资产型企业，如传统制造型企业，想象空间有限，便可以净资产估值为主，盈利估值为辅；对于轻资产型企业，如服务型企业，则考虑以盈利估值为主，净资产估值为辅；对于互联网企业，则通过用户数、点击数和市场份额预估其潜力，以市销率为主。实证结果表明，企业业务模式、规模效应、企业治理以及科研技术这些指标对估值都有一定影响。

## 问59　老板和员工对企业估值存在较大差异怎么办？

在企业中推行股权激励的时候，老板和员工对企业估值存在差异，几乎是必然会遇到的问题。老板眼中看到的多是机会，是乐观主义者。当市场环境较好时，老板看到遍地都是商机，眼前都是赚钱的机会；当市场调整时，老板也会危中取机，认为自己是可以在激烈的竞争中生存下来并在未来活得更好的那个，因此，老板会认为企业虽然在管理上、产品上、研发上等，还存在些许的不足，但是总体是好的，是很有价值的。而员工是悲观主义者，也是风险厌恶者。他们每天做着琐碎的工作，满眼看到的都是企业的问题：老板授权不充分，部门之间沟通不顺畅，薪资待遇涨得太慢，市场竞争太激烈……总觉得企业哪天可能就关门歇业，看不到企业的价值。老板和员工两种身份带来的立足点不同，必然导致彼此在对企业估值上存在比较大的差异。

为了让员工认识并接受企业的价值，进而乐意参与企业的股权激励，老板就要灵活运用各种估值方式，浅显易懂地告诉员工。这时，聘请专业的第三方机构十分必要。我们根据实际项目经验，总结如下几种主要的方法，供参考应用。

## 1. 充分沟通，塑造价值

一切估值方法都是建立在信息充分披露、价值被足够认知的基础上的。如果员工对企业基本的财务信息、发展战略不了解，那么，谈企业估值，无论如何都难以让人信服。因此，首先，企业老板、主要管理人员要向员工宣贯、讲解企业的三年、五年发展战略、目标，要让员工看到企业的发展前景，建立员工对企业的信心。其次，要把企业基本的财务状况告知员工，尤其是企业打算激励的对象。如果企业的财务还不是特别规范、真实财务数据还不方便对外公布，可以使用内部管理报表的财务数据；如果企业的财务一向规范，则在推行股权激励前可以直接公布通用财务报表里的财务数据。

在我们服务的众多企业中，多数企业的财务数据还不是特别清晰明了，员工对企业财务状况也是一知半解的，这在一定程度上影响了员工对企业的信心，也无法让员工对企业做出相对准确的估值。此时，我们会帮助企业梳理财务制度，并且向员工做出必要的讲解，以便员工更好地接受。

如果员工一开始对企业的财务状况的了解就很深入，对企业前景非常看好，那么，他们自然认为企业价值可观。企业就可以根据行业标杆或同类上市企业水平，适当提高估值。

## 2. 参照行业标杆

与行业同类企业对标，是容易让老板和员工都接受的方式。首先，可以用来参考的是同等规模的同行在对外融资时，外部投资机构给出的估值水平，以这样的估值水平为基准，给出一定的优惠，如打五折，作为员工入股的价格。其次，选取同行业的上市企业或者标杆企业，可选出三家以上该类企业，参考它们的估值方法，找出市盈率、市销率或市净率，根据企业自身的特点，采用相应的估值方式。比如，标杆企业的市销率是3倍，按照企业自身发展情况及与标杆企业的差距，可以按照2倍市销率进行估值。这里要注意的是，市盈率有动态和静态之分，为了让大家更好地接受，我们通常运用静态市盈率来估值。

## 3. 参照最近一期融资价值

前面我们已经说过，如果企业进行股权激励，最好在引入外部投资者之前。但是，越来越多的企业在发展的早期和中期，由于缺乏资金，都会引入外部投资者。无论个人投资者还是机构投资者，他们在投资之前，都会做相应的背景调查和研究，会对企业有相对公正客观的价值评估。投资者会按照估值和持股比例，将相应的资金增资到企业中，或受让老股东的股权。企业在投资者进入后对员工推行股权激励，可以参照投资者进入的价格进行一定的打折，让激励对象感受到超值，这样就会得到激励对象的认可。当然，企业推行股权激励时，一定要和原先的投资者进行沟通协商，确定在老股东向员工股东转让股权时，投资者放弃优先购买权。如果激励对象未来以增资方式成为企业股东，则老股东与投资者都放弃按同等条件向企业增资的权利。

## 4. 请第三方顾问估值法

对估值的分歧，一方面源于老板和员工看待企业的视角差异，另一方面是信任的问题。老板和员工大多是对立的，员工会担心老板推行的新制度是不是挖了个坑让他们跳，所以，不管老板讲什么，员工的第一反应一般都是不相信。俗话说得好：外来的和尚好念经。企业为了更好、更快地推进制度的落地，可以邀请第三方机构对企业估值给出相对客观的建议，比如评估机构、审计机构、会计师事务所、管理咨询公司等。它们有着丰富的行业经验和职业素养，会站在中立、客观的角度，根据它们的估值方法和案例经验进行估值。如我们作为专业的股权激励项目辅导机构，每天都和各家企业打交道。我们在为一家企业服务时，会结合以往在同类企业的经验进行估值，而且我们会以专业、耐心的态度对员工进行详细讲解，使员工对我们的估值更愿意接受。

老板和员工对企业估值的差异是很难从根本上消除的，但双方可以站在对方的角度进行思考，以拉近估值的差距。其实，在推行股权激励的时候，并非是为了引入外部投资者，所以大多数企业老板对企业的估值不会过高。而且，如果企业推行的是虚拟股激励，员工参与激励通常以保证金形式交钱，未来股权激励结束或者激励对象退出时，该部分钱还会由企业退回，所以企业内部估值的高低只影响激励对象在参与股权激励时交钱的多少，并不会给激励对象带来实际的成本负担，故而激励对象也不会非常在意企业内部估值的高低。

在通过上面的方式进行相对客观公正的估值之后，就可以最终确定企业的内部股权价值了。在授予员工激励股时，还可以给员工一定的折扣，毕竟企业推行股权激励不是为了要员工的钱，而是要大家的心，希望大家一条心、一起干。这样一来，企业客观的股权价值能得到认可，员工又能获得较大的优惠和激励，双方都得到一个相对的满意和认可。

## 问60　股权激励是否要让员工出资？

孟子云：无恒产，因无恒心。意思是一个人没有恒产就没有恒心。一个人在企业必须有大的投入，而且这个投入必须变成资产的方式存在于企业，他才会对企业忠诚。股权激励为员工拥有恒产提供了一个途径，也就是说员工以出资的形式获得股权，从而在企业留下了恒定的资产。

现实当中，很多企业家不是这么想的。他们往往会说：我让他们获得股权，目的是激励他们好好干，并不是要他们的钱，干脆送给他们算了。众多企业家的想法很善良，出发点很好，但这样会有好的激励效果吗？

我们仔细回味一下就会发现，企业家工作废寝忘食，而有些员工却得过且过，主要是因为企业家的身家性命都在企业上，员工只是把企业当成一个养家糊口的平台，如果这家企业效益不好了、倒闭了，他还可以继续到别的企业去工作，以前该拿的工资、分红都拿到手了。如果员工把钱也投入企业，成为企业一个小股东，也有了一份恒产，那么他的收益就跟企业的收益直接挂钩，企业发展越好、自己的分红和增值收益也就越多。相反，企业资产缩水，则自己所投入的钱也会受到损失。所以员工投钱到企业，在企业有了恒产后，就越发会把企业的事情当成自家的事情做。

但在实际操作过程中，让员工出钱是有挑战的事情，毕竟员工习惯的是往家里拿工资、拿提成、拿奖金，现在如果让员工把钱再从兜里掏出来，要讲究方式方法。

让员工股东出资是一个循序渐进的过程。在"人人都是经营者"的股权激励时代，缺乏经营者意识的员工很容易成为企业的弃儿。企业家要不断向核心员工灌输股权的概念，帮助他们更新对股权的认知，让他们更充分地认识到企业股权的价值，而且，企业家应设计或聘请专业机构设计科学的方案，以寻求员工对企业的认可，最后自愿加入股权激励计划。

既然让员工出资是必要的，那么如何让员工心甘情愿地出资？让员工出资并非通过简单粗暴的要求，而是要讲求艺术性、科学性，这就要在出资模式、出资额度、出资折扣上动脑筋。众多企业家们对如何让员工出资的问题都很感兴趣，但未必能找到正确的答案。在此，我们逐个给予解答。

## 1. 员工出资模式

股权激励实施得最为成功的企业莫过于华为公司了，那么华为公司是如何操作的呢？假设一名员工加入华为公司前的年薪是15万元，那么华为公司将他的年薪增加到20万元，并且未来有参与股权激励的机会，员工听了肯定高兴。假设该员工第一年表现优秀，公司决定给该员工配10万股，股价为3元/股，总共需要30万元，那么员工需要将工资的全部拿出来购买股权并从其他途径拿出10万元；假设该员工第二年表现继续优秀，公司决定继续对其增加10万股股权激励，股价为4元/股，则其需要拿出40万元购买这部分股权，如第二年每股分红0.5元，这么一来员工除了20万元现金工资和5万元分红，还要贴进去15万元，怎么办呢？这时员工可以向公司借15万元。此时该员工持有的股权的价值是20万股×4元/股=80万元。在尝到了第一年和第二年的甜头后，这名员工当然愿意继续借款购股，直到员工离开公司，才会按照净资产价格兑现股权……这样一来，公司没有掏一分钱，不仅将员工的资金留在了公司，员工的人和心也都留了下来，这就是所谓的"公司请客，员工埋单"。

从华为公司的案例可以看出来，股权激励的一大好处是人力成本非但没有给企业带来很大负担，反而给企业带来很多资金。就像银行一样，今天你去银行取钱的时候，这钱是银行的吗？其实是其他储户交进去的。企业发展所需的钱从哪儿来的？新股东交的。当你按照5元每股套现走人的时候，企业又来了一批新员工，他们按照5元每股把钱交进来，只要交的人多，走的人少，这个机制就可以一直运转下去。所以，我们可以看到，华为公司任总这么多年来，他没有在人身上花很多钱，是员工们在变相自我激励，走的人被新人激励了，新人把钱投进来，然后又被下一个新人激励。所以说华为公司虽然没有上市，但其实华为公司内部就是一个自己搭建的IPO市场。

我们很多非上市公司可能暂时很难达到华为公司的规模与实力，这时候我们可以在一开始由企业的利润负担一部分，也就是"公司请客，公司埋单"。目的是激发员工工作的动力，一起把企业的事业做大做强。等达到一定规模后，企业可以登陆资本市场，这时候员工的股份就成为二级市场可以流通的股票，也就是"公司请客，市场埋单"。

## 2. 激励对象出资额度

既然我们提到了股权激励需要员工出资，那么究竟出多少比较合适呢？一般来说，让激励对象出资，出资额度达到其年收入的50%～100%为佳。出资太少员工没感觉，出资太多员工会有很大压力，而年收入的50%～100%的出资数额，是我们这么多年咨询经验的总结。总之，激励要让大家眼红，出资要让大家有适当的压力，这个效果是最好的。当然，如果是拟上市企业，出资可以适当放大，达到年收入的2～3倍，因为未来的预期收益会很大，员工愿意在此时花比较多的资金入股。

如果员工要出的钱基本在其年收入的50%～100%，但员工仍然说自己出不起，那么企业要借钱给他吗？我们建议尽量不要借，因为借来的钱毕竟不是从自己的腰包里掏出来的，员工的珍惜程度是没法和自己掏出来的比的。如果员工家里条件确实不好，那么可以让其在规定的授予额度内进行认购。当然，如果企业家非常希望员工能够满额认购，那么以个人名义借钱给他，也不是不可以的，这时，要向借钱的员工收取利息，让其感受到借钱需要一定的成本。还有一种方式是企业担保，员工去银行贷款。

企业家要始终相信，只要员工认可企业的价值，看好企业的前景，就一定会想方设法投钱到企业之中的。

## 3. 员工出资与历史贡献

在员工出资方面，企业可以合理设计按照员工历史贡献进行股权赠予或优惠授予。适当地考虑员工的历史贡献进行股权赠予，不仅体现了企业家的格局和企业的人文关怀，而且无形中也在员工群体里建立了一种导向，传达出"只要你好好干，企业不会忘记你的"理念，自然会在员工群体中产生一定的激励效果。

在实操中，对员工历史贡献的考虑可以按照年度来对股权授予价格进行打折，比如工作五年以上每年价格优惠5%，但总量不宜超过20%，避免让员工错误地认为干得好不好没关系，只要待在企业时间长就行。通过这种方法，因历史贡献而得到优惠的员工立马感受到价值的存在，会更加感恩企业，并且加倍付出，而且后来者也有了努力的方向。

## 问61　干股激励要不要出资？

很多连锁行业的企业家来咨询我们：想激励连锁门店的员工，他们都不愿意算复杂的账，也不愿意算什么股票价格，所以我们就打算给干股激励。那么只要和他们签个干股授予协议，来年按照业绩分红就行了吧？

的确，股权激励各种模式中，干股是最容易操作、最容易被员工理解的。我国在很早的时候就有干股的雏形了。清朝时期的晋商票号做了一种股权制度创新，采用了类似干股的"身股"机制，让在票号工作的伙计、掌柜享有一定的身股分红权。那时的身股是无须出资的，它本质上是以员工十几年甚至几十年为票号持续贡献作为入股条件。当时票号的伙计和掌柜比一个普通的县令的薪水都高，所以大家在票号工作的稳定性非常高。

但在生活节奏飞快的当今社会，如果让员工五年持续留在企业，恐怕都有难度。因而若要让员工入股后能够持续为企业发展努力，在设计股权激励制度时不论是干股还是其他类型的激励形式，都可以考虑让激励对象出资。

### 1. "投钱"就是"投心"

投钱能够显示员工对企业的信心。很多时候，我们简单地问员工对企业看不看好，员工会不假思索地说看"好"；一旦提到你们愿不愿意出钱入股，员工的答复就有了显著的差异，有的人和没有"谈钱"时一样，有的人就会说钱在我家里那位管着，我要商量一下；或者我没有多少钱，就不投了……

通常而言，投钱的人一定比不投钱的人更用心。这个道理也简单，就像谈恋爱，付出越多就会越珍惜。股权激励如果不出资，短时间内员工会感激企业，但时间一长，员工没有钱在企业，对企业的发展就没有太多的压力和动力，企业做得好，获得干股的激励对象可以享受分红；企业做得不好，员工收拾包袱直接走人，没有任何代价。所以股权出资也是一种投名状，出资了才会有投入感和珍惜感，哪怕老板个人借钱给员工来买都没有问题。

干股只享受企业分红的收益，可以让激励对象象征性地出一些入股保证金，一般来讲是股权价格的10%~30%。

## 2. 投钱才是"小老板"

股权激励如果没有出资的动作，就无法打造出具有主人翁意识的"小老板"。连锁行业尤其是连锁门店是使用干股作为股权激励模式的典型，如美容美发店、服饰品零售店、餐饮店、休闲零食店等。对于这些小门店、小单元，店长和核心店员对该门店的业绩有着至关重要的作用。通常说门店有三要素——人、货、店，同样的产品、同样的地理位置，业绩有差异，最终归结到人的差异。一个好店长能撑起一个店，因而门店店长的激励至关重要。对门店3~5个核心人员进行干股激励，就是为了让他们把这个店当成自己的店，用心打理、用心经营，做好了可以分享门店收益，让他们做门店的"小老板"。

然而既然店长和核心店员要参与分红，要做门店的小老板和管理者，不出资入股总给人不真实、不严肃的感觉，大家会觉得"分不分还不是老板一句话的事，他高兴了就分，万一不高兴不分了你也没办法""说是让我们管这个门店，但我们没出钱，门店怎么发展还是老板说了算，我们就不用太操心了"……为了避免将激励做得不彻底或没有达到预期效果，我们建议企业家一定要让员工出资，而且要白纸黑字写清楚何种条件下如何分享收益，双方协议签好、公章盖好，这样员工才会觉得安心、踏实，才会觉得自己真的是门店的小老板，从而极大地提高店长和业务骨干的积极性与责任心。

## 3. 底线要设好，风险要可控

企业让员工投钱入股是为了让员工"投心"，希望员工长期和企业走下去，而不是为了要员工的钱，因而对员工入股的钱通常称为"入股保证金"，到了激励结束或者员工离开的时候，企业原封不动予以退还。因为对大多数员工来讲，他们依然是打工思维，也缺乏投资理念，而且财富积累远不如企业家，正常的工资奖金是有限的，去掉日常花销所剩不多，如果要员工"同盈同亏"地承担风险，大多数员工估计不愿意。所以针对大多数员工，他们加入股权激励计划时是以"入股保证金"的形式缴纳资金的，激励对象无须承担经营带来的亏损风险或仅承担所缴纳资金一定范围内的风险，但一旦达到盈利水平，却可以共同参与分享收益。

在信任基础较差的企业，企业还可以约定，首批参与的激励对象可以保本保息。每年如果分红收益低于银行基准贷款利息，企业按激励对象缴纳的保证金支付相应的利息；如果分红收益高于银行基准的贷款利息，则以分红收益与激励对象分享。

对于能力强、意愿足并且出资实力较为雄厚的管理岗位员工，企业也可以与其共同出资成立新的门店或者分（子）公司，与员工双方同盈同亏。除了出资，企业可以与员工约定，只要员工所负责单元实现盈利，则可以获得额外的干股。此时因为激励对象已经出资购买实股，那么干股也就不用再出资了。

## 4. 中途退出不能享受比其他人更好的"待遇"

"铁打的营盘流水的兵。"一个员工很难说会一直待在同一家企业。加入了股权激励计划，成为干股激励对象的核心人员，有可能发现外界有更好的机会而选择跳槽；企业发现其不再胜任相应岗位，也可以将其调整。针对这种情况，企业要提前设定好规则，比如自己主动离职的，则激励对象在办好离职手续并完成工作交接后才能拿回干股保证金，而且，未发放的干股分红不再发放。否则，如果退出的人还能继续享受未发放的干股收益，就会挫伤正常工作的员工的积极性。

通过这样操作，企业能提升员工的接受度，同时又提升员工的入股积极性。

总体来讲，干股激励是要出资的，这种出资可能只是入股的保证金，但这种保证金可以让干股激励对象一方面更有投资事业的感觉，另一方面也可以直接用作未来其他股权激励形式的保证金或出资款。员工获得干股激励需要出资，这不是企业家的目的，而是一种手段。虽然不需要出资的干股激励更容易让员工接受，但是推行这样的计划后，员工离开时也会毫无约束。

企业家要做的工作就是提供员工施展才华的平台，并且设计好股权激励的进入和退出规则；员工要做的是安心工作，争取创造达预期甚至超预期的业绩，最终实现双赢。

## 问62　员工说没钱买不起公司股权怎么办？

很多时候员工会对出资有所排斥，总能找到各种各样的理由说明自己没钱。"最近买了房子""最近买了车""孩子要结婚、要上学"……

其实没钱有两种情况，一是真的没钱，二是假的没钱。由于在设计股权激励方案之前，专业的咨询机构会事先了解员工的出资能力，并且根据大部分人的出资能力来设计方案，所以真的没钱的人是极个别的。如有员工说没钱，这个时候老板可以说，公司借给你，但是要收正常的利息，看看员工的反应，是否真的没有钱。如果他借，那么这个人还可以重用和栽培；如果他连借都不愿意借，基本只有两种可能，要么不看好公司和老板的未来，要么不想在公司长期干下去。如果是特别关键的人才就多沟通两次，如果不是特别关键的人，跟他说清楚不愿意借就不适合在公司的管理层，最多做个基层管理员，未来在公司只有三种可能：一不重用，二不加薪，三不升职。

当然也有这样的情况：有些拟激励对象实在一下子拿不出资金，而公司又十分需要并希望留下这部分人才，该如何操作呢？此时便可以采取以下几种方式：

（1）整体调整折扣优惠。公司进行股权激励的初衷是为了让员工和老板"一条心，一起干"。出资入股是为了让大家更有参与感，更有"股东的感觉"，而不是因为缺钱而向员工融资。因而如果有较多的员工认为出资压力过大，可以在出资价格上给予折扣优惠。比如，股价原本1元/股，拟激励对象按照30%的价格出资，现在可以调整为25%，即只出0.25元/股，享受这一股对应的100%的分红收益和增值收益。建议一开始就尽可能确定合适的折扣优惠，调整会影响方案的严肃性和权威性。

（2）员工借款。员工借款分为向公司借款和向大股东个人借款。为了表明大股东对员工的特别关爱，并且让员工有还款的压力，建议由大股东个人，也就是老板个人借款给员工。为了体现"自主出资"和"借款出资"的差异，也为了体现相对公平性，鼓励员工尽量"自主出资"，借款通常要支付一定的利息，可以按照年化利率3%～5%收取。通常激励对象的分红收益或增值收益远高于3%～5%，因而该利息对激励对象来说也比较合理。

（3）分期支付。有的公司股权激励采用的是实股激励的模式，实股的出资一般也是实打实的出资，不会有折扣优惠，出资额度比较大，可以采用分期支付的方式。比如，2013年我们在成都的一个客户采用的就是实股激励，高管出资额度一两百万元不等，公司对于出资压力大的高管给予的就是分期支付政策：最长可分三年支付，支付的部分享受分红收益，未支付的部分不享受分红收益（由股权代持人享有），这样对一次性全额出资的人也相对公平。

（4）分红回填。该模式本质上相当于"向公司借款"，即确认认购额度后，在不出资或少出资的情况下，依然享受对应的分红收益，待分红收益到手之后再补足出资款。

（5）股权抵押。如果自筹资金难度确实较大，可以积极探索新的思路给激励对象以资金支持，如股权抵押贷款。一种是向公司股权抵押贷款，由公司设立"代持股专项资金"，激励对象以自己的股权为抵押，向专项基金"贷款"。另一种是向银行股权抵押贷款。早些年华为便采用了这种模式，由华为担保，员工以股权为抵押向银行贷款。该模式要求公司有足够的实力和影响力，否则难以得到银行的认可。这种模式主要用于实股激励。

（6）储蓄购股。员工每个月将一定比例的工资存入储蓄账户，且必须用连续定额储蓄的方式，在期末允许员工将储蓄款购买等价值的激励股。

## 问63　如何在财务核算中做到利润公信？

在股权激励咨询的实践中，有一个方面既敏感又关键，即企业的利润核算。利润公信力的程度往往决定了股权激励方案实施的效果。民营企业的老板往往懂业务，但普遍缺乏管理方面的知识，尤其是财务、法务方面的知识。另外，我国企业的税务成本较大，而且大部分企业税务不规范，因此，有可能导致税务规范的企业竞争成本高，出现劣币驱逐良币的现象。所以，企业的利润水平一直是云里雾里，员工对此的信任程度普遍不高。有些人会疑惑是否需要公布报表，因为在股权激励中，股权分红、增值等收益都与企业的利润额息息相关。从长期发展和规范治理的角度看，企业财务需要向规范化、透明化逐渐过渡，但从内部员工激励的角度看，寻找显性指标并达成共识对推进股权激励的实施非常关键。那么，在企业财务不太规范的情况下，利润该如何呈现？

方法1：利润总额。如果三项费用（管理费用、销售费用和财务费用）能够核计清楚，员工也能接受，利润总额是比较好的指标。

方法2：毛利。如果企业核算不清上述三项费用，员工对企业主也不够信任，则可以以毛利计（毛利＝营业收入－直接成本）。实践证明，大部分员工对此都能接受。这种方法能够充分考虑原材料和直接人工波动带来的企业经营风险，让员工的收入与企业的经营绩效紧密挂钩。

方法3：模拟利润。对于非上市或刚创业的中小企业来说，员工可能不太信任财务报表中的净利润。此时，可以用模拟利润来代替，即设定一个分红比例，附加一个考核条件，并且根据考核条件调整模拟利润。在操作时，模拟利润的数据不需要过于精确。模拟利润＝销售收入－直接成本－期间显性费用－其他综合成本费用。直接成本包括原材料成本、人工成本等；期间显性费用包括财务费用等；其他综合成本费用包括税费、公关费用等，按销售额的一定比例如10%计算。这样就可以透明地进行核算了，其他还不太能透明核算的，可以综合打个包进行计算。

方法4：净利润。如果员工对企业前景看好，对企业主信任，即使他们对企业的财务不清楚、不熟悉，也会接受企业公布的净利润数字。当然，企业财务也应逐步往规范化方向走，等几年后达到规范化了，财务报告就可以公开透明了。当年，华为就是这么操作的。20世纪90年代，华为就是以公布的净利润为准，后来企业实力强大了，可以规范成本了，就找来四大审计机构进行审计。

方法5：销售额的一定比例和净利润孰高原则。以销售额的一定比例（如5%）或公布的实际净利润孰高为准。一般地，企业的销售额是人尽皆知的，这就相当于有了一个相对基准的数据。如果企业公布的净利润数字大于此，员工自然更容易接受。以我们服务过的一个咨询项目客户为例，该公司2015年度、2016年度股权激励实施的净利润计算公式调整为：股权激励实施的净利润＝年度销售增长额×15%×50%＋年度公司公布的净利润×50%。当公司公布的净利润小于或等于0时，则以0计算。2017年度及未来年度股权激励实施的净利润则以公司公布的年度净利润为准。

## 问64　在应收账款多、资金紧张的情况下如何实施股权激励？

经营企业经常会听到一句话"现金为王"，但是很多企业为了提高资金利用率，都不会有太多的现金流。在这种情况下一旦某个经营环节出了问题，就会面临经营的压力和风险。经常会有企业家问："应收账款多、资金紧张的情况下，还能不能实施股权激励？"

现金是当下的，有流通性；股权是长远的，有时间性和不确定性，股权收益的兑付也是有相对充裕的时间间隔的。因而从这个角度来说，股权激励不会对当下现金流造成冲击。

员工对于要股权还是要现金，是对自己的未来或当下的一种选择。选择股权看重未来，选择现金看重当下。无论企业是出于节省现金支出的目的，还是出于留住有价值的人才的目的，股权激励都应该是立足当下、放眼长远、经过规划、有备而来的，绝不应该单单为了摆脱资金紧张这一困境。

企业在资金危机下用股权激励的方式渡过难关，而后获得快速发展的经典案例非华为莫属。华为历史上多次使用股权激励摆脱资金危机，其中，最值得借鉴的是：创业三年时的内部融资，以及非典时期的自愿降薪运动和股权激励。

1990年，华为创业之初，为了拓展市场、扩大规模、加大研发投入，需要大量资金，然而民营企业融资困难。公司通过员工持股实现内部融资，每股1元，以税后利润的15%作为股权分红。当时公司正值发展初期，公司价值不高，出资压力可以承受，员工参与意愿高，华为通过这种内部股权融资的方式渡过了难关。

2003年，非典暴发，出口受阻，且受思科的产权官司影响，华为在全球市场受到重挫。在这种情况下，以任正非为首的中高层干部主动申请降薪10%；同时，加大对于核心员工的内部虚拟股股权激励。这次股权激励，有三个与以往激励不同的特点：①配股额度大；②向核心骨干倾斜；③设置配股锁定期，三年内不允许兑现。公司借此稳定了核心队伍，渡过了难关。

看过华为的案例，再回归问题本身，在资金紧张的情况下实施股权激励，我们有以下建议。

## 1. 分析经营困境，回归企业经营本身

应收账款多等问题给企业造成了较大的困难，同时也暴露了企业的脆弱性。这种脆弱性可能来源于业务体系，也可能来源于管理体系。如果它们一直存在，那么企业始终会像"在悬崖边行走"一样，任何风吹草动都会对企业产生影响。所以在面临困境的时候，一定要重新审视企业的整体管理水平。如果经营困境是因为企业经营管理不善导致的，那么就要改善企业的盈利情况和现金流情况，通过提高对客户的服务和支持水平，进一步筛选支付能力强、支付及时的优质客户，同时加强应收账款和现金流的管理，从根本上解决股权收益支付的现金流问题。而所有这些举措都可以纳入对激励对象的考核，将其与股

权的授予、收益及兑现等挂钩，从而充分发挥股权激励的巨大作用。

如果企业的行业前景、战略选择、业务发展都是充分向好的，现金流的困难只是暂时的，那么当然可以进行股权激励。

## 2. 与员工充分沟通，共享信息，共同应对

很多时候，危即是机。在危机下，要摆正心态，坦然面对，可以将企业的业务现状、现金流情况、可能的机会和挑战与员工进行充分沟通。一方面传递危机感，另一方面增加员工参与感。充分进行内部沟通和调研，了解大多数员工对企业薪酬支付压力的态度，无论最终是保持原有薪酬，还是适度降薪、延期支付或薪酬置换为股权，都应结合研讨的结果，合理设计股权激励方案。

## 3. 制订有吸引力的股权激励计划

企业发展势头好的时候，可以掩盖很多存在的问题；企业面临一定困境的时候，问题就暴露出来了。此时的股权激励计划要更加合理。一旦与员工共同决定运用股权激励应对现金流危机，那么股权激励计划一定要"授出有诚意，兑现有信用"。

"授出有诚意"是指让员工自愿选择，并且计划要有吸引力。

（1）自愿选择。在我们的咨询项目实践中，即使正常时期股权激励也是一种自愿行为，员工可以选择入股，也可以选择不入股。特殊时期要用股权激励方式减轻现金流压力，以薪资置换股权，就更加不能强制，要让员工自由选择是否置换。华为在非典困难时期也是中高层主动提出降薪的，并没有强制要求。

同时，可以按照岗位层级设置置换股权的最高上限，在让员工根据自身情况灵活选择的同时，控制好股权资源的分布，防止"只要有钱就可以买很多"的现象出现，毕竟企业发展还是要靠"人力资本""人力智本"，靠员工的智慧和主观能动性，不是单单靠投钱就可以的。

（2）股权激励计划要有吸引力。经营遇到困难的情况下，大多数人都会

出于规避风险的本能，选择短期的、保守的方案。因而股权激励计划一定要有吸引力，才能鼓励大家迈出这一步。比如，可以考虑用较大优惠力度的价格，让管理层、核心团队入股；已经实施股权激励计划的企业，可以适度降低授予股权的门槛，鼓励更多的骨干员工参与激励计划；或者缩短整体激励周期，等等。

"兑现有信用"是指即使在危机之下的股权激励，也要想好后续的兑现、退出安排。首先，不能总想着渡过难关后怎么把股权收回来；其次，要考虑可能的收益方式和变现安排。很多企业可能并没有上市计划，但是员工现金收入不高，希望股权能够变现。为了解决长期和短期利益冲突，待现金流充裕时，可以考虑开放变现通道，每个员工自愿选择是否变现。而且就算在未来变现也不能"一刀切""一把梭"，要分阶段、有节奏地进行。

# 激励数量

## 问65  股权激励总量如何确定?

在实施股权激励的时候,公司拿出多少股权给员工呢?不少企业家怕给多了自己收不了场,又怕给少了员工没感觉,于是纷纷来课堂咨询我们。

股权激励的目的在于使管理团队和核心骨干分享到公司利润的剩余索取权,并且承担起经营风险。股权激励的数量多少关系到激励对象出资额度的大小、未来分享公司利润比例的多少,直接体现激励效果。如果激励股比例设置过低会使激励对象持股流于形式,对激励对象的刺激程度不够,起不到激励作用;如果激励股比例设置过高,在转让方式下,转让方的股权比例下降较多,在增资方式下则其他股东的股权将会被同比例稀释,都会造成重要股东地位的削弱,甚至存在公司控制权变更的问题。而且,如果前期是授予虚拟股的话,分配出去的股权越多,潜在的价值被稀释得越厉害,反映在公司财务报表上的利润越低,最终降低了公司整体的价值。《上市公司股权激励管理办法》规定,在有效期内用于股权激励的激励股总量不能超过同一时期该上市公司股本总额的10%,新三板公司参照该标准执行,科创板将上限提高到20%。

没有法律法规明确规定非上市公司应该拿出多少股权数量进行员工激励。那么,股权激励总量就应该根据公司实际情况,按照合理的比例来确定。在确定高管团队和核心骨干团队持股比例总量时,要综合考虑以下因素。

## 1. 发展阶段

因为公司每个发展阶段的价值是不同的，因此在设置激励股总量时，需要根据公司发展阶段来定。通常而言，处于初创期时，因为价值较小，需要拿出较大的比例才能吸引人、留住人，可考虑拿出30%左右作为激励股总量；处于发展期时，公司需要激发现有团队、吸收大量人才推动业绩增长，此时可考虑拿出20%左右作为激励股总量；在上市前，公司的价值已经得到比较充分的体现，此时激励的同时还带有奖励的性质，可拿出10%以内作为激励股总量；上市后，公司股价已经较高，且股权比较分散，从员工激励性和控股股东对公司的控制权两方面考虑，给员工激励的比例相对较低，一般可拿出5%作为激励股总量。此时更多应考虑在子公司层面推行股权激励。

## 2. 行业特点

激励股总量的确定与企业所在行业密切相关。一般而言，互联网行业、高新技术行业等对人才的需求量大，连锁行业、贸易行业对人力资本依附性高，因而对员工激励所用的股比较多，一般可拿出30%作为激励股总量；传统制造型企业，除了依赖员工，还需要大量资金、设备，一般需要的激励水平低于互联网等行业，激励股总量基本可在15%左右。而对处于高科技含量不高、人力资本依附性较差的企业，如房地产企业，可仅拿出5%～10%作为激励股总量。

## 3. 所在平台

很多公司的组织结构是总公司—分（子）公司形式。针对这种情况，合理的股权激励总量是多少，应视在哪个平台实施激励来确定。在股权激励实践中，总的原则是，在总公司平台实施激励，则激励股总量比例小，在分（子）公司平台实施激励，则激励股总量比例大。这样做的原因是总公司盘子较大，较小的比例已经含有较大的收益，并且如果总公司释放激励股比例较大，一旦股东间产生矛盾纠纷，会造成公司失去明确的发展方向，危害极大；而在分

（子）公司内，管理团队发挥的空间较大，能够释放的激励股总量也较大。平台越往下，激励股总量比例可越大。

### 4. 拟激励人数

不同行业的公司需要激励的人员数量不同，不同的企业家对激励人员数量的期望也不同。有的公司只要激励少量的核心人员，那么公司拿出少部分的股权就足够了；有的公司希望通过多批次激励，将公司大多数员工纳入激励对象，则需要释放出较多的股权。

### 5. 激励前公司股权结构

股权激励总量的确定还要看激励前公司可投入的股权有多少。如果激励前公司为某股东100%控制，则可以拿出较多的量用于员工股权激励；如果激励前公司已经引进多位股东，考虑到大股东的控股地位，则可以拿出的量较少。

### 6. 股权收益预测

预测下一年股权收益与薪酬现状之间的差异，再转换成一个比例。

假设某公司CEO期望的年薪收入是120万元，而现金支出只能给100万元，还有20万元可以用在职分红股来转换。如果公司明年预计能够拿出1000万元来分红，他可分到20万元，在1000万元当中占2%的比例，那么他可以拿100万元年薪，外加2%的在职分红。但是20万元的在职分红能不能拿到，取决于明年公司是否达到业绩目标以及CEO个人考核是否达标。如果没有实现，则他无法拿到2%的在职分红；如果超额完成任务，则不仅可以拿到2%的在职分红，还有可能获得额外的奖励。

### 7. 股份拆细

在划分股份的时候，大家要注意的是，我们不一定要将100万元注册资本分成100万股，可以把股份拆细。例如，100万元注册资本，可以按照1元/股划分为100万股，也可按照0.1元/股划分为1000万股，还可以按照0.01元1股划分为1亿股，即股份是可以随着单位面值的划分而变化的。

假设股份总额为800股，如果按照互联网公司1元/股的标准，只能细分为800股。但按面值为0.01元/股计算的话，则可以细分为8万股。人对数字都有一种幻觉，如果你把它拆细成0.01元/股之后，他就感觉股份的量增多了。但是8万股能值多少钱呢？那就要看公司在未来交易的时候能值多少钱。所以，我们通过股份拆细的方式，可以显著地增加股数。如果我们认为员工对股数比较看中，我们就可以把股份拆得很细。曾经有一家公司，叫紫金矿业，就是这么操作的。紫金矿业在上市的时候正好赶上熊市，老板预期股票的发行价是每股71.3元，但是这个价格很高，散户不容易认购。此时该怎么办呢？他就报告证监会，把公司股份拆细，将每股面值定为0.1元，71.3元的股价就变成了7.13元。紫金矿业在招股的时候，很多散户一看，每股7.13元真便宜，其实真贵。紫金矿业拆细前的股价与山东黄金（每股100多元）的股价相差并不大，但是散户一看7元和100元相差很大，所以很多散户都买进了。买进之后，这家公司股票的价格发行当天就涨到了22元，22元实际上相当于220元，所以现在紫金矿业的股票价格是7元/股，最低的时候1.6元/股。我们可以发现一个现象，香港的股票几毛钱，但你不要觉得它便宜，有些创业板的股价0.2元，但如果该公司的每股面值为0.01元，0.2元的股价相当于20元。证监会是允许股份拆细的，只要你提前将此事讲明白。

总之，股权激励总量的确定是根据每个公司具体情况而定的，必须遵循的原则就是在保证创始人控制权的同时尽可能刺激员工长期为公司的事业奋斗，为此，应首先框定好激励股总量，根据人员到位情况和公司发展战略逐步释放股权。

## 问66　如何确定每个激励对象的股权激励额度？

股权激励将最终落实到激励对象个人，每到这个时候，企业家就会稍感头痛：我有几个高管和核心中层，他们有的在公司干了很长时间，但是现在有点不适应公司的新业务、新模式，有的刚引进公司一年，能力很强，但在忠诚度方面显然还不能和老员工比。我该如何给他们每个人分股份？作为专业的机构，遇到这样的问题，我们会分析每个人的价值，并且按照多个维度尽可能客观地设定规则和标准，将股份分配到每个人名下。关于给高管（包含核心技术人员）授予多少激励股才能达到最佳的激励效果，至今没有明确或者统一的结论。据统计，公司核心管理人员持股比例的差异很大，从0.1%以下到10%以上都有。一般来说，个人获得的激励股数量由薪酬委员会根据管理者的年度经营目标并参考同行或者竞争对手的标准而加以确定。在确定具体的激励个量时，主要考虑以下几个因素。

### 1. 岗位类型

首先，可以确定的是，每个岗位都是公司需要的，否则公司会去除这些岗位，以节省费用。但是，通过岗位评估，还是可以大致分出公司业绩对其的依赖程度是高还是低。对于公司业绩依赖程度高、掌握着公司核心资源、决定着公司核心竞争力的岗位授予股份数量应多一些；对于公司业绩依赖程度低的，授予股份数量应少一些。这就涉及公司如何判定哪些岗位是核心的、决定着公司的关键利益。然后再确定公司的重点岗位、一般岗位及相对次要的岗位。通常很多公司的核心是营销和技术，因此可以把它作为第一类岗位；接下来，第二类是制造、商务、营销规划、客服等；第三类是采购、生产及物料控制、质量控制等；第四类则包含公司其他岗位，如财务、人事、行政等。第一类至第四类岗位的系数分别为：1，0.9，0.8，0.7。也有简单地划分为前台、中台、后台，岗位系数分别为1，0.9，0.8。这是非上市公司岗位系数。有些岗位上市不上市差别很大，如财务，非上市公司财务负责人就是记记账，做做报表，上市公司财务负责人是公司高管，重点工作是资本运作，其系数就不能按第四类定。

## 2. 岗位层级

激励对象的职位高低及重要性也关系到激励个量的大小。岗位层级越高，意味着承担的责任越大，更高的授予个量才能体现公司对其工作的认可和激励。岗位每增长一个层级，股数增长是多少？假定有员工、主管、副经理、经理、副总监、总监、副总、常务副总和总经理等这么多职级，每增长1级，建议股数增长1.38倍左右。大部分公司可以按此系数参考应用，有的公司岗位层级较少或较多，岗位系数可在这个基础上上调或下浮。这样，公司在授予员工股权时，就可以细化到个量：如果员工给100股，那么主管就要给138股，依次类推。

## 3. 在公司工作的年限

股权激励，核心在于激励，但也要有对员工历史贡献认可的体现。这是一种积极的文化导向。在公司工作越久，相对而言忠诚度越高，历史贡献也越大，授予的个量可以考虑相应多一些。当然，多给不是无限制的，否则员工就会赖着不走挣"工龄"了。一般来说，多干一年就多给2%～3%，但上限不超过30%。比如前一年他能拿到100万股，多干一年就能拿到不超过103万股，再干一年就可以拿到不超过106万股。通过这样的设计，一方面可以提升员工的忠诚度，留住核心人才；另一方面，可以突出股权激励的激励属性。

## 4. 董事会调节

岗位层级、类型及工龄系数，可以覆盖绝大多数激励对象，但也可能有个别激励对象表现低于平均水平或者远高于平均水平，这时候如果仅仅按照上述三个因素确定激励对象的激励额度，则无法做到准确了。因此，对于在未来发展中承担重大战略职责或业绩贡献突出的激励对象，公司董事会可以讨论并决定是否给予标准外的特授股份；对于表现低于一般水平但公司仍然希望其得到激励的，则由董事会进行评判，在正常计算的基础上，打一定的折扣，以体现公平和公正。

股权激励是讲究科学与艺术并重的管理机制，企业家要掌握基本的分配方法，也要适当展现领导的艺术，在客观的基础上加以主观的调节，让大家充分感受到公平合理、张弛有度。

## 问67  如何实现有限股权、无限分配？

股权激励最近几年受到广大企业家的广泛关注，当下也成为吸引和留住核心人才的重要法宝，但一个公司的股权本身有一个重要特性——稀缺性，如何才能实现有限股权、无限分配？一个公司再大，即便有千亿元市值，其股权总的比例也就是100%，因而股权分一点少一点，参与的激励对象却越来越多，股权会不会就不够分了？怎样做才能实现无限分配？

### 1. 多层次持股

对于集团化公司或者多平台公司，往往包含的公司众多，激励对象也众多。在这个时候就可以采用分层持股的模式。例如，在A板块任职的激励对象持有A板块的股权，在B板块任职的激励对象持有B板块的股权，在集团总部任职的激励对象持有集团总部的股权。这就是我们所说的"关者有其股"原则，与哪个板块密切相关，就持有哪个板块的股权，这样每个板块都分别有100%的股权可以进行分配。

当然，持股数量和持股比例会有所差异。在各板块持股的激励对象，因为其所在板块体量相对较小，持股数量可能较少，但持股比例相对较高；在集团总部持股的激励对象，因为集团总的体量较大，其持股数量相对较多，但持股比例相对较低。

另外，为鼓励各板块核心负责人能站在全局角度考虑问题，通常对各板块的核心负责人采用双层持股的方式，即核心负责人既持有自己所在板块的股权，又持有公司总部少量股权。同样，按照"关者有其股"原则，其持有自己板块的股权相对多一些，预测股权收益占自己全部预测股权收益的八成左右；持有公司总部的股权相对少一些，预测股权收益占自己全部预测股权收益的两成左右。通过双层持股的模式使得各板块负责人既重点关注自己板块的发展，又能兼顾公司的总体发展。

## 2. 虚实结合，多模式持股

有些公司员工的凝聚力较强、忠诚度较高，可采用"少量实股+虚拟股"的激励模式。对忠诚度高的核心高管、核心骨干采用实股激励模式，其他核心员工采用虚拟股激励模式。

虚拟股激励一般分享的是公司税前利润，财务做账时列支管理费用科目，不影响公司实际的股权结构和股权比例，对公司控制权没有任何改变，因而从理论上讲可以吸纳的激励对象人数没有上限。

实股是税后利润的分享，该税后利润=公司利润－虚拟股分红－扣除虚拟股分红后的利润对应的企业所得税。在核算基数上，实股股东的利润基数小于虚拟股股东的核算基数，因而实股激励对象在甄选时一定要选对公司发展有信心、忠诚度高、有大局观念的人，这样的人才能成为公司真正的股东。

## 3. 多增发，少转让

在以实股形式激励核心管理人员及团队的情况下，可以重点考虑采用定向增发的方式。定向增发有别于股权转让。在股权转让的情况下，假设注册资本100万元，总股本100万股，如果拿出5万股进行激励，那么原股东还剩100万股－5万股＝95万股，原股东的股权占比直接减少了5%，剩余95%；假设采用定向增发的方式，激励总量为5万股，则原股东的100万股不变，总股本变为100万股＋5万股＝105万股，原股东的股权占比为100万股/105万股＝95.2%，这样就降低了股权分散的速度，防止股权被过快稀释。

### 4. 事先规划，分期分批

在20世纪八九十年代，企业家对股权的认识还不足，其中很多人在分股权的时候，容易感情用事，常常大腿一拍，"兄弟，跟我一起干吧，给你10个点公司股权！"事实上，按照这样的激励法，邀请三五个兄弟进来分一分，三五十个点的股权就没有了。再约几个兄弟聊聊天，发现事情还没怎么开始做，股权快被全部允诺出去了。这样的慷慨，在企业家说出去的当时，可能对方很受感动，但真到兑现的时候，企业家要不反悔，要不让公司陷入危险境地。

股权分配时，一定要有分期分批的概念。匹配公司的阶段性战略目标，每达到一个阶段目标，就释放相应的股权额度。比方说当销售额达到6亿元的时候，总的股权激励额度为1000万股（假设总股本1亿元）；当销售额达到10亿元的时候，总的股权激励额度释放到1500万股，以此类推。而且，要让激励对象明白，公司在进行第二批分配时，如果预留的已经分完，那么原股东和首批激励对象应同比例稀释，而非简单稀释原股东股权。

公司还可以只和激励对象说激励其多少股，不说比例。这样公司可以不断增加股本总量，激励对象同样的股数占比将变小，公司激励的人员数量就可以增加。

### 问68　如何处理股东股权比例与价值创造不对等的问题？

这个问题通常出在创始股东层面，最常见的是在最初创办公司的时候，夫妻创业、朋友合伙、兄弟合伙、亲戚合伙等，大家都不成熟，不懂股权设计，由于碍于情面，"老大"都表现得比较义气，股权比例通常是5：3：2或者差不多的模式分配完毕。但随着时间的推移，大小股东的差异越来越明显，价值创造越来越不对等。最差的就是5：5均分的情形，很多股权纷争均是源于这样不合理的股权分配。那么，如果股权比例与价值创造不对，该如何调整呢？

## 1. 根据股东的贡献，重新调整并优化股权结构

合理的股权结构有利于公司的长期稳定，不合理的股权结构最终会导致股权纠纷，不利于公司长久发展。试想一下，如果两个股东是5∶5的持股比例，意见不一致的时候谁都不肯妥协，甚至有可能A想方设法要把B干掉，而B同样在想方设法要把A干掉，这种情况下公司是无法正常发展的，既不利于公司和创业项目的稳定，也不利于未来融资。因为融资时，投资者会重点考察创业团队的股权结构是否合理，以避免重蹈真功夫公司的覆辙（夫妻反目，上市中断）。

在股权比例不合理的情况下，要根据股东的贡献，通过股权转让或定向增发的模式，将负责公司总体运营的股东，也就是实际运作中对公司发展起着至关重要作用的股东的股权比例提升至51%及以上，明确大股东的实际控制地位，使其股权比例与其贡献相匹配。海底捞就是这样典型的例子。一开始海底捞的张勇夫妇和施永宏夫妇各持公司50%的股权，但是张勇一直是公司的实际决策者和操盘者，付出最多，贡献最大。后来为了牢牢地掌握公司的控制权，张勇提出要以原始出资价格购买施永宏夫妇18%的股权，施永宏夫妇出于公司大局考虑，也大度地接受了这个方案。在海底捞的快速发展时期，施永宏将18%的股权以13年前的价格转给另一个股东，这让人有点匪夷所思。但施永宏的回答是："我想通了，股份虽然少了，赚钱却多了，同时也清闲了。还有他是大股东，对公司就会更操心，公司会发展得更好。"股东愿意牺牲自己的利益，让公司得到更好的发展，也从侧面影响了公司员工，形成了公司自上而下的付出精神。

这种情况通常适用于夫妻、兄弟、家族成员合伙创业情况，创始股东之间是高度利益共同体或者有着高度的情感关联，有利于进行股权结构的调整。虽然有些股东不太愿意，但是为了公司的整体利益和自己的长远利益，还是愿意配合的。

## 2. 明确创始股东之间的责权利和相关转让条款

在大部分情况下，创始股东之间股权转让是不那么容易进行的，毕竟对于股权，不是谁都能那么大度的，因而要通过合理、合法、合规的方式将股东之间的股权调整制度化。可通过公司章程或者股东会决议，明确创始股东之间股权调整规则，将"只出钱"的股东和"既出钱又出力"的股东区分开来，在原有股权基础上，增发一定比例的股权给"既出钱又出力"的股东。同时可约定好股权退出条款，比如"只出钱"的股东未来转让股权时，"既出钱又出力"的股东有优先受让权。

## 3. 在"出钱"和"出力"方面做好相应的股权约定

在最初创业时，各股东都是按照出资比例确定股权比例的，比如股东A和股东B各出资10万元，各自占比50%。但是运营公司光靠"钱"是远远不够的，尤其是创业的启动资金远远不足以推动公司发展，真正让公司发展壮大的优秀的创业者，也就是靠"人"、靠"出力的股东"，是他们把这10万元的投入翻了几十倍、上百倍甚至上千倍。因而在初创公司时就可以提前约定，比如按70%/30%的方法，70%的股权按"出钱"分配，即按照原有的出资比例确定股权比例；另30%按照"出力"分配，即按照在经营中"出力"的多少来进行分配。

至于这70%/30%中30%的部分，在国外通常将其预留在公司作为期权池，美国创投圈常用的Vesting制度就是典型代表；在国内，通常采用增发的形式。当然，70%/30%并非金科玉律，50%/50%也未尝不可，需要根据实际情况以及创始股东的整体认知进行调整。

最初创业时可能许多创业者都没有想这么多，先确保生存下来最重要，于是不知不觉就到了公司越来越发展壮大、大到谁也不愿意将股权"让"出来的地步，这时候，可以通过增发股权，以股权激励的形式对"出力"股东增授股权。

## 4. 通过公司章程提前将股东退出条款约定好

中国许多合伙创业的股东既是"出钱"的股东，更是"出力"的股东，大家一起合股创业，希望所有股东能与公司长期绑定、共同发展。公司是大家共同做出来的，公司的股权价值是所有股东持续长期服务于公司创造的，当股东退出公司后，其所持的股权应该按照一定的形式退出。这样，一方面对于继续在公司里做事的其他股东更公平，另一方面也便于公司持续稳定地发展。

有限公司可通过公司章程对股东退出机制进行设计，比如在公司章程中规定，股东主动提出退股、主动提出离职、被本公司辞退、与公司协商解除劳动关系、退休或死亡等情形，其股权需要被公司回购。回购价格也是比较敏感的话题，如果事先未在公司章程中约定，在回购价格上便容易揪扯不清。因而对回购价格也要提前约定好，可以是原始出资额，也可以是原始出资额加上年化利率，还可以基于上一年度经审计的公司账面净资产等确定。

# 行业股权解决方案

## 问69　初创型企业怎么分股？

企业的生命周期一般分初创期、发展期、成熟期、衰退期等。初创期做得好，对于一个企业来说非常重要，是未来发展的基础。

我们的学员和客户当中有相当一部分正在初创企业，他们在学习我们的股权课程时，希望我们有针对性地给以解答。在课堂上，我们囿于时间和学员所在的企业性质的分散，不能完全照顾到，我们在这里做出具体的分析。

一般来说，初创企业在分配股权时主要会用到以下几种方式：

1）创始团队把所有股权一次性全部分掉，即几个创始人按照职位的大小、出资的多少对100%的股权进行分配，这种方式比较简单粗暴。这样的分配具有明显的优缺点。优点是企业在刚开始的时候，是这些创始人经营的，股权一步分到位，意味着100%的责任对应了100%的权利，非常清晰。不足之处是企业变得封闭，难以再引入外来有才之人。创始人之间如果贡献发生变化，已经固化的股权结构难以调整，股东之间的嫌隙会逐渐变大，对企业的发展产生不利影响。

2）创始团队只分一部分，没有分的股权作为预留，比如分掉80%，留下来20%。因为未来随着企业发展，需要引进管理团队、优秀人才，股权激励是留住他们的好办法；而且，创始团队中做出突出贡献的，可以追加股权。这种操作的好处是给企业新的人才留下了成为股东和合伙人的空间，企业的发展更有弹性。缺点，或者说难点是，创始团队一开始分多少、预留多少合适，对于企业家来说，心中很难找到准确数字。另外，预留的股权让谁代持或者让哪个主体持有，都是需要创始团队讨论的事情，各方的观点可能出现冲突。

3）创始团队中的核心成员分企业的实股，对后来一定时期内到岗的新进者、引入的优秀人才，提前留好期权。这种方式，优点在于未来引入的人有参与企业股权激励的机会，增加了企业留人的筹码；不足之处是有的人才择业时就希望获得实股激励，对具有时间限制和业绩要求的期权并不特别在意。

以上三种方式，均有可取之处，亦有缺点。这三种持股方式相比而言，第二种和第三种给未来留有空间，相对更为科学。初创企业具有高度不确定性，初创人员的变动、新人的进入，都是难以避免的事情。如果一开始企业几个创始人把股权全部分完，新人进入面临无股可分的局面，老人的股权也难以调整，企业的发展动力就会不足。此时，动态调整是非常必要的。企业急需的人才进来前，通常都会与企业谈好给多少实股、期权或者其他虚拟股权；已经成为股东的人员，来年做得好，可以继续授予股权，不让奋斗者吃亏。另外，从人的心理上讲，共患难的时候大家可以不计较个人得失，一旦企业步入正轨，大家追求"多劳者多得"的公平待遇之心就会越发明显，以前的种种隐患问题也就会越发暴露。如果这时有大量的预留股就可以派上用场：在不减少一部分人员股权的情况下，增加贡献度大的人员的股权，达到既减少企业内部矛盾，又提升将士士气，团队向心力更旺的效果。反之则有可能兄弟反目、父子成仇、团队分崩离析……商场之上，这种案例已屡见不鲜。

说到此，另一个问题就来了。前文也提到，采用第二种方式，预留的股权需要有人代持或者某个主体持有（实质也是代持），这部分股权，是自然人持股、找人代持、还是以其他形式分配？

如果有合适的人选，可用代持股的方式，或者成立合伙企业的方式。若以代持的方式，最好由企业老大代持，比如说创始团队有三个人，可能分掉了60%的股份，还剩40%作为预留，那么这40%就由老大来代持，等到未来实施股权激励的时候，再由老大把代持股合理分掉。

为什么不建议初创企业全部把企业股权分掉？这里做个更为细致的分析。除了可能留有隐患，还有两个原因：

1）前期将股权全部分掉的话，后面有人入股就可能需要牵动三个人的股权转让，需要三个人一起去工商局办理转让手续，这个流程相对而言比较麻烦。如果用增资扩股的方式，则可能使创始团队之间产生不愉快，影响内部和谐与发展。

2）创业初期团队会有很大变动性，有些人可能中场退出，有些人可能中途转岗。在人员变动性较大的时候，如果在一次会议中老大一拍脑袋，因为一时哥们义气就全部分掉了股权，未来退股的难度将会很大，对企业发展的不利影响自然是无穷的。

当然，也不是说前期将股权全部分掉是完全不可行的。采用这种方式，各创始人需要提前说好在什么情况下，大家的股权需要被稀释或者谁的股权应该转让出来。提前定好制度，会给以后的股权运作打下好的基础。

每个初创企业，因为创始人的不同，都有自己鲜明的特征，要根据企业自己的特点选择分配股权的方式。另外，由于股权分配非常重要，错一步即会带来巨大的危害，建议尽量请专业的机构参与进来，以少量的费用避免未来更大的损失，这是非常值得和必要的。

## 问70　房地产企业股权激励的重点与难点是什么？

房地产企业因其行业自身的特点，在推行股权激励的过程中，有几个方面特别需要注意：

1）房地产企业估值很难。其财务上是按照历史成本法入账的，所以很多房地产企业账面资产看起来不高，有些企业看报表负债率很高，但实际上按照重置法，以市场公允价值来算，企业资产已经是非常高了。所以，账面资产和实际价值严重不符，造成估值很难。

2）企业资产大，员工出资购股比较难。很多房地产企业拿地动辄几亿元、几十亿元，即使按照净资产来算，出资额也非常大。在这样的情况下，员工入股往往相对数很小，比例很低，一般占2%~3%已经很不错了。但是股份绝对数很大，对应的资产价值往往几千万元甚至上亿元，如此员工出资压力是非常大的。我们的心得是，基于前面的难点，房地产企业的资产可以放在老公司，新设一个运营公司进行股权激励。这样，经营绩效跟人的努力程度紧密相连。

万科的事业合伙人计划是在经济利润中计提奖金，奖金进入集体奖金账户，每期奖金不兑付到具体个人，通过一个资产管理平台封闭运行三年，并且引入融资杠杆，交给第三方用于购买万科的股票。第四年在付清融资本息、同时承诺在集体奖金所担负的返还公司的或有义务解除后，才可拿到第一年的奖金。当然，万科的事业合伙人持股计划超越了一般的股权激励，不具备良好的管理基础的企业难以照搬。它将管理层身份转变为"职业经理人＋事业合伙人"，不仅"共创、共享"，还要"共担"，管理层不仅要自己掏钱买股票，还要引入杠杆扩大风险和收益，承受比股东更大的投资风险。这种方式也使管理层铆足了劲，将公司盈利放在首位，当然个人也因此获得了丰厚的回报。

3）房地产企业是通过项目化运作的。作为项目型企业，股权激励与项目挂钩，项目做完了就结束了，因此激励周期很难确定。而在房地产企业层面，又有可能出现搭顺风车的现象。这方面可借鉴一下万科的项目跟投制度。

万科的项目跟投制度的参与人员范围从管理层扩大到员工，且管理层必须跟投。几次修改完善后，员工初始跟投总额不超过项目资金峰值的10%，后续不得追加跟投，同时加大了跟投人的责任和风险。

1）设定门槛收益率。当项目收益率未超过门槛收益率时，优先保障公司享有门槛收益率的收益，只有超过的收益（如有）才分配给跟投人。

2）设定超额收益率。当项目收益率高于门槛收益率但不高于超额收益率时，公司与跟投人按投资比例分配收益。当项目收益率高于超额收益率时，在超额收益率以内对应的收益，公司与跟投人按投资比例分配收益；超额收益率以上的收益部分，跟投人按其投资比例对应收益的1.2倍分配收益。

也就是说，在项目效益一般时，跟投人可能没有收益；在项目收益较好时，跟投人可按投资比例分配收益；在项目收益很好时，跟投人能得到超过投资比例的收益。

实行项目跟投制度后，员工变身合伙人带来的改变是显而易见的。因为利益相关，经营团队竭尽全力去寻觅价格更合理的投资机会，拿地更谨慎，投资项目更优化；由于团队成员自己也投钱进项目了，项目质量有提升，万科总部对项目的信任感增强，审批时间更短，决策也更高效；员工之间主动跨界多了，部门扯皮少了，运营效率也大大提高。在万科股权之争激烈时，公司销售依然持续增长，一线公司的人员依然保持稳定，事业合伙人和项目跟投制度起到了凝聚团队的重要作用。

万科跟投制度的成功，使得众多房地产企业也纷纷尝试项目跟投制度。当然，项目跟投制度对员工来说有较高风险，需要强有力的管理体系支撑，否则很难推进。

3）房地产开发项目周期与财务自然年度不一致，利润很难在年度得到体现。大部分人普遍可以接受的股权激励往往以财务年度作为计算基础，这就需要平衡和调节。

4）房地产企业的股权激励要充分考虑资本运作，充分考虑外部股权融资要求。房地产企业作为资金杠杆利用率非常高的准金融性企业，要充分考虑通过股权撬动资金。在股权激励方案设计中，要筹划项目合资合作、企业上市运作等与股权息息相关的资本运作手段。

## 问71　服装企业股权激励的重点与难点有哪些？

服装是百姓衣食住行的生活必需品之一，从最初的"穿暖"，到现在的

"好穿、好看、时尚、有个性"，需求不断升级。从20世纪90年代开始至今，服装行业经历了最繁华的近三十个春秋。然而最近这几年，随着行业竞争日趋激烈，消费群体更加细分化，服装行业也进入了竞争的红海时代，越来越多的传统服装企业渐渐退出了市场。

中国有十几亿人口，服装又属于基础性消费，服装行业从设计、面料、生产到销售，是一个庞大的体系，这类企业的股权激励有哪些重点和难点呢？下面我们介绍服装公司的分类及其股权激励特点。

## 1. 品牌服装公司及其股权激励特点

品牌服装公司的核心是服装设计，生产可以自主生产，也可以外包生产，其产品最终靠直营门店（数量较少）、经销商或者电商销售。

服装公司品牌主要有两大类，一类是设计师品牌，另一类是买手制品牌。

设计师品牌的产品风格有着独有的设计元素和内涵，一般能够成为时尚的领导者，如全球的时尚品牌Chanel、Armani等，国内的知名品牌也大多是设计师品牌。这类产品常采用传统订购模式，也就是俗称的订货会模式，通过订货会，经销商、加盟商下单订货。该模式通常都提前6~9个月订货，公司每个季节的业绩主要通过订货会来实现。但是服装具有一定时效性，受天气影响也比较大，谁也不知道后面情况如何，所以早些年品牌服装公司火热推行"强力推送"甚至"压货"模式，后来发现"库存"成为品牌服装公司和经销商"心里共同的痛"。这几年开始回归理性，逐步降低订货会订货比例，通过后续市场反馈，进行快速返单补货。

买手制品牌则是通过专业买手到全球各地采购定制各种商品，然后在销售门店按照不同风格和产品定位进行陈列的。一说到买手制服装品牌，人们无不首先想到Zara。在国内，Zara店铺面积都在1500~2000平方米，但这么大的面积，几乎看不到太多的导购。顾客进店自己试穿，排队结账，与超市购物无异。类似的还有H&M等，我们将其统称为"快时尚品牌"，因为其"快"：从设计到成衣上架，国内传统订货制需要6~9个月，国际知名品牌一般可到

120天，而Zara新款上市周期为十几天，最快的7~8天！在欧洲，Zara则是顶级品牌的"眼中钉"，因为它们的新产品刚刚设计出来，很快就会有非常类似的款式出现在Zara的店铺中，这就是Zara品牌的买手经营模式。

买手制品牌要做得好，不是大家通常理解的"抄款"这么简单，它是一种市场化的运营模式。比如，Zara买手制的核心是由买手团队对从产品开发到售出的每一个环节负责，既需要确保产品在流转进程中取得最大赢利，也要确保进程中运营风险最小。买手既需要有专业的眼光，也需要结合市场反馈。在选款初期，买手要依据品牌过往销售情况、当下流行及花费趋势做出精确的需求分析，规划终端的样式数量，设定产品的销售价格体系，同时还要与终端的上市波段、终端展示与产品分配完全合拍。产品上市以后，依据销售情况对每个产品进行销售周期预测，确保产品在上市宣传引导期、主力出售期、促销期、库存清货期的动销比合理，确保销售赢利回流，确保产品在不同销售途径与终端的库存和周转合理。正因为如此，Zara的库存管理得非常好，基本不存在库存这一概念，这也是让国内品牌服装商和零售商最为羡慕的一个方面。

对于品牌服装公司来说，产品至关重要。好的产品，配合合理的价格，才会被消费者所认可并最终购买。

对于设计师品牌公司来说，产品则尤为重要，因为它采用的是提前订货制模式。简单地讲，公司的客户主要就是订货商——经销商，这些经销商多年从事服装经销，有着敏锐的市场视角。订货会上产品的展示，直接决定了订货量的多少；公司一年的业绩多少，主要也就看订货会，成败在此一举。所以产品的款式、品质直接决定了公司的超级大客户——经销商的订货量。而要拥有好的产品，就要靠好的设计师团队，从风格定位、款式设计、面料选择，到打样、打版，每一个环节都做到极致，才能为产品打好坚实的基础。因而设计师品牌公司在实施激励时，设计师团队绝对是重中之重；而设计师又有高度的不稳定性，很容易自己成立工作室，因而可采用更有黏性的激励方式，如期股、期权，有的公司直接用实股模式激励核心设计师，形成事业共同体、命运共同体。当然好的产品设计出来，还依赖好的供应链体系和营销推广体系，因而对采购、生产、跟单、销售人员的激励也非常重要，公司对这些人员的激励通常采用统一平台持股，公司的整体业绩决定了包括设计、采购、生产、销售以及后台职能部门的整体收益，股权模式根据各自情况不同，多采用期股、期权或者实股。

随着产品的细分，为了更好地进行产品研发，也为了充分调动设计团队的主观能动性，很多设计师品牌公司也成立不同的事业部，搭建内部创业平台。各设计团队根据各自事业部在终端产生的最终销售业绩分享收益，其他配套部门仍在总部层面持股，以便整体的资源匹配和调拨。

对于买手制品牌公司来说，其内核是一套成熟的"快反"供应链模式，买手在其中固然发挥了重要作用，但买手只是庞大供应链体系中的一环，更多的是依赖总部平台对于消费者、市场和产品相对精准的把控。因而每个环节都不可或缺，总部的整体管控体系至关重要，公司核心人员的股权激励多以总部平台统一持股为主。

## 2. 服装经销公司及其股权激励特点

服装经销公司常见的主要有经销商、加盟商、代理商，其中代理商是早期采用的模式，一般是省级代理商，将品牌公司的货品在省内进行统一调配。目前大多数都是"品牌公司—经销商"模式，代理商模式越来越少，更多的是经销商和加盟商，其通过自己直营或者联营的零售门店销售货品。

一般经销商公司都管理着数十家门店，因而其股权激励的重点就在于门店的激励。连锁门店的激励可以参考本书第72问，这里不再赘述。

## 3. 服装贸易公司及其股权激励特点

前面讲到Zara的"快反"供应链模式，由于其全球采购的特点，靠一己之力无法实现，于是服务于该模式的服装贸易公司应运而生。服装贸易公司也被称为"成衣供应商"，它不需要研发、设计，而是拿着现成的设计稿、工艺图，全球采买，最终以成衣交付。

服装贸易公司本质上就是"供应链管理和跟进公司"，负责供应链的采购和跟进环节。其前端需要拿到像Zara、H&M、优衣库之类的客户订单，后端要对接面料厂、辅料厂、加工厂等充沛的工厂资源，这样才可以达到快速交付的目标，赚取其中的服务费。我国的服装贸易公司有许多服务海外客户，服装的生产聚集地主要在中国和东南亚地区，这类公司属于服装外贸公司。它们立足中国、面向东南亚，占据着优越的地理位置，竞争非常激烈。

对服装外贸公司来讲，在设计研发、产品等方面没有核心竞争力，其最核心的就是"有客户资源的销售人员"和"有工厂资源的采购人员"，而这两类人都有着极高的流动可能性，因为他们手上有客户或者工厂资源，可以去任何一家外贸公司。因而股权激励的重点是销售和采购人员。可采取双重持股的方式：一方面销售和采购人员都持有一定比例的公司总部股权，主要是为了加强二者的协同合作，销售订单拿回来之后，采购采买，销售人员跟进生产、品质、发货进度等，双方需要多次沟通、反馈、协调、确认，如果没有统一的持股平台，容易导致扯皮，不利于公司的整体交付。另一方面，他们可在各自板块持股，激发各自板块活力，根据销售额和采购额享受各自的股权收益，通常采用干股分红的模式。

## 4. 服装生产公司及其股权激励特点

服装生产公司一般分为纯生产型公司（又称贴牌公司）及自有品牌生产公司。

纯生产型公司生产单元可独立核算，因而可以作为激励的平台，最大限度地提升生产的效率和产能。由于生产型业务模式大多简单且公司员工文化水平整体不高，可采用干股模式，简单易懂易操作。

自有品牌生产公司生产单元如果可采用内部结算价的方式独立核算，可考虑采用干股模式，但该模式容易导致内部核算价格的博弈，这时可参考市场价进行定价；当无法进行独立核算时，可以考虑持有总部股权，但以生产单元的考核作为股权激励考核指标。

总的来讲，服装产业链条长、相关企业众多，在实施股权激励时，须明确自身定位和核心竞争力所在，充分发挥重点优势，无论处于服装链条的哪一个环节，都能实现较大的价值。

## 问72　连锁门店股权激励有什么新模式？

连锁企业在经历了经济高速发展期之后，新环境的竞争压力、激励机制的缺失与人才的流失使得连锁企业的经营普遍愈加艰难，但与此同时，一批企业在股权激励理念的引领下，门店扩张速度与经营质量显著提升，逐渐跨进资本市场并成为行业的细分寡头。股权时代已然来临，在新常态下，它驱动着连锁企业的壮大，也加速着行业的洗牌。

连锁企业经常将连锁门店的数量作为一项重要的发展指标，一旦连锁门店在数量上发生递减时，企业的经营者便会下意识地将其原因外部化，如经营成本增加、人才流动性大、同业竞争加剧等。这些外部因素是所有连锁企业的共性问题，但我们认为内因是主要的，企业在连锁化的过程中，本质上始终围绕着"人"在进行，"万店连锁"只是一个必然结果，股权激励推动"人心的连锁，人才的连锁"，才是实现"万店连锁"的关键手段。

为了留住诸如店长等方面的核心人才，连锁企业实施并完善激励机制显得尤为关键，而股权激励是其中一种非常适宜的激励机制。我们结合多年股改的咨询经验，将股权激励方法推荐给大家，并与其他几种相关的激励机制做比较分析，供大家参考。

大体上，我们把连锁门店的激励机制概括为四种方法，分别是承包激励法、超额分红激励法、股权激励法、合资激励法，它们有逐层递进的关系。我们将分别从优劣特性、长短期导向、收益与风险共同承担程度、实施的难易程度和标杆效应等方面进行阐述。

### 1. 承包激励法

承包激励法是以承包为理念的激励方案，一定程度上类似于短期加盟。其激励原理是门店员工承包门店，企业可以收取销售额一定比例的管理费或者固定金额的管理费，财务由企业统一管理，可以按照季度和年度进行结算。这种方法一定程度上类似于"家庭联产承包责任制"。

承包激励法被认为在保持连锁门店原有所有权的前提下改善连锁企业经营的"权宜之策"，它既没有使激励对象获得原有企业的所有权，维持了原有的利益格局，又能在一定的期限内通过承包合同划清企业与个人的收益分配关系，使激励对象有一定的经营决策权，从而能激发激励对象的活力，有效达到激励目的。

但是无论是固定比例承包法还是固定金额承包法都存在其固有的弊端，承包激励法的缺点在于：①易于使激励对象行为相对短期化，承包者（激励对象）很难有较长期的安排，有可能以牺牲企业长期利益为代价换取短期利益的最大化；②易造成承包者"负盈不负亏"。实际上，承包激励法并没有形成切实有效的企业与激励对象间的命运共同体。

## 2. 超额分红激励法

所谓超额即预定目标之上的额度；激励是指按照事先约定的行权条件提取超额比例分红，也可以比喻为一场指标的博弈。通常企业可根据销售额、毛利和净利润等指标设定目标与分红比例。一般来讲，批发、餐饮与流通企业更加适合将销售额作为拟定目标，这类企业的净利润较低，商品销售量越多，积累的利润也就越多，因此销售额是反映门店盈利情况的重要指标。毛利适用于固定成本相对稳定的连锁企业，如物流企业、餐饮企业、休闲酒店等。净利润适用于高附加值、高利润的企业，如培训、教育、医疗、咨询等企业。

超额分红激励法在连锁企业的应用主要得益于它与企业发展的各项指标相互结合，使得人、责、权、利在相对较长的时间内与企业利益捆绑。同时，这种激励法可以根据企业战略进行相对灵活的指标选取和设定，从而使激励法能充分满足企业的发展要求。另外，超额分红激励法可以与员工的晋升机制相互结合，个人在激励过程中，岗位层级随个人与门店的收益而提升，这也可以在一定程度上满足企业的人才战略。

超额分红激励法的缺点在于设计与实施的难度较高。另外，超额分红激励仍然没有摆脱承包激励法"负盈不负亏"的弊端，也没有将真正意义上的股权运用到激励系统中来。

## 3. 股权激励法

股权激励法是让优秀员工以优惠价格购买企业的部分股权，让他们除了获得劳动收入，还可获得投资收益，从而调动其工作积极性，增强经营意识，提高门店的经营质量，进而优化连锁门店的组织结构，减轻融资压力，同时为人才的成长开辟路径，形成"人才连锁，人心连锁"的长效机制。

首先，股权激励法具有激励与约束较强的对称性，是真正意义上的激励。被选中的激励对象需要以实际资金投入来获得连锁门店的股权，激励对象在获得经营权、收益权和分配权的同时也承担了相应的风险，这样连锁门店经营状况与激励对象的利益捆绑在一起，彼此的长期利益趋同。

其次，激励对象的主人翁意识可以被充分调动起来。这种主人翁意识尤其体现在新店的拓展方面，不但可以满足连锁门店的短期需求，而且激励对象一旦达到行权条件获得较大收益，就会形成标杆效应，带动内部人员争相效仿，在避免人才外流的同时，还可以吸引外部小型竞争对手"带枪投靠"。

从我们以往大量的门店类股权激励项目来看，激励效果是十分显著的。但是这种激励法的诊断、设计、实施过程相对较为复杂；同时，激励对象需要出资认购股权（尽管相对非常优惠），接受会有个过程，推动起来难度较大。

## 4. 合资激励法

合资激励法是以激励对象出资为基础的一种激励方法，但它与股权激励法有着本质上的不同。合资激励法以双方共同投资为原则，从股权关系上来讲，双方属于对等关系，相当于企业吸纳了实际的股东，其长期享受发展红利并共同承担风险。

在操作层面上，合资激励法需要员工按照门店投资金额大小同比例出资，共享利润、共担风险，原则上出资不可撤回。合资激励法的优势在于组织上形成一定程度的互动，内部管理市场化，店面人力资源一定程度上转化成资本，缓解企业了资金压力，在激励程度与约束力上升的同时，激励对象与连锁门店形成命运共同体，有利于企业中长期发展。

这种激励方法也有着自身的劣势：①工商注册变更导致企业的股权架构发生变化，原有股东存在控制权被削弱的风险，且股权退出手续烦琐；②激励方案设计考量因素众多，需要具有丰富经验的专业人员参与；③操作也较为烦琐，对股权激励计划制订者的要求较高。激励对象的经济水平和接受能力可能导致激励计划难以推进。

## 问73　贸易类企业如何进行股权激励？

贸易类企业将生产制造出来的产品输入市场，进入下游厂家或消费者可触及的领域。因此，无论对于前端厂家还是后端消费者群体，贸易类企业都必不可少。

贸易类企业尤其是大宗产品贸易类企业非常具有代表性，其特点有两个，一是资本密集型，二是高度专业化。贸易类企业的销售额动辄几亿元、十几亿元，甚至更多，看似体量大，但利润并不高。这种规模不小但利润很低的企业，该怎么推行股权激励？

贸易类企业的核心资源是客户和供应商，资源集中在核心业务员手中。核心业务员做了几年之后，可以自己带着资源出去创业，这是贸易类企业遇到的最大问题，即企业没有高的壁垒，人才无法留住。企业要不断扩大规模，如何不让这些人出去单干？在这个行业，真正收入高的是业务高手，做管理的收入反而不高，这就造成企业的管理人员感觉自身价值不大，不被企业重视，也按捺不住要去选择新的工作。那么，不同岗位类型之间的平衡又如何建立呢？如何既留住核心的业务人员，又能让中后台管理人员愿意长期跟随企业一起发展呢？

## 1. 大企业做小

如果都在一个大锅里吃饭，每类员工可能都觉得有问题。业务员会觉得企业业绩都是自己在外面拼抢过来的，贡献最大，人事、管理人员没什么价值，可有可无；管理人员认为自己建立了品牌、打造了供应链，让业务人员轻松获得业务；人事行政人员觉得日常工作繁杂，也肩负着为企业寻找合适人才的重任，平常分配的利益不够……如何尽可能让真正为企业做出贡献的人得到适当的认可，让他们在付出的同时得到回报？将企业打造成一个广阔的创业支持平台，让每类人员，尤其是业务人员在自己的平台上得到施展的空间，会让企业更加和谐。因此，合适的方法是把企业的业务、组织、团队细分，形成一个个独立核算的经营体，优秀的人才可以在内部做小老板，拥有自己的团队，企业对其充分授权，进行股权激励。比如，业务团队可以形成多个业务独立单元，财务部门、人事行政部门也可以内部独立，在服务企业内部的同时，还可以对外服务，获得收入。

## 2. 平台价值做大

贸易类企业之所以难以留住人才，原因自然很多，但主要原因之一是这类企业通常都是小后台、弱中台、大前台。弱小的中后台，对业务人员的价值没有体现出来，让业务人员对其几乎没有什么依赖。因此，企业要加强中后台建设，一方面要做好供应链管理，把大的客户和供应商连接在一起。贸易类企业有一个特点，即有大量的客户和供应商，如果把供应链平台建成了，业务规模上去了，平台价值就能释放出来，内部创业成功的概率就会更高，价值也会体现得更充分。另一方面，要强化财务、人事行政、客服能力建设，为前台提供足够的人、财、物的支持。对于贸易类企业，业务是"头"，其他是"尾"，企业要想正常发展，不能"头重脚轻"。中后台实力强大，能够和业务人员相互促进，各类人员将更加依附于企业这个平台，企业进而就能更好地留住人才，获得持续稳定的发展。

### 3. 建立内部裂变孵化机制

要在企业内部形成孵化机制和下属公司的裂变机制。

相比于独立创业，因为有成熟的平台、有积累的客户、有后备资金、有统一品牌等各方面的支持，企业内部孵化创业成功率会高很多。而单独去外部创业，即使有些老的客户资源可以利用，但需要准备资金、重新建立品牌等，失败的概率会很高。在风险同等的情况下，内部的机会比外部的更多，内部创业做得会比外部创业更好。本来已经在外部创业的人，如果内部能够提供很好的平台、品牌和资金支持，就会慢慢地被吸引回来。在集团可采用价值导向的基于平台的股权激励，优秀的人才会愿意留在公司，以追求长期的发展。

贸易类企业规模要想扩大，业务团队、管理团队就需要不断裂变。企业对于能力较强的业务人员、管理人员，一开始可以给予虚拟股权激励，等到成熟的时候，可以提供合资成立新公司的机会。这样的新公司一开始可以与企业的业务相近或完全相同，随着发展，可以拓展到其他有前景的业务领域中。成立合资公司的条件，可以是参与合资的员工实现了预先设定的业绩要求，也可以是培养了多年的后备力量。这样，无形中，企业的人才队伍不断扩大，人才梯队的厚度也逐渐增加。

### 4. 建立合伙人机制

贸易类企业多没有特别的技术要求，人的因素占主导地位，也就是"人合"特征明显。针对这样的特点，贸易类企业实施股权激励，不能简单地将分红权、增值权等分享给核心人员。对于企业层面的激励，要秉持既分利也分权与责的原则，并且尽可能让权责利对等。贸易类企业要在内部形成诸如业务合伙人、事业合伙人、永久合伙人这样的机制，将获得股权激励的员工，分别对应到这几类合伙人中，并且设定各类合伙人拥有的权利与应尽的义务。在贸易类企业内部，企业的重大事项、发展目标等在合伙人会议上议定。这样，优秀的管理人员与业务人员，不仅能获得可以看得到的物质激励，还能得到尊重和被认可的荣誉感，激励的效果也比仅有物质激励的方式大很多。

总体而言，贸易类企业打造成平台型企业是必要的、可行的。如果不往平台发展的话，企业的规模无法快速扩大，能人无法被很好地留用与激发。企业的价值是依附在这些能人身上的，这些能人走了，企业也就没有价值了。但企业如果做成平台，平台价值很大，能人一般不愿意离开，即使走几个人也不会影响企业业务的持续发展，不会降低企业的价值。此外，如果企业内部搭建起实力强大的平台，有很好的财务支持、人才支持，对外部人才的吸引力将非常大。"众人拾柴火焰高"，人才不断汇聚，很容易把企业规模做起来。企业规模做起来之后，企业的平台价值会更加快速放大。

小企业做业务，大企业做管理。建议贸易类企业推行适当的股权激励与合伙人机制，注重内部裂变，同时让整体协调性更高，把企业打造成平台，让有志之士在平台上长期不断地发挥自己的聪明才智。

## 问74 经销代理型企业股权激励有哪五大要点？

随着社会的发展、竞争的加剧，中国的市场环境正发生着翻天覆地的变化。在互联网和信息时代，越来越多的品牌商提出"外去中间商，内去隔热墙"的口号。作为中国商业流通领域的一支重要力量——经销代理商群体，也将面临竞争加剧、渠道压缩的困境，未来将走向何方？

经销代理型企业有其自身的优势，比如能够近距离地贴近消费者，更加深入地了解客户需求，提供个性化服务；同时往往拥有较强的渠道优势，可以更好地控制和服务零售终端。

经销代理型企业目前存在的内部管理问题主要有以下几种。

### 1. 没有自身品牌，养大的孩子是别人的

生产商或品牌商在进入陌生区域市场时，面临巨大的拓展费用和各项运营

成本，往往会通过代理商或经销商打品牌。一旦代理商或经销商把品牌运作到一定规模之后，往往会有一些品牌商考虑收回自己经营，以获取更大的利益和更大的自主权。

## 2. 基础管理困难重重

由于代理商起初多看重货品和渠道，对于企业规范化运营要么无力兼顾，要么根本不重视，多头管理和口头管理非常普遍，流程管理、分层管理和绩效管理等相当缺乏。同时，员工文化水平普遍偏低，基础员工流动性大。还有些亲情关系横亘其中，使得制度体系形同虚设，基础管理薄弱。有的代理商企业发展到一定的规模的时候，可能突然爆发危机，一夜回到解放前。

## 3. 员工流失率高

"人难留"是大部分经销代理型企业面临的难题之一。在一定范围内，合理的人员流失率可以增加企业的活力，但是流失率过大，则会导致企业的发展受阻。员工流失的原因多种多样，其中包括企业、员工自身、行业的原因。受到行业形势不理想的影响，经销代理型企业员工流失问题也愈加凸显。

## 4. 利润空间无法保证

虽然每年的销量都在不同程度地提升，但是库存积压产品越来越多，日常开销越来越大……特别是对于利润空间与销量不成比例地缩水，代理商很迷惘，却无计可施。

## 5. 业绩提升有天花板

如果以门店形式存在，单店业绩因其销售半径受限，往往业绩水平的起伏不大。如果每年的业绩需要有大幅度的拉伸，则需要新增门店及开拓新的区域市场，对于代理商来说则会是一笔不小的成本支出。同时往往因为缺乏单店的核心盈利模式，新开门店在实际经营当中也很难达到年初的预期目标。

对于经销代理型企业品牌难建、基础管理薄弱、招人难、留人难、业绩提升难、利润薄等问题，可以通过股权激励的方式逐步加以解决。经销代理型企业股权激励的五大要点如下所述。

## 1. 股权激励的对象和模式选择应该以企业的战略目标为前提

是建立自有品牌，还是渠道为王、牢牢把握零售终端，抑或用"类百丽"模式将代理业务做到极大？无论选择哪种发展战略，企业的所有资源都必须聚焦，如财务资源、人力资源等，而股权激励的重点对象也会有所区别。

## 2. 企业需要将单店盈利与企业管理体系相结合

针对门店型的代理企业，在顶层设计时需要考虑多层持股。要激发单店业绩，提升人员动力，实施"人人都是小老板"计划，通过干股模式缩小管理半径，调动一线员工自动自发地工作，让员工关注企业成本、库存、利润，同时快速响应客户需求并传递到总部。对于总部来说，需要整合单店模式，形成标准化的单店运营系统，以便快速扩张复制；需要开展品牌市场推广活动，优化内部管理系统。总部要更多地强调整体价值和中长期价值创造，可以采用期股模式，使总部员工获得分红和增值收益。

## 3. 考虑股权激励的量以及员工可接受的出资金额

这类企业在实施股权激励时，要考虑激励的股权比例既能够激发员工的积极性，同时也要考虑员工能够接受的出资额度，抑或设置目标条件，拟定一个时间节点，达到相应目标条件的才可以推行。我们在佛山合亿的股权激励项目（佐丹奴的经销商），就是第一批先试行，后续通过竞聘加入的。这种做法的好处是一来可以树立标杆效应，让一批人先得到股权激励的价值；二来能够体现股权的稀缺性，不是人人都有份的。

## 4. 股权激励方案设计要简单明了，通俗易懂

前面提到，代理商企业员工文化水平相对偏低，对于股权激励的认识往往不够，所以激励方案要简单明了、通俗易懂，并且前期要通过培训和沟通的形式不断地说明讲解，以确保员工明白股权激励的价值和意义。

## 5. 隆重的实施仪式和科学的方案设计同等重要

仪式感有助于激发销售人员的斗志，提升内动力，因此需要有隆重的股权实施仪式。后续还需要有岗位竞聘会、经营会等作为支持，做好过程管控。

## 问75　生产制造型企业股权激励五大要点是什么？

## 1. 生产制造型企业常见核心问题

（1）企业不同部门各管一摊，互相推诿，横向协调难。许多生产制造型企业都存在着不同部门只管自己部门内事务，只关心本部门业绩的情况。比较典型的就是企业产销两大部门的矛盾：销售部门根据市场情况反馈产量信息，生产部门的实际生产能力可能无法达到要求，双方形成僵持；反过来，有时候生产部门只考虑把产品生产出来，对生产出来的产品是否适合市场需求不做过多考虑。

（2）只管局部，不管企业集体利益。有些员工将自己定位为打工者，企业是老板的，企业经营好坏跟自己没有太大关系，自己工作一天，就应该拿到一天的报酬。有了诸如此类的想法后，员工考虑问题的视角自然就局限在自己个人身上或者与自身利益直接相关的小集体上，企业层面的集体利益只有那些企业核心层的领导甚至只有股东看重。

（3）投资回报期较长，企业希望得到中长期回报，员工则看重短期回报。生产制造型企业在建设期和扩张期，往往都有巨大的人力、物力及财力投入。这些投入在正常的经济运行规律下，需要较长时间才能产生效益，实现回

本。同时，企业也希望以稳健的步子、扎实的积累，实现成长和成熟，在未来获得丰厚的利润和较高的行业地位。而普通员工可能更倾向于将利益"落袋为安"，企业短期回报的大小，往往才是他们最为关心的。

（4）人工成本高且难以下调，企业支付风险不断加大。一个生产制造型企业通常要养活成百上千甚至更多的员工，每月的人员工资等费用支出非常巨大。特别是一二线城市周边的生产制造型企业，人工成本成为其发展的重要瓶颈。如果员工某月工资减少或者延付，员工心里就会抱怨企业；如果减少或延付工资的人数增加，就容易出现集体怠工或者辞职的现象。但如果企业在发展都成问题的时候固守老规矩，可能对企业产生不利影响。

（5）上下游博弈，销售渠道难打开。生产制造型企业处在原材料供应商和经销商的中间，与供应商和经销商构成一条完整的价值链。它们三者之间存在合作与竞争的关系，在各自为自家利益考虑的情况下，产品流向市场的渠道容易遭到堵塞。

生产制造型企业存在的内部问题还有很多，怎样缓解问题或根除问题，让生产制造型企业获得人心呢？

## 2. 生产制造型企业股权激励的五大要点

我们把长期服务生产制造型企业而得到的经验进行反复提炼总结，得出能够较好解决上述一系列问题的股权激励的好方法。总而言之，在设计股权激励方案时，以下几点需要注意：

（1）恰当确定股权激励核算的资产是做好激励方案的起点。确定资产边界，剥离无关资产，实现员工权利与义务对等，也让员工有能力参与股权激励。

生产制造型企业大多资产规模较大，如果员工以此为标准入股，可能花费数十万元也认购不到企业股份的1%甚至1‰，激励难以产生效果。另外，土地增值、厂房租金等收入与员工的劳动付出没有直接关系，不宜作为股权激励核算的资产。

可以将土地、厂房等这些资产剥离出来，以租借的形式使用。这样一来，既便于激励对象进入，也保护了企业原来的所有者利益。这是做好股权激励方案的前提之一。

（2）统一持股，减少分层持股造成的对抗和博弈。很多企业偏爱分层的持股方案，我们承认它在很多情况下是非常恰当且有效的。比如，当一家企业走多元化道路时，分层持股能够针对不同业务板块有效发挥作用，让整个企业焕发勃勃生机。而本文谈到的生产制造型企业，业务一般专注于某一领域或少数几个相关领域，它们更适合用统一持股的方式。而且生产制造型企业环节较多，分层持股容易造成管理混乱，下级持股特别是自然人持股，易带来退出难的问题，造成下层持股员工与企业产生对抗和博弈的不利局面。

（3）根据企业特点，选择恰当的利润核算方式。股权激励中利润的核算非常紧要，深刻影响股权激励效果。每个企业特点不同，员工对企业的信任程度也不同，因此可以根据员工对企业公布的利润数据的信任程度，在以下几种利润核算方式中选择一种：

1）以企业账面净利润为准。有的企业内部形成良好的信任机制，员工对企业发展抱有非常大的希望，对企业信任度高，加之企业已经制定了较为规范的财务统计制度，则可以以企业统计的账面净利润为核算基准。

2）以企业毛利为准。在企业财务统计还不完善、员工对企业不够信任的情况下，可以以毛利作为利润核算的基准。因为毛利更为直观，他人很难造假。这种方式能够充分考虑原材料和人工波动带来的企业经营风险，让员工收入与企业的经营绩效紧密挂钩。

3）以企业模拟利润作为利润核算基准。如果员工对财务报表中的净利润认可度不高，可以根据企业的收入、支出和费用，模拟计算企业利润。

模拟利润＝销售收入－直接成本－期间显性费用－其他综合费用

（4）上下游持股，上下同欲，向同一点发力。生产制造型企业可以将上游供应商和下游经销商的主要人员纳入激励对象范围，以股权的形式将整个生产制造的价值链条紧密联系在一起。企业获得发展，持有其股权的供应商和经销商均能获得好处，从而促进后两者以生产制造型企业的利益为自己的利益。

（5）根据岗位特征进行股权激励。股权激励倡导"以绩效为中心，以奋斗者为本"的理念。如何实现以鼓励奋斗者为主，兼顾员工职级和历史贡献？

在股权激励方案设计过程中，我们需要对股权进行分类设置。通常情况下，我们可以把股权分为三类：历史贡献股、岗位股、业绩股。比如，企业拿出100万股用于激励，其中20万股作为历史贡献股，授予历史上对企业做出贡献的老员工，尤其是企业刚创业时就伴随企业发展的创业元老；30万股作为岗位股，用来激励一些业绩难量化的岗位，如人力资源、财务、行政等，以岗位责任和岗位价值作为股权激励的依据，不同的岗位具有不同的价值，赋予不同的岗位系数；50万股作为业绩股，用来激励可量化的直接产生效益的生产、销售等部门，以未来几年业绩情况为确定授予数量的标准，让努力的员工看到希望。

## 问76　如何借助城市合伙人开拓市场？

近几年，城市合伙人的概念兴起，那么到底什么是城市合伙人呢？有人说跟经销商、代理商差不多。其实城市合伙人的商业模式与传统经销商、代理商模式区别很大，前者更加先进。

目前线上线下分销渠道都存在一个弊端，就是成本高昂。线上京东、淘宝、天猫、唯品会等平台流量贵，线下实体门店人力成本、店租贵，企业压力较大。还有一个关键的问题，就是不一定能吸引到这个城市里有行业资源的人！

此时需要一种新的商业模式，让企业能够花小成本将产品推向市场，把更多精力放在产品质量和服务上，让消费者发现产品，同时获得更好的消费体验。于是城市合伙人模式应运而生。

简单地说，城市合伙人在传统分销渠道的基础上融合了粉丝经济、会员经济、合伙人制度等一系列特色，城市合伙人与企业两者的关系从加盟的分散式管理变成了合伙人制的集中式管理，既分散了直营风险，关系也比加盟更紧密。城市合伙人实际上是一个利益共同体，合伙人用自己的营销渠道和资源与企业进行合作，共做项目，共同创业。

目前，城市合伙人主要有三种模式：

（1）股权架构上的"合伙"关系。提供互联网化模式的O2O按摩预约服务的功夫熊就是采用这种模式的，其在北京、上海进行试点，成立独立公司，并由城市合伙人担任CEO。功夫熊与城市合伙人不是上下级关系，而是合伙人关系。功夫熊把自己的商业模式、系统、经验和资源都毫无保留地提供出来，并且设计合理的机制分配回报及资本收益，然后由城市合伙人来操盘这个城市的业务。

（2）"无任何成本式"城市合伙人。阿里巴巴的城市拍档（原城市合伙人）就是采用这种模式的。阿里巴巴的城市拍档面向的目标用户群是街边小店，城市合伙人将供货商品打上"阿里巴巴"标志，如果商品出现问题，阿里巴巴将先行赔付，同时通过二维码的方式为每件商品赋予"身份证"，可以让消费者放心选购。通过城市合伙人模式，市民在社区小店就可以买到可以溯源的、便宜的海淘商品。

该类合伙人并不用与企业正式签署劳动合同，属于非正式编制人员，其借助与整合货品资源、品牌资源、渠道资源、物流资源等来为自己创业。合伙人不需要支付任何费用，收入以"无底薪+佣金（通常是商品交易总额的一定比例）"的形式获得。

（3）"保证金式"城市合伙人。这种类型基本上与第二种类似，唯一的不同在于在成为城市合伙人之前，需要支付一笔保证金。

城市合伙人的合作模式体量轻，将直营和加盟的优点结合在一起，双方利益捆绑，企业获得了低成本快速扩张市场的契机，城市合伙人获得了低成本创业的机遇，消费者能够获得更舒适的产品体验和发现高质低价的商品（没有中间商差价），形成企业、城市合伙人、消费者三赢的良性循环。

城市合伙人模式需要做到求同存异，更要做到因地制宜。对城市合伙人来说，不仅要对企业（产品）有一定认知，而且还要有一定的人脉和渠道。如果没有相关行业经验、企业管理能力，就需要具备快速学习的能力。企业则需要提供强大的品牌和产品支撑，有强大的后台运营数据系统和成熟可复制的运营模式。

## 问77　连锁企业如何通过股权激励实现裂变？

在我们的学员和客户中，来自连锁企业的是非常多的。我们在日常遇到的理发店、餐饮店、美容店等，都是连锁企业。这类企业对股权激励的需求是非常突出的，这一方面是因为连锁企业核心资源是"人"，如何用激励机制充分挖掘人的潜力，是非常重要的命题；另一方面，这类企业相比其他企业，只需要同类复制便可以快速扩张。

如何运用股权激励，实现连锁企业的裂变扩张呢？我们通过对上千家连锁企业案例的研究，总结出了连锁扩张的两种类型、六大模式，可供企业家根据自己企业的特点，适当地加以运用。

现实中连锁企业采用的连锁扩张一般有两种类型：直营连锁和加盟商连锁。顾名思义，直营连锁就是企业以自己的资源进行连锁发展。加盟商连锁就是企业以自己的一部分资源，如品牌、管理、产品等，与外部的一些资源如资金、人才等进行结合的连锁发展。

在直营连锁扩张的案例中，比较知名的有海底捞、西贝、永辉超市等。在加盟商连锁扩张的案例中，比较知名的有良品铺子、海澜之家等。

### 1. 直营连锁

企业采取直营连锁扩张有两种模式：现金模式和股权融资模式，股权融资模式又可以分为企业层面股权融资及门店层面股权合资。

（1）现金模式。任何一家连锁企业在从萌芽创立、快速发展、成熟、衰退到涅槃重生的过程中，最开始的扩张都会用自有现金流去开拓新店，比如早期的永辉超市和良品铺子。这种模式因为用的都是自己的资金，没有多少外部资金，安全性很高，相对比较稳健。但毕竟自己的资金相对有限，裂变扩张需要投入大量资金和资源，因此扩张速度很慢。

（2）股权融资模式。

1）企业层面股权融资。企业层面股权融资是指企业通过释放股权引入资本从而获取大量资金，以融得的资金进行门店复制扩张。永辉超市和良品铺子经历了较长时期内涵式的发展后，就进入了股权融资发展的阶段。永辉超市上市后连续三年在资本市场上进行大量融资，支撑企业快速开设门店，从而快速占领市场，成为相关领域龙头企业。良品铺子在2010年吸引今日资本投资获得近5000万元宝贵的资金，开启了快速开店之路并逐渐占领市场，如今发展成为零食领域细分寡头，并且于2020年3月成功上市，前景广阔。

2）门店层面股权合资。连锁企业，尤其是连锁服务类、零售类企业，都是以门店对外展示和销售产品、服务的。企业总部层面通常包括中后台管理，为门店输出财务、人事、供应链、客服等服务。门店面向消费者，是直接带来收入的场所。门店的裂变需要门店主要管理人员及外部投资者的参与。门店层面股权合资是指企业在开拓新店时，企业与外部投资者或内部员工合资开设新店，从而达到企业快速扩张的目的。如知名餐饮企业西贝，于2015年推出门店合伙人机制，每家门店由公司和员工共同出资成立，其中公司总部占股60%，员工占股40%。通过门店股权合资，西贝快速复制扩张。截至2019年年底，公司拥有367家门店，成为餐饮业中的一支重要力量。

## 2. 加盟商连锁

企业采取加盟连锁扩张有三种模式：全托管加盟模式、联营加盟模式及传统加盟模式。

（1）全托管加盟模式。全托管加盟本质上是一种典型的财务投资模式。这种加盟模式将经营权与所有权分离，经营权归企业，所有权归加盟商，加盟商不参与经营及管理，不承担库存的风险。如知名服装企业海澜之家，其利用加盟商的资金租店，利用供应商的生产资源生产产品（只预付一部分款），自己输出经营管理及结算平台。海澜之家模式从当前来看是非常成功的，能够成功的最重要因素在于，企业的经营管理平台及销售能力能够快速将产品销售出去，供应商和加盟商长期在与海澜之家的合作中获得巨大的财富收益，因此这样的模式被供应商和加盟商认可。海澜之家通过这种模式达到了快速扩张的目的，业绩大幅增长。截至2019年6月30日，海澜之家门店总数达7740家，直营店比例为3%，加盟店比例为97%。很多企业因为平台的经营管理能力不够强大，无法套用海澜之家的模式。

（2）联营加盟模式。联营加盟是指联营的货品不需要加盟商买断，到期卖不完可以退回，企业会定期为门店配货补货，所以加盟商不需要花钱压货。另外，对于加盟商而言，联营不需要花高额的加盟费购买品牌授权，只要交一定金额的货品押金和合同保证金就可以了，能够大大降低投资成本。加盟商除了不需要承担商品库存，其他方面的运营和管理都有一定的自主性。如香港知名服装企业G2000，就是以联营加盟模式，在大陆寻找合作者，快速铺开，占领了一线及众多二三线城市。

（3）传统加盟模式。传统加盟就是加盟商给企业加盟费从而购买品牌授权，然后开店卖企业的货，加盟商自负盈亏。企业和加盟商双方都必须签订加盟合约，以通过事业获利为共同的合作目标；加盟商总部可因不同的加盟性质而向各加盟主收取加盟金、保证金以及权利金等。这种模式对加盟商自身要求很高，在加盟模式发展的初级阶段，它对加盟事业的发展起到巨大的作用，现阶段连锁企业扩张几乎已经不采用这种模式了。

总而言之，我们认为，如果一个连锁企业想要快速裂变扩张，可以根据企业自身情况，从五种模式中选择一种进行运作：直营现金模式、直营企业股权融资模式、直营门店层面股权合资模式、全托管加盟模式和联营加盟模式。若连锁企业未来不上市，则上述五种模式均可运用；若连锁企业未来想上市，则为了使企业股权清晰，直营门店层面股权合资模式需慎用。

## 问78　如何以股权为纽带进行资源整合？

在当今激烈的竞争环境中，企业单靠自身的力量，是很难发展起来的，甚至可以说生存下来都很难。很多人在寻求志同道合的人，一起开拓一番事业；很多规模不一的企业，也在找寻合作伙伴，希望双方资源整合，优势互补，实现双方或者多方更快、更好的发展。

来到我们课堂的很多企业家，除了一部分是单纯为了学习内部员工激励方法的，很大一部分希望学习用股权进行资源整合的方法，以及在用股权进行资源整合的时候，防范未知的风险。未谋进先谋退，这样进行资源整合，才能做到万无一失。

用股权进行资源整合的主要方式有以下几种：

（1）向下区域性合作。全国性的销售企业和经销商针对某个区域或者产品成立合资公司，所有的销售都从这个平台出去，不仅便于和经销商有业务上的往来，也为经销商设立了一个平台担保公司，如华为、格力等。这种合作属于向下区域性合作，相对风险比较小，失败了只是小范围区域内的失败，不会对全局产生太大的影响。这种方式的优点在于主导合作的企业，能够通过渠道、人才等资源，将产品和服务快速延伸到全国甚至全球各地；参与合作的经销商拥有相对较高的自主决策权，自由度较大。缺点在于网络较广、较深，主导合作的企业管理经销商的难度较大，需要企业有强大的中后台管理能力；参与合资的经销商难以获得上级企业更大的财富回报。

（2）横向平行上的合作。就是主体企业跟上下游合作方合资打造一个新公司，大家在这个共有的平台上合作，甚至像百丽一样把这个新的平台打造成上市主体。2002年，百丽的邓氏家族和经销商合资成立了一家公司，把这些经销商的业务全部装进了这家公司。通过这种操作，百丽等于实际上收购了它的下游渠道商，完全掌控了这些优质的经销商资源和它们背后的零售终端资源。通过这种整合，百丽完成了沿着产业链纵向一体化的布局，将产品的研发、设计、生产、分销和零售终端完全掌控在自己的手中，直接的效果就是销售规模和利润空间得到了明显的提升。

（3）直接持有主体企业的股份。经销商和供应商可以根据销量，直接拿到主体企业股份，这种股份一般是虚拟股，比如期权。销量越好，持有企业的股份就越多，这样一来，经销商、供应商和主体企业之间就建立了一种比交易更加牢靠的合作关系。泸州老窖就是运用这种模式很好地绑定了经销商，从而实现业绩飙升、股价飞涨。

泸州老窖实施的第一次股权激励不是面向核心团队和高管的，而是经销商的。当时泸州老窖已经上市，但业绩一直难以突破，股价表现不佳。在推行股权激励前，泸州老窖的股价基本上为6元左右。泸州老窖按照经销商的采购量，每年折算一定的期权给它们，连续给了三年。最开始的时候第一批期权只要5.8元/股。

对经销商来说，这个期权的意义是什么呢？就是差价，而且不用立刻拿着现金去购买股权。等到需要行权的时候，泸州老窖的股价涨到了10元/股、20元/股的时候，经销商还可以按照5.8元/股的价格购买，免去了很多风险。到了股价20元/股的时候，经销商把股权卖了，每股净赚20元减去5.8元的差价。所以从这个角度讲，期权的本质就是为经销商保留了认购价。通过数年的激励，最终泸州老窖股价涨到多高呢？——从两年前的5.8元/股涨到了78元/股。高达近15倍的涨幅取决于什么呢？核心是业绩。业绩取决于市场，市场取决于经销商的销售和推广力度，经销商推的力度越大，酒就卖得越好。经销商每卖一瓶酒，营业额上升，利润上升，股价就高了。股价高了后，反过来又激励更多的经销商去卖，这样既赚了酒的钱，又赚了股票的钱，最后全国的经销商都疯狂地推销泸州老窖。

这三种跟上下游的合作及资源整合方式，定位和功能各不相同，各有利弊，有其自己的适用场景。到底是选择第一种只保持区域上的合作，还是第二种打造一个新的平台，抑或直接让供应商和经销商拿到主体企业的股份，要看企业的业务类型、发展阶段，还要评估一下经销商和供应商，尽可能地把股权价值放大，并避免日后股权上的纠纷。

相对而言，第一种方式比较保险，对主体企业的结构影响小。开展这种合作的前提是区域市场容量较大，企业与渠道等资源方的合作，能为后者带来可观的回报。它适用于企业处于发展成熟期，企业层面的合作缺乏想象空间，需要在分（子）公司板块进行合资，以强化区域销售能力的情形。第二种方式会带来更大的梦想，适合在初期就确立走IPO路线的情形，而且企业的管理制度要相对比较完善，否则在合资过程中会造成巨大的潜在风险。第三种方式，如果主体企业未来打算挂牌上市的话，经销商和供应商只管做好供应、经营和销售，做得越好，拿到的股份越多，企业在上市之后溢价空间越大，股权价值的回报和收益就会越大，这样就避免了企业、供应商和经销商之间的博弈。此类整合，要避免股东结构的瑕疵，也就是要避免有过多的关联方持有企业股权，将来给IPO带来不必要的麻烦。

从我们多年的实践经验来看，除了这三种单一的方式，还可以组合运用这些方式。如未上市但具有上市前景的企业，一方面可以在分（子）公司与渠道等资源方进行区域性合作，以增强企业整体实力；另一方面约定在企业准备上市时，在分（子）公司持股的合作方，可以根据持股以来的业绩贡献等获得拟上市公司层面的股权，进而将这些资源方更牢固地绑定在企业发展的轨道上。

无论采用何种方式，企业一定要掌握主动权。企业与资源方合作，尤其是在企业平台合作，企业的原股东一方面要积极吸纳新股东进入企业的管理决策机构，另一方面要防止他们逐步扩大股权比例，控制企业。

经销商有个最大的心理障碍，就是代理的品牌不是自有的，把孩子养大，结果被人家给抱走了，因而会产生巨大的忧虑，不利于整合力量，实现1+1 > 2。如果我们用股权的纽带把上下游捆绑在一起，下游经销商是品牌方的股东之一，在与企业合作的过程中，既能获得产品的差价收入，又有通过持有企业股权获得增值收益甚至资本溢价收益的可能，对于上下游和企业自身的发展都是非常有好处的。

所以企业一方面要做好内部员工的股权激励，另一方面还要通过股权把供应商、经销商绑定在一起，实现资源整合。目前在社会经济运行中，不再是单个企业之间的竞争，而是整个产业链都参与竞争。如果你的供应链体系、营销体系相比同行具有明显的优势，你的格局和高度亦会远超同行，你的竞争力就会非常强大。

# 第四篇
## 实施精进篇

# 法律规范

## 问79  员工入股出资、分红、纳税如何操作?

凡是涉及股权的事,都是大事,考虑不周,可能造成公司利益受损、人才流失,甚至伤及公司原股东的控制权;股权的事又是细致的事情,从方案的设计、向员工的宣传、出资、股东会的召开到年度的分红等一系列事宜,都需要操作规范、不留瑕疵。"千里之堤溃于蚁穴",一个小疏漏,就会让股权激励效果大打折扣,甚至给公司带来麻烦。

这里,我们就要讲讲公司原股东和将要入股的员工都很关心的话题:员工入股出资、分红、纳税如何操作?

在前面的介绍中,我们对员工入股的股权性质做了区分,即分虚拟股与实股。因此,这个问题要分为两个层面,一个是虚拟股的出资、分红和纳税的操作,另一个是实股的出资、分红及纳税的操作。

### 1. 虚拟股的出资、分红及纳税的处理方式

虚拟股是我们对员工进行股权激励时最常碰到的情形。我们在帮助企业推行虚拟股时,企业家和员工都会问:保证金怎么出?在财务上怎么处理?分红的节奏是怎么样的?分红是激励对象自己纳税还是公司代扣代缴?税率是

多少？

（1）出资方式。虚拟股是以保证金形式出资的，通常是以公司估值的一定折扣给到激励对象。出资的方式通常有激励对象以自有资金出资、向公司借款、向大股东个人借款、以分红抵扣等方式。从实践来看，激励对象以自有资金缴纳保证金效果最佳，因为从自己口袋拿出真金白银，激励对象在意程度最高，为了让所出的资金能够获得比较高的回报，激励对象会有动力和压力提升公司的业绩。如果是借钱，则要签好借款凭证，并且约定利率和支付方式，这样激励对象会有还款的紧迫感。从借款的主体上看，大股东个人借款比公司借款有利，因为公司借款如果造成纠纷可能影响公司业务开展。而为了让激励对象能够承受出资压力，我们在内部估值时基本已经考虑到位，自然不必再对公司内部估值进行打折。激励对象如果压力实在过大，则可以允许其先认购获授额度的一部分，并且为其保留其他年度认购的资格；以分红抵扣是基于激励对象原本薪资较低且公司非常急于推行激励计划并留住人才的考虑，一般不宜采用。

（2）财务处理方式。虚拟股出资在财务处理上类同于奖金的处理方式。

虚拟股出资有两种处理方式，一种方式是列支为其他应付款，视同公司向员工借款，因为最终兑现时是要将虚拟股入股保证金退给激励对象的。用这种处理方式，财务部门收到购买股权的款项后做如下会计处理：

借：现金（银行存款）

贷：其他应付款

这是相对比较规范的方式，经得起税务部门的核查。

另一种方式就是进入公司提供的私人账户，由公司统一保管，相当于虚拟股入股保证金锁定在该私人账户，不受公司经营的丝毫影响，以确保未来激励对象兑现时退还给他。就我们具体的操作经验来看，很多员工担心资金交给公司财务部门后，会被用到公司经营中，有可能有去无回，所以希望他们出的保证金能够放在专门的账户里。

（3）虚拟股分红的操作方式。我们根据缴纳企业所得税前后发放虚拟股分红的不同，将虚拟股分红分为两类。第一类是税前分红，这种方式类似于发放员工奖金，列支管理费用序列，财务部门在支付分红收益时的会计处理如下：

借：管理费用

　　贷：现金（银行存款）

在我们的项目实践中，也有少数企业希望虚拟股分红在税后进行，这就是第二类方式。如果虚拟股分红在税后进行，则虚拟股股东享受的是与实股股东同等的分红方式。该种分红方式就类似于股东利润分配，资金的流向是公司先给实股股东分红并同时缴纳个人所得税，然后实股股东将其缴纳个人所得税后的分红转让一部分给虚拟股股东。

（4）虚拟股纳税的操作方式。对于在税前分配的虚拟股分红，纳税方式和奖金发放的方式一致，即按照3%～45%的累进税率缴纳个人所得税，虚拟股分红可以平分到十二个月中，以降低纳税数额。

如虚拟股分红在缴纳企业所得税后进行，则其分红发放前已经由实股股东按照20%的个人所得税进行了纳税，所以虚拟股股东分红发放时不用再缴纳其他税款。

这里需要特别指出，针对股权激励计划实行后，须待一定服务年限或者达到规定业绩条件方可行权的，公司等待期内会计上计算确认的相关成本费用，不得在对应年度计算缴纳企业所得税时扣除。

## 2. 实股的出资、分红及纳税的处理方式

在引入核心高管时，或者员工虚拟股转实股时，都会涉及实股激励问题。实股的出资、分红和纳税与虚拟股的常见做法是不同的。由于实股在《公司法》、公司章程等中，被较多地提及，相对而言，出资、分红及纳税处理方式都是非常明确的。

（1）实股出资。实股出资应以公司估值为基础。原股东与员工私下的实股转让，存在很大的风险，未来进行工商变更时，可能被税务、工商部门追究责任，导致转让无效。

员工入股可以按照认缴或一次性缴纳的方式进行，具体操作可按照入股前原股东的出资方式而定。员工入股出资，一部分会增加公司的注册资本，溢价的部分进入资本公积。

（2）实股分红。实股分红为税后分红，即公司收入扣除成本及所有管理费用、利息、企业所得税之后净利润的分配，而不能如虚拟股一样，采用税前分红。

员工成为实股股东后，就可以按照公司章程的约定，在公司盈利的前提下获得分红。如果员工只是小股东，公司盈利但连续五年及以上不分红，则小股东可以要求大股东分红。协商不成，小股东可以通过起诉的方式要求公司分红。

拥有实股的股东可以按照不同的持股比例享受分红，具体要以公司的章程为准。

（3）实股的纳税操作。在非公众公司的情况下，股东获得分红及股权转让获得增值收益时，都要按照20%的税率缴纳个人所得税。

在公众公司情况下，员工股东持有公司股票不足一个月的，分红的个人所得税额按100%计；满一个月且不满一年的，分红的个人所得税额减半征收；满一年的，免征个人所得税。个人转让上市公司或非上市公众公司的限售股，须对增值部分缴纳20%的个人所得税；个人从公开市场上购买股票时，不用纳税。

## 问80　虚拟股操作的合法性和风险性体现在哪些方面？

虚拟股模式是相对于工商注册股而言的，我们将工商注册的股权称为实股，未工商注册的股权称为虚拟股。虚拟股是公司授予激励对象虚拟股权，激励对象可以据此享受一定数量股权的分红权和升值收益，但没有所有权和表决权，不能转让和出售，在离开公司时股权自动失效。虚拟股是公司内部进行股权激励时常常采用的方式。

虚拟股通过让激励对象分享公司剩余索取权,将他们的长期收益与公司效益挂钩。虚拟股激励对象实现既定目标后,公司支付给激励对象对应的股权收益,主要为分红收益和股权增值收益。这种方式实质上不涉及公司股权所有权的授予,一个周期一般在3～5年,可以理解为实股股权的预备队,先以少量出资享受实股股东的分红、增值收益,未来根据激励对象表现决定是否继续给予虚拟股激励,表现优秀可以转为实股,表现不合格就收回虚拟股,取消激励。

我国目前没有关于虚拟股的立法和政策,不过如果与公司签署了相关协议,就受《合同法》保护,因而虚拟股是合法的。

虚拟股激励模式的优点在于:

(1)不影响公司股权结构。虚拟股实质上是一种享有公司分红权或经营带来的增值权的凭证,除此之外,不享有其他权利,比如公司股权所有权、固定资产增值权等,因而虚拟股的发放不影响公司的股本结构和总资本。

(2)虚拟股适用于公司内部激励。虚拟股激励对象通过自身的努力去经营管理公司,提升公司盈利水平,进而获得更多的分红收益和增值收益。公司的业绩越好,其收益越多,因而能有效调动激励对象的工作积极性;同时,虚拟股激励模式不需要工商变更,适用于绝大多数非上市公司,简便易操作。

(3)虚拟股激励具有一定的约束作用。实股股权除非公司章程另有约定,通常采用的是同股同权模式,变更起来比较烦琐。虚拟股获得分红或增值收益的前提就是实现公司业绩目标,因而比起实股,它能有效防止激励对象"躺在股权上睡大觉"的现象发生。

虚拟股激励模式的缺点在于:

(1)削减了公司利润。虚拟股分红收益及增值收益的发放,是走管理费用序列的,因而会削减公司利润、影响公司的现金流,导致公司的现金支付压力较大,毕竟并不是所有公司都能保证持续的高增长和高利润的。

(2)容易导致短期行为。虚拟股毕竟有时间周期,虚拟股股权激励周期一般都在五年及以内。比如,干股分红长则1～3年,短则季度、月度分红;期股长则五年、短则三年。如果方案设计和引导不当,容易导致激励对象过分关注公司的短期利益,出现短视行为。

（3）激励对象会觉得是变相福利。虚拟股激励由于不涉及股权结构的调整，又是现金性的权益激励，如果激励不当，就会变成纯粹的业绩奖金，失去了股权激励的特点，会让员工觉得是"换个方式发奖金"，或者"公司额外给的福利"，也难以让员工产生较强的归属感，无法起到"绑定员工"的作用。

（4）如何考核虚拟股激励对象是个挑战。鉴于虚拟股现金结算的激励模式，因此保证激励效果的同时需要保证公司自身的收益。实施虚拟股激励的公司需要考虑的重要问题就是，如何实现经营者报酬与其业绩挂钩。

总的来讲，虚拟股是一个激励对象"从员工到股东"过渡的工具，主要是为了逐渐培养员工的股东思维和股东意识。在实际操作中，虚拟股运行一两个周期之后，通常会对接转实股的方案，从而让员工成为真正的股东，真正绑定员工，共同打造事业平台。

## 问81　股权代持的相关风险和注意事项有哪些？

股权代持的法律风险主要来源于实际出资人（隐名股东）与工商登记的股东（代持股人或显名股东）不一致。

隐名股东虽然向公司实际履行了出资义务，但股权却未登记在其名下，其在法律上不能当然地被认定为公司股东。隐名股东可能面临的法律风险主要包括以下几类。

### 1. 股权代持协议的法律效力被否定的风险

《关于适用〈中华人民共和国公司法〉若干问题的规定（三）（以下简称）》《公司法司法解释（三）》）在原则上认可了股权代持协议的法律效力，但认为股权代持协议当然有效则是一种误解，因其仅仅明确了股权代持协议的合法地位，但并未明确实际投资者的合法股东地位；明确了依照股权代持协议保护实际投资者的投资权益，但对于实际投资者能否享有股东权益问题，仍然规定要严格按照《公司法》的规定执行。

在实践中，股权代持协议如果违反《合同法》第五十二条规定的情形，则股权代持协议将被依法认定无效：

1）公务人员违反《中华人民共和国公务员法》等有关规定，以股权代持的形式经商的；

2）外商为规避外资准入政策，通过与境内企业或个人签订股权代持协议，以隐名股东身份投资于外商投资企业法律和政策禁止或限制外商进入的行业的；

3）隐名股东规避我国法律的禁止性规定，以显名股东名义对目标公司进行投资的。

风险防范措施：

可能影响股权代持协议法律效力的主要是《合同法》第五十二条中提到的"以合法形式掩盖非法目的"。尽管股权代持协议本身并不为法律或行政法规所禁止，但可能因为其目的的非法性而被认定属于"以合法形式掩盖非法目的"的行为，从而被认定为无效法律行为。

在股权代持协议架构之下，该法律风险无法得到有效规避。因此，可以考虑采用下述交易结构规避该法律风险：投资者 A 将其投资资金借贷给 B，由 B 投资于 A 拟投资的公司 C，形成 B 对 C 的股权。之后，A 和 B 签署债务清偿协议，约定以 B 对 C 的股权未来所产生的全部收益在扣除 B 的成本以及 A 承诺支付给 B 的相应报酬后，全部支付给 A，以清偿 B 对 A 的债务。为保障 B 的债务的履行，B 可以委托 A 行使股权并将其对 C 持有的部分股权质押给 A 并履行必要的股权质押登记手续。

## 2. 显名股东恶意侵害隐名股东权益的风险

在一般的股权代持关系中，实际出资人隐于幕后，显名股东接受隐名股东委托，在台前代为行使股东权利。面对各种诱惑，显名股东很可能违反股权代持协议之约定，侵害隐名股东利益，其主要情形包括：

1）显名股东不向隐名股东转交投资收益；

2）显名股东滥用股东权利（重大决策事项未经协商）；

3）显名股东擅自处置股权（转让、质押），等等。

风险防范措施：

此类风险来源于显名股东，因此其防范应着眼于显名股东。具体防范措施包括：

（1）明确股东权利的行使方式。显名股东是名义股东，股东权利只能以他的名义来行使。因此，隐名股东要控制公司，必须约定好股东权利行使方式，比如行使表决权、分红权、增资优先权等必须通过隐名股东同意，显名股东必须按照隐名股东的意愿行使股东权利等。

必要时，甚至可以要求显名股东将某些股东权利的行使不可撤销地委托给隐名股东、其职员或其信任的第三人，并且提前出具行使股东权利的必要手续。这样的约定可以有效保障隐名股东对公司的控制权。

（2）排除显名股东的财产权。这样做的目的是防止显名股东行使其名下股权的财产权，侵害隐名股东的财产权益。当显名股东出现意外死亡、离婚等情况时，其代持的股权不是他的个人财产，因而也就不能作为遗产或共同财产进行分割。这样就确保了实际出资人的财产所有权。

（3）签订股权代持协议时约定高额违约责任并予以公证。由于显名股东在法律上被认定为标的公司的股东，如果其蓄意实施侵犯隐名股东利益的行为，隐名股东往往难以完全及时有效地制止该行为。

因此，最好在签署股权代持协议时就对显名股东损害隐名股东利益的情况明确约定违约责任。

约定严格的违约责任，会对显名股东起到威慑作用，增加其违反股权代持协议、侵害隐名股东利益的成本，使其违约行为得不偿失，从而减少其实施侵害隐名股东利益的行为的可能性。

### 3. 隐名股东难以确立股东身份、无法主张权益的风险

虽然《公司法司法解释（三）》第二十五条原则上肯定了股权代持协议的

法律效力，但投资权益并不等同于股东权益，投资权益只能向名义股东（代持人）主张，而不能直接向隐名股东主张，存在一定的局限性。

隐名股东如果想从幕后走到台前，成为法律认可的股东，光凭一纸代持协议是不够的。根据司法解释，必须经过公司半数以上股东同意，实际出资人方可向法院请求公司变更股东、签发出资证明书、记载于股东名册、记载于公司章程并办理登记手续。之后，隐名股东才能够成为显名股东并向公司主张股东权利。

风险防范措施：

为防范此类风险的产生，隐名股东应当将股权代持协议向公司和其他股东予以披露，并且争取要求其他股东（须过半数）提前出具同意显名股东向隐名股东"转让"股权的声明和放弃优先购买权。

## 4. 显名股东的债权人针对显名股东股权强制执行的风险

在股权代持结构之下，股份登记在显名股东名下，其在法律上将被视为显名股东的财产。

如果有第三人（主要是显名股东的债权人）获得针对显名股东的法院生效判决，该第三人极可能提出针对代持股份的执行请求。在这种情形下，隐名股东能否以其系实际出资人为由对抗该第三人的执行请求（提出执行异议）在法律上没有明确规定，因而存在极大的法律风险。

风险防范措施：

在法律上，显名股东是其代持的股权的权利人，代持股份被视为显名股东的财产。如果法院判决显名股东对第三人承担履行债务的义务，而显名股东又无其他财产可供执行，该第三人极可能提出针对代持股份的执行请求。

对此，建议可以考虑采取下列措施，防范代持股份被强制执行的风险：

1）通过信托的方式实现股份代持；

2）在股份代持协议中明确排除显名股东针对股份享有的财产权利；

3）要求受托人将其名义上持有的代持股份以委托人为质权人设定质权，质押给委托人。

# 操作规程

## 问82 股权激励操作不当会有哪些风险？

股权激励发挥什么样的作用，因人而异。股权激励若方案设计适合、操作得当，则会发挥无穷的推动力，助力企业的业绩发展；但若操作不当，也会引起很多风险。风险主要有以下几类。

### 1. 顶层设计缺失：存在股权结构风险

对一个企业来讲，如果缺乏顶层设计、股权结构不合理，这个企业一定无法长久发展。

在进行股权激励时，有的企业家认为自己企业的信任基础非常好，可以直接给予实股激励。同时也正因为自认为企业信任基础好，高管、核心员工们应该都愿意入股，因而觉得自己企业的股权激励操作起来应该很简单，于是就根据激励对象的重要性把股权给大家分一分，核心的3~5名高管采用自然人持股模式，殊不知这种模式容易给日后的经营发展带来很大的隐患。大的如引入投资者、登陆资本市场，小的如办理工商变更手续、贷款手续等，都需要所有股东签字，过程中万一有股东不同意，则增加管理难度，影响企业发展。

还有很多企业家认为"我的企业还很小，人也不多，股权激励简单搞搞就行了"，没有顶层设计的理念，结果第一批人入股后，第二批人入股时价格不知道怎么确定了；头几年虚拟股释放太多，到后面转实股时没法操作了；激励对象因为前后持股比例、持股模式、出资方式等方面的落差不买账了，严重影响人心与士气。

因而在股权激励设计时，一定要站在全局角度和长远发展角度，自上而下顶层设计，自下而上分批实施。

## 2. 选错激励工具："金手铐"也会生锈不灵

很多企业家一说到股权激励，就想要给员工实股，在他看来，实股是最有价值的，要拿最有价值的股权模式跟最优秀的核心骨干一起分享。这份乐于分享的大爱之心固然难得，然而员工是否买账呢？

现实中常见的情况是："我喜欢香蕉，可是你给了我一车苹果，然后你说你自己被感动了，问我为什么不感动，我无言以对。然后你告诉全世界，你花光了所有的钱，给我买了一车苹果，可是我却没有一点点感动，我一定是一个铁石心肠的人！我的人品肯定是有问题的！"

在股权激励中也是如此，老板真心实意要跟大家分享，然而却容易让员工产生误会，比如，老板是不是想要"套"我的钱进来？老板是不是想要退休，把企业"甩"给我们不管了？别的企业股权激励还有免费送的，老板为何要让我们出钱？……种种疑惑或质疑接踵而来。

因而股权激励一开始的工作，是与拟激励对象沟通访谈，了解其实际需求，了解其对股权激励的期待，到底是倾向于"香蕉"还是"苹果"，抑或是"橙子"；同时结合股权激励模式的特点、企业的特点，最终选择与员工和企业均匹配的股权激励模式。这样的激励模式才是适合的，否则只会适得其反。有些时候，股权激励如果不到位，效果等于没激励甚至引发负面的效果。

另外，还需要注意的是，所有的"金手铐"都是有其适用情境和有效期的，过了一定阶段就会失去作用，需要根据企业的发展对股权激励方案进行不断升级，在不同阶段使用不同的激励方案。

### 3. 公平公正性缺失：不患寡而患不均，易引发新的矛盾

无论用何种衡量方法，在企业推行股权激励时，每个人的激励数量定会有所不同。俗话说："不患寡而患不均。"激励数量的差异可能让部分激励对象质疑企业的公正性，同时激励对象间互相比较、心生不满，易导致内部矛盾，不利于企业发展。因此，企业实施股权激励，在股权激励的标准和规则方面，一定要秉着公平公正原则并公开宣讲，这样大家会有清晰的标准，也会有努力的方向和目标。但对给予每个人的股权数量应采取一定的保密制度。

与此同时，股权激励的"仪式感"也很重要，因为这同样具有精神激励作用。在股权激励实施宣讲中，要详细说明入股的标准和规则。在激励推行过程中，仍然要不断营造公平公正的氛围，如定期召开内部股东会议，参会的人既有创始人，也有股权激励对象，这样参会的激励对象会感受到公平公正，而且他们会逐步增强自己股东的感觉，从而起到较强的精神激励作用。

### 4. 约束机制缺失：容易催生懒人

有些企业给了员工股权之后，没有相应的约束机制和规定，或者约束机制过于简单，反而催生了一些懒人，出现少数人"躺在股权上睡大觉"的现象。因此，在选择激励对象及日后兑现激励收益的方式时，都需有要相对健全的考核机制进行考评。

一方面，企业发展需要一批"定海神针"，需要一批忠诚度高的优秀高管和核心骨干。股权激励机制要识别出这些人，将珍贵的股权分给他们，而不是分给纯粹的机会主义者。另一方面，在经过一定时间段的经营后，企业的成果已经出来，此时就要根据提前约定的条款，结合考核机制兑现承诺，优秀者方能获得股权收益，表现不合格的激励对象则不能享受股权收益甚至须退出股权激励名单。

### 5. 退出机制缺失：导致股权纠纷

在股权激励的导入中，有些错误是不能犯的，一旦犯下，后患无穷，退出机制的设定便是如此。有的企业在引入核心高管、研发总监等核心人才时，往往通过股权的方式引进，但股权退出条款没有约定清楚，结果激励对象离职后不退股，或者在退股价格上纠扯不清，等等。我们在现实案例中遇到很多存在这种情况的企业，导致企业在处理这些问题上耗费太多精力，错失做大做强的机会。

在股权激励方案的设计过程中，要遵循"先小人后君子"的原则，在入股的时候就要想好退股时如何退，相当于在结婚的时候就谈好离婚条件，双方都知道底线在哪里，这样反而有利于双方合作发展。企业要和员工签订股权激励协议，协议上需要明确三个方面的重要内容，其一是企业有回购的权力，其二是约定好退出的回购价格，其三是各种不同情形下的退出按照何种方式处理，而且一定要尽可能全面详尽。

## 问83　股权激励是否要公开？

在进行股权激励的时候，很多企业家多少会有点犹豫，他们主要纠结于进行股权激励后财务要不要公开，员工股数要不要公开，向哪些人公开，公开到什么程度，万一激励对象把公司机密泄露出去了，公司的竞争力如何避免受损。他们的担心不无道理。公司经营起来，在市场上取得一定地位，很不容易，公司的某些核心制度被竞争对手知道后，就有可能被盗用或破坏，公司受损就不可避免。那么，公司实施股权激励是不是就得"偷偷摸摸"地干呢？或者干脆就不实施股权激励了？如果这样思考，就本末倒置、主次不分了。股权激励要实施，要让激励对象明明白白地加入，就要求在公开的方式上有一定的艺术性。

## 1. 财务是否需要公开，怎么公开

对很多老板来说，他们关心的是财务公开可能导致员工知道公司的重要信息后，尤其是员工离职后做出对公司不利的事情。核心的敏感问题归结起来主要有：①员工了解公司盈利情况后，知道公司赚了多少钱，心里可能不平衡或者不甘心，认为老板赚得太多，分给自己的却很少；②公司公布原材料成本、加价空间，员工会泄露这些信息，尤其是泄露给供应商或者经销商；③在公司财务还不规范的情况下，如果让员工知道公司的财务情况，员工万一举报公司财务不规范（包括但不限于偷税漏税），就会给公司招来灾祸。

对于这几个疑虑，我们在实践中都会遇到，我们的建议是：

1）公司的经营情况肯定要向员工公开，特别是向纳入激励范围的员工公开。因为股权激励要想被员工接受、取得成效，就要让员工对老板、对公司充分信任。如果员工都不知道公司发展情况怎么样，信任从何而来呢？所以公司经营情况一定要公开，至于是公开销售额还是利润，是公开毛利润还是内部管理利润，或者是净利润，则可以根据公司的实际情况进行决策，具体可参考学习本书其他内容。

2）规则公开，个量保密。股权激励作为公司的一项重要制度，它的规则和运行机制应该为参与者所知晓，否则人们会质疑制度的公平性，造成即便员工都入股了，也不能实现激励的目的。但是激励对象激励的个量最好能够做到保密。俗话说："不患寡而患不均。"很多时候，人们喜欢跟自己身边的人比较，比房子、比车子、比奖金、比收入……虽然这种比较根本没有意义，反而会给自己平添烦恼。这里举个例子。

情景一：王总是技术副总，是公司的技术一把手，掌握着公司的核心技术工艺。鉴于他的重要性，公司授予他虚拟股10万股。王总左右一打听，公司其他人获授的虚拟股不是8万股就是6万股，便按捺不住心中狂喜，偷偷用手机打电话给老婆："亲爱的，晚上别做饭了，公司这次股权激励给我的股权在几个副总中是最多的，看来老板对我最重视。晚上咱们去江边最好的餐厅吃一顿，好好庆祝一下！"

情景二：技术副总王总获得公司虚拟股10万股，左右一打听，公司其他副总获授的虚拟股数量也是10万股，心头不免掠过一丝失望。快下班的时候，王总给老婆发了条短信："晚上别做饭了，公司给我们每个副总10万股的虚拟股，晚上咱们去家门口的那家川菜馆吃吧。"

情景三：技术副总王总获得公司虚拟股10万股，左右一打听，公司其他副总获授的虚拟股数量不是12万股就是15万股，最想不通的是快要退休的张总也获授了11万股。王总心中郁闷，一整天都感觉像压着一块石头，闷闷不乐的。下班到家，见到老婆就说，今天心情挺郁闷的，吃不下饭。老婆好说歹说，王总算是对付了一顿，但心中总闷闷不乐，几天都不见笑脸。

情景四：技术副总王总获得公司虚拟股10万股，左右一打听，其他工龄时间长、跟老板关系好的副总，都被授予了20万股。王总一听，肺都要气炸了，立马找老板理论，觉得老板亏待了他。理论产生不出王总想要的结果，他就强忍着怒气，在办公室憋了一整天。回到家，王总看到谁都横眉竖眼，没什么好脸色。继续在公司不开心地工作一个月后，王总遂向老板提出辞职。

同样数量的虚拟股，股权激励的收益也是一样的，在不同的情境下却给人造成了截然不同的感受。我们可以看出，如果股权激励操作不科学，即使规则公平公正，也难免会有一部分激励对象产生攀比之心，最后感激没有了，抱怨反而增加，工作动力没有了，人心也散了。因此，公司在推行股权激励时，一定要强调规则的一致性：对任何激励对象，都是照章办事。但不免有的员工会觉得老板给好处时故意扣了点或者厚此薄彼，那么就要通过文化宣导将员工引导到正确的股权认知上面：股权是在原有的工资奖金基础上额外的一块收益，股权收益跟原有的工资奖金收益相比已非常可观；公司的盈利是大家共同创造的，不是某一个人单独创造的，所以公司的盈利是根据所有人的付出相对公平地与大家进行分享的。

3）有些公司数十年来一直追求业绩上的增长，内部管理相对不够完善，财务不规范的问题较为普遍。针对这种情况，一方面，在选择激励对象的时候要慎重，要选忠诚度高、有正向思维的员工作为激励对象，正言、正行、正思维；另一方面，要以管理财务的口径对员工进行激励，既让员工放心，也对公司起到保护作用。从国家的整体趋势来看，公司要逐步加强财务管理水平，规范纳税、规范治理，这样才能立足于市场之中。

## 2. 公开后要有什么样的预防措施

为了避免推行股权激励后，激励对象给公司带来不必要的麻烦，公司在股权激励方案设计过程中，一定要将保密条款、退出机制设置好，要求激励对象签署股权激励事项保密承诺书。在任职期间及竞业禁止期内，激励对象受保密承诺书的约束，若违反承诺须承担经济赔偿责任及可能的刑事责任；对保密有特殊要求的公司，可以在退出机制中设计相应的退出条款，比如延期支付部分股权收益等，以要求激励对象离职后依然对公司重要信息保密。这些条款的设计不是为了束缚激励对象的手脚，只是为了防止极少数人的不正当行为给公司及其他激励对象的利益造成损失。

## 3. 对员工可以公开什么

一般来说，要公开股权激励入股的标准和分配的原则，即达到什么条件（职级、业绩表现、年限等）方可入股。要明确向激励对象和希望成为激励对象的员工说明，只要达到激励的标准，就可以进入激励对象的范围；只要表现优异，就可以获得股权增授。

股权激励是一门技术，也是一种艺术，专业的第三方有其一定的价值：设定科学的激励规则，把握公开的适当程度，进而实现公司与员工的双赢。

## 问84　股权激励应该自上而下还是自下而上？

有的公司可能不会遇到这个问题，因为这些公司就是单体公司，没有母子公司层级关系，甚至连公司—事业部的结构都没有，但不乏其他公司会涉及。已经是母子公司结构的公司在股权激励操作过程中会有这样的困惑：是母公司先实施，做好了再推子公司实施，还是先在一两个子公司试点，试点取得成功后推向其他子公司，最后应用到母公司？或者母子公司整体设计，系统推进？

在业务上从不畏难的企业家们，往往在制度建设上偏于保守，不敢大刀阔斧地改革。反映在股权激励的推进顺序上，会存在这样的情况：企业家觉得公司整体推行股权激励太复杂了，万一做得不好，会把公司做坏了；分（子）公司是业绩的动力源泉，更需要激励，而且在分（子）公司层面推进，即使做得不理想，问题也不大。因此他们觉得还是先在一个子公司或者一个小门店搞一下比较好。

其实，这里提的自上而下和自下而上，并不是简单的股权激励推行顺序，我们应该从更深层次来分析：自上而下是一种思考的方式，自下而上是一种行动的方式，也就是说，股权激励的方案一定要自上而下整体设计，自下而上分步实施。

## 1. 自上而下整体设计

推行公司股权激励如写文章一样，落笔之前就要有系统、全局的谋划，之后奋笔疾书，一气呵成。自上而下整体设计是指在设计股权激励方案时，通盘考虑公司的长远战略、总体布局及未来发展方向，系统设计方案。对于发展方向：公司未来是准备上市，还是选择被并购，或者像华为那样一直靠自己的利润滚动发展？对于公司接班：公司走家族传承道路，还是交由经理人打理？对于激励本身：公司的核心人才有哪些？激励要做到哪些层面？股权激励的形式如何设定？这些都要充分考虑到。

自上而下整体设计，设计的是公司整体未来发展的方向和路径，是股权激励发挥作用的前提与基石。如果股权激励的方向出问题，结果可想而知，要么激励没有发挥理想效果，要么产生负面效果且覆水难收。自上而下设计还是股权激励的升华，因为有了大方向，公司才能对各板块的发展做出综合判断和布局，发挥各板块的协同作用，股权激励的价值才能被创造出来，未来的想象空间才会非常大。

如果不按照自上而下的思路思考问题、设计规划，股权激励的瓶颈会非常突出。假设某个公司在A板块推行股权激励，激励对象主要是中高管团队及部分核心骨干。为了体现老板的大格局，为了对大家有吸引力，能够顺利推进股权激励，A板块拿出的激励比例或者股权收益可能非常高，条件也很宽松。等到第二年，老板猛然发现再对A板块其他人员进行激励，股权不够分了，或者能给出的股权数根本没有什么激励性。而且此时B板块也在快速发展中，亟须留住人才。从公司的角度讲，B的激励力度要在A的基础上进行调整，但是只要推进B板块的股权激励，就会自然出现这种情况：如果收益水平低于A板块同级别人员的收益，B板块没人愿意入股了。而且，如果没有梳理清楚战略方向，没有高远的目标和清晰的规划，仅就当前的资源、人才、资金看待公司的发展，激励对象的眼光就会局限在当下，股权的价值就很难被挖掘出来，股权激励的效果也就很难放大。再者，没有自上而下的思考，公司的股权激励将缺乏长远性，只对当前人员和历史功臣进行股权奖励和分配，没有给未来的人才留足激励空间，公司持续发展会缺乏动力。

所以在设计股权激励方案时，一定要从总体进行布局和规划。未来公司是走资本市场之路还是其他路，公司通过整合资源发展还是只靠自己不断积累？公司的基础业务、发展业务及机会业务何在？各板块如何平衡？公司与各板块如何联动？这些问题如能得到妥善解决，就能确保公司激励方向正确，也容易发挥激励的预期作用。

## 2. 自下而上分步实施

方案整体设计好之后，考虑到各板块的发展阶段的差异、发展特点的不同和员工对股权激励的接受程度的高低，可以分步骤实施。

（1）从成熟的业务开始导入。刚起步的业务，需要的是志同道合的合伙人，这类人员是可遇不可求的。绝大多数人属于"先看见后相信"，为此，公司挑选成熟的业务来推行股权激励，形成标杆后向全公司推广，较为合适。主要是因为，成熟业务的人员，一般有部分是跟随公司创始人很长时间的老功臣，大家的忠诚度比较高，另外，成熟业务的利润较为稳定。

从成熟业务入手，取得激励对象的认可后，可以逐步向初创业务及创新业务推开。

（2）从"人合"型板块开始。公司有的板块倾向于"资合"型，有的板块倾向于"人合"型。股权激励的目的是激发员工的积极性，推动公司业绩增长和可持续发展，因此股权激励要选择"人合"型更明显的业务板块。如果公司有投资型子公司及连锁型子公司，则连锁型子公司更适合先推行。

（3）试点后逐步推开。有的公司在发展多年后，规模很大，但员工出现疲态。这时，比较合理的做法是，先在少数板块推行，取得经验后，再逐步推广开来，这样更有利于发挥股权激励的作用。

总体而言，我们建议，公司推行股权激励的时候，要分步进行，即便在某一子公司内部实施时也要遵循分步实施的原则，第一批由最核心的高管和骨干参与，第二批、第三批陆续引入其他重要骨干，以确保实施效果。分步实施的目的就是实施一个成功一个，确保股权激励给员工带来正向的结果。如果有的子公司或门店还不足够成熟，那么可以放在第二批、第三批推行。俗话说"好饭不怕晚"，太急于冒进，反而欲速则不达。

而且，不要一股脑地全部实施，因为有的子公司（包括子公司负责人和子公司员工）看好公司，有的子公司（包括子公司负责人和子公司员工）不看好公司，如果齐头并进，势必有的股权激励成功、有的股权激励失败，反而降低了股权激励的效果和价值。应从公司各板块中挑选发展情况比较好、员工对公司有信心、对股权接受程度高的先实施。

股权激励在首次推出后，第一批激励对象拿到了股权收益，股权价值不断提升，产生了标杆和表率作用，后续其他板块再继续跟进，可减少沟通成本，无须过多动员，就可以事半功倍。

## 问85　股权激励实施大会注意事项有哪些？

很多客户在初次接触我们时，对股权激励方案怎么设计、制度怎么落地，是没有概念的。他们往往重视怎么选人、如何设计科学的方案，但到了大家交钱入股的时候，客户觉得双方签个协议就行了。其实不然。如果前面的工作都做得很好，只是在收尾时没有做到出彩，激励对象没有感受到成为股东后的荣誉、身份上的差异，虽然不会造成前功尽弃，但也会让激励效果打折扣。

我们从多年的经验中总结得出：股权激励的实施是一项综合而复杂的工程，需要完成如下"五个一"：一套科学的方案、一群靠谱的人、一场隆重的仪式、一个完善的治理结构和一套动态的调整机制。

（1）一套科学的方案。每个企业都有独特之处，因此，每个股权激励方案都需要结合企业的特点制定，要讲究科学性、唯一性。这就意味着每个企业的股权激励方案要经过深度调研、咨询，借助专业知识精心设计。

（2）一群靠谱的人。企业选择的股权激励对象，首先应是忠于企业的人，愿意为企业的发展尽心尽责；其次是企业中的奋斗型员工而非劳务型员工。

（3）一场隆重的仪式。企业领导人要以一种郑重的方式将稀缺的股权发放给激励对象，使激励对象将股权授予仪式作为自己正式成为企业股东的里程碑，愿与企业同呼吸共命运。

（4）一个完善的治理结构。企业要拥有股东会、董事会、总经理三层结构，并且下辖战略委员会、审计委员会、激励提名委员会、薪酬与考核委员会，设立股权激励专员岗位，从而为股权激励方案实施的效果保驾护航，甚至为企业上市打下坚实的基础。

（5）一套动态的调整机制。在动态的商业环境下，股权激励方案在实施时要具有随时可调整的弹性，即方案细节、机构层级、人员配置等都能随着企业的战略升级与激励对象的变化进行相应的调整，以保证方案的有效实施并成为企业资本化运作的助力。

在这"五个一"中，股权激励的实施大会（一场隆重的仪式）属于股权激励阶段性收尾的工作内容，意义十分重大。

股权激励的工具是股权，对于企业来说是一种稀缺资源。物以稀为贵，股权作为一个企业最稀缺的资源，在授予时应予以强调，这样可以体现激励对象作为企业股东精挑细选的核心人员的价值。股权在授予时，最好有相应的授予形式，营造出隆重的仪式感，从而凸显股权激励方案的战略高度、企业大股东对此的重视程度。股权在授予后，企业需要做好积极的引导工作，如定期召开内部股东大会，讨论表决一些日常事项等，在潜移默化中强调员工身份转变到股东的责任感、使命感。

具体到操作层面，我们在为企业辅导股权激励项目中形成了独到且规范的体系，这里简单介绍一下我们通常采用的模式及举行实施大会时的重点。

整个方案的实施过程包括宣讲演示、落地实施。其中宣讲演示是项目推动的开始和铺垫，通常可以在内容的客观表达和演讲者的语言调动下，提高方案的知情度和认可度，让企业主放心、员工安心、项目顺心，为股权激励项目的顺利实施和达到理想效果打下基础。

企业主放心是建立在宣讲者将企业理念传达到位，调动员工参与意愿，强调企业重视股权激励的基础上的。员工安心源自宣讲者生动形象地塑造股权价值，强化企业股权激励理念，打消员工顾虑，促使员工普遍接受股权激励。项目顺心体现在咨询团队把控方案推进的效率，为以后更好地实施方案做铺垫，为方案路演打造良好的开端。宣讲演示后的落地实施以召开股权激励大会的形式，是项目意义的彰显与升华。

（1）会场布置要与企业的气质相符合。通常而言，营销型企业的股权激励实施大会都会办得颇为隆重，会场颜色鲜艳，气氛浓烈，以点燃激励对象梦想并将激励对象的奋斗精神充分激发出来；朴实型的企业，会场布置可以延续企业的传统，强调股权稀缺性、方案实施的正规性和严肃性，宣传股权激励价值。

（2）甄选数位善言的激励对象代表发表感言。激励对象代表的感受对其他激励对象的触动是很大的。激励对象代表在实施大会上讲话，能够激发自己及激励对象对股东身份的认同感和荣誉感，能够很好地提升激励效果。同时，召开这样的大会，能让激励对象更加坚信激励的价值，也为其他员工树立榜样，刺激这部分员工不断努力，早日成为新的激励对象。

（3）要再次强调激励的目的与意义。如果企业聘请了专业的第三方，则在实施大会上，要邀请第三方以演讲的方式，强调股权激励的财富性、优惠性及稀缺性，向大家展望企业的未来与企业梦想的蓝图。"外来的和尚好念经。"专业第三方的参与，可以向激励对象传递企业的公平公正，有助于大家更有信心地往前冲。

（4）拍照留念意义重大。在实施大会上，每个人的发言都应被录像记录下来，协议签订时也要通过拍照留住那个瞬间。

股权激励是一种管理手段，因此，我们一定要拿捏好它的科学性与艺术性。行百里路半九十。企业将全部的股权激励准备工作都做好，再来一场隆重的实施大会，会给股权激励画下阶段性完美的句号。

## 问86　如何召开内部股东会？

股东会是公司最高权力机关，公司最重要、最根本的事项都是由股东会决定的，例如，选举董事监事、修改公司章程、分配利润、增资减资、合并分立、解散清算等。股东会的召开应当遵循《公司法》及公司章程的规定，否则股东会的决议便存在法律瑕疵，有可能导致决议不成立或决议无效或决议可撤销。

进行员工股权激励之后，激励对象便成为内部股东，因为是从员工身份转变为内部股东，还不是真正意义上的股东，因而内部股东会更为重要。

### 1. 内部股东会召开的目的

首先，召开股东会主要是为了交流探讨公司的经营发展大计并对重要的相关事项进行决策。因而，在发出召开内部股东会通知时，就要明确会议主题和会议议程，并且告知需要哪些人现场发言，让其事先做好准备，以此来培养激励对象的股东意识和股东思维。其次，内部股东会还有一个重要作用，就是加强股东间的情感交流，让大家真正拧成一股绳。很多公司实施了股权激励之后，激励对象纷纷表示没什么感觉，就是多了一个分红或者增值的收益机会而已，这样就没有达到股权激励的初衷了。所以，要通过内部股东会的形式，大家分享一下做了内部股东之后思想上的变化，有何感受、有何改变，后续计划怎么做得更好等，逐渐强化其股东的感觉，也加强彼此间的了解。平时大家忙于工作，没有时间交流，内部股东会就是给大家提供一个交流的机会，无论是个人思想上的变化、还是经营管理上的问题，都可以充分沟通，从而真正打破隔阂，同心协力共谋发展。

## 2. 参加内部股东会的人员

如果激励对象不多时，如20～30人，可以全员参加内部股东会。如果激励对象众多，尤其是超过50人时，可在激励对象中选出股东代表参加公司内部股东会。选股东代表时，可以按照管理板块条线，如研发部代表、生产部代表、销售部代表、职能部门代表等；也可以按照管理层级，如高管代表、中层管理者代表、核心骨干代表等。

## 3. 内部股东会召开的时间和地点

通常，股东大会包括定期股东大会和临时股东大会。定期股东大会一般为年度股东大会、半年度股东大会等。临时股东大会通常是由于发生了涉及公司及股东利益的重大事项，无法等到年度股东大会召开而临时召集的股东会议。

对于以激励对象为主要参加人员的内部股东会，也要定期召开。在刚开始实施股权激励的一两年，内部股东会召开频率要稍高一些，可以每季度召开一次，以强化激励对象的股东意识和股东思维。若有重大事项时，可以召开临时股东会。

内部股东会可以在公司会议室召开，也可以选择酒店会议室，以加强仪式感。

### 4. 内部股东会会议议程

常规股东大会的内容有：审查董事会、监事会的年度工作报告、审查公司的年度财务预算、决算报告，审查分红方案，以及其他股东大会的常规事项，如选举董事、变更公司章程、讨论增加或者减少公司资本等。

内部股东会由于参会的多数是虚拟股股东，因而会议主要以告知为主，激励对象对于重大事项并无决策权，这也是虚拟股设立的初衷。为了防止"众口难调"、增加决策难度，虚拟股股东只分享收益权，没有表决权，由创始人股东行使表决权，内部股东有参政议政的参与感。

参会人员以激励对象为主的内部股东会，在公司发展规划、公司经营情况、后续工作重点等方面要着重介绍。毕竟很多激励对象对公司的发展情况并不是特别了解，借此机会可统一思想，加深理解，进一步明确公司的发展方向。以下会议议程可供参考：

- 股东意识、股东行为表彰与分享；
- 季度/年度公司经营业绩汇报；
- 季度/年度重点经营指标完成情况汇报；
- 公司季度/年度目标阶段性完成情况汇报；
- 各位股东发言，献计献策；
- 总经理/董事长总结发言，明确方向、提出要求。

## 问87 如何让激励对象更有股东的感觉？

很多激励对象入股之后好像没有明显的感觉，无非是觉得自己多了一个分享公司福利的机会，然而这并不是公司进行股权激励的初衷。那么，如何让激励对象更有股东的感觉，打造公司的股东文化呢？

## 1. 定期召开股东会，提升激励对象参与感

在实施股权激励后要定期召开股东会，通过股东会宣讲公司的发展规划，展现公司的美好愿景，引导其将自身工作与公司远景建立起更紧密的联系。毕竟未入股时，公司发展的好坏跟大家关系不是特别大，但是入股之后，公司的利润多少直接关乎员工的分红收益，公司发展情况的好坏直接关系到员工股权价值的提升。

同时，通过公司经营情况的分享，可以让大家对公司的发展有清晰的理解和认识，有助于增强激励对象对公司的信心。未入股时，员工更多的是打工者心态，看到的大多是问题；入股之后，要逐步引导大家看到未来、看到方向、看到希望，并且积极寻找解决方案，久而久之，逐步形成股东思维。

## 2. 强化股东回报的理念，每年隆重召开股东分红大会

公司存在的首要目的就是盈利，股东出资的目的也是为了盈利。有盈利才有分享，没有盈利就没有分享，这是铁律。

股权激励的确给了员工一个参与分享公司收益的机会，但并不是公司的福利。一定要达到目标才能分享。所以在内部股东会上一定要强调目标的实现情况，让激励对象有压力感、紧迫感。对任何一个公司来讲，创始股东无时无刻不面临着外部市场的压力。要通过市场分析、竞争对手分析、公司目标实现进展分析、公司收益预测分析等，让激励对象感受到同样的压力，产生同样的紧迫感，这样他们才更有动力，从而有助于推动各板块持续精进、不断提升。

每年年底召开隆重的股东分红大会，可以让激励对象享受回报的喜悦，进一步强化他们的股东地位和感受。

## 3. 鼓励双向交流，鼓励激励对象积极发挥主观能动性

我们在咨询实践中，经常会在访谈中听到员工反馈各种各样的问题。当我们问到"如何解决这一问题"时，通常大家的回答都会五花八门，但基本上都

归责于其他部门或老板，很少有人从自身部门或从全局的角度提出解决方案。也正因如此，我们不难理解很多老板的苦衷，"我请你来是让你来给我解决问题的，不是让你来给我提意见的！"这就是老板和员工之间产生矛盾的一个重要根源。久而久之，公司就会变得只有一种声音，那就是老板的声音，然而这对公司的发展并不是完全有利的，毕竟一个人的力量是有限的，一群人的力量才是无穷的。

在实施股权激励后，激励对象向真实股东的身份又靠近了一点，因而鼓励通过内部股东会、交流会等方式让激励对象献计献策。当然，这里的献计献策并不是简单地提出问题，而是要带着解决建议和解决方案，如果可以，要有两套及以上的解决方案。提出问题很简单，"挑刺儿"也很容易，但解决问题并不那么简单。通过"带着解决方案提问题"的方式，能有效发挥激励对象的主观能动性，促进其设身处地地深入思考，既有助于提升其经营思维，又有助于推动公司发展。

## 4. 适当开展文化建设活动

除了股东会、内部交流会，还可以定期开展内部股东的团建活动或者头脑风暴，一方面可以增强团队凝聚力，另一方面也有助于激励对象发掘自身潜力。当然，这个要结合公司文化适度开展。

## 5. 赋予内部股东会一定的权力

在可控的前提下，对于内部股东会，可以根据公司情况，赋予其一定的权力，比如提名董事、监事的权力，对后续批次激励对象进行投票筛选的权力。尽管按照《公司法》规定，董事和监事的产生是由股东会或者股东大会选举产生的，但是股东会可以通过公司章程规定，将董事、监事的提名权授予内部股东会。

拥有对后续批次的激励对象进行投票筛选的权力，能体现内部股东的地位，并且有助于团队成员及文化、价值观的接替延续。

总之，激励对象的主人翁感，既要通过会议、仪式、活动，也要通过授予其一定的权力，让其有实实在在的感受，并且能发挥实实在在的股东作用。

## 问88　员工退股有哪些注意事项？

股权激励的核心问题之一是进入和退出机制的设定。股权激励的进入机制体现着公司对奋斗者及其给公司带来价值的能力的认可。而一旦该奋斗者退出公司，或者不再配得上"奋斗者"的称号时，就应该启动股权激励方案的退出机制。退出机制的关键因素包括退出时机和退出价格。

### 1. 股权激励的退出时机

一般而言，为了使公司能够永续经营，持续激励奋斗者，需要对在岗人员进行重点激励。所以，原则上员工离岗或者离开公司，股权就要收回，用于激励新的奋斗者。而且一部分不再符合岗位要求的、能力不再满足的、工作不再合格的员工，其股权也应当适时收回。当然对于少数特别忠诚且历史贡献巨大的员工，公司也可以适当考虑增加一些补充条款，如在公司服务满多少年（如十年）后，其股权可以保留并传承等。

常言道："未谋进，先谋退。"很多东西事先写在条款上总比未来出现纠纷再处理要来得强。股权激励的退出方式一般是最被员工所看重的，在设计方案时应当尽可能地表述详尽。

### 2. 股权激励的退出价格

总的来说，根据离岗离职的原因，股权退出时的价格也应该有差异。如果是员工个人原因，则需要有低价退出股权的约束。如果是客观原因或者公司原因，员工则可以享受以较高的价格退出股权的权力。

一个对员工具有吸引力的股权激励计划，必然包含员工退出时可以通过出售股权而套现获利。此时，员工出售股权究竟可以换来多少收益，直接涉及股权定价这一重要环节。

对于上市公司或在交易市场挂牌的公司，由于其面向公开市场和普通投资者，股价可以直接通过市场的客观评价而得以体现；同时，由于公开市场充分的流动性，使用股票进行套现也非常容易。

但是，对于非上市公司而言，由于公司本身的封闭性，无法通过资本市场对股价做出客观的评价。因此，非上市公司员工在退出股权激励计划时，如何合理确定退出价格，往往会成为一个复杂的问题。一般来说，确定股权激励退出价格，可以有以下几种方式参照：

（1）以公司的注册资金定价。假设公司注册资金是1000万元，员工持有1%的股权，创始人回购的价格就按照10万元来定。这是最简单的定价方式。《公司法》修改以后，注册资本改为认缴制了，所以按照公司的实缴资本作为定价基础更科学。最简单的方式就是按照公司的注册资金来定价。

（2）以退出股权激励时最近一次的财务报告上公司的净资产价格作为定价基础。无论是公司的注册资金，还是实缴注册资本，都不能与公司现在的实际价值画等号，因此以财务报告上公司净资产价格作为定价基础更公平。

（3）第三方机构对公司价值进行评估，以评估价作为定价基础。互联网公司、科技公司的有形资产很轻，还有大量的商誉、市场份额等无形资产，以净资产定价显然有一些局限性，所以评估公司价值作为股价基础最科学公允。但这种方式有一定的成本，很少有公司会为某个员工的退出做一个全方位的资产评估。当然，公司如果实施股权激励，定期进行公司评估，把结果公布给员工也是对员工有利的。

（4）以退出股权激励时最近一次的公司融资估值计算股价。如果有风险投资、私募股权投资机构对公司进行投资，那么它们的估值是有一定的意义的，不仅是对公司现在价值的确定，还包含对公司未来发展预期的溢价。

现在实施股权激励的很多是科技公司、互联网公司，股权激励的目的是调动内部人员的积极性，并且不断融资，走向上市。所以，融资估值对于这些公司是可行的。况且，如果没有融资进来，根本就没有公司的市场价格。

（5）约定一个固定的金额或者固定的价格。比如约定，三年内退出，按照1元/股定价，每超过一年，增加0.1元/股；或者约定，按照同期银行贷款利息的两倍作为股权增值。

以上确定股权退出价格的方式中，以净资产来定价对员工最不利，但评估成本最低；以融资估值定价对员工最有利，基本没有评估成本，但因为有未来预期的溢价，所以对创始人风险比较大；如果公司定期有第三方评估，从而确定配股和退股的价格相对比较公正，但成本也是最高的；事先约定固定价格和固定计算方式，价格比较确定，也没有评估成本，但相对于激励对象来说，增值的空间缺乏想象力。

所以，没有绝对优势的股权退出定价方式，各种定价方式也已经不再单一应用了。公司的创始人应该在了解公司和员工的基础上，根据不同的员工、不同的退出原因，打"组合拳"，综合应用。针对个例，可以适当加入一些变量和加权。

## 3. 股东大会弹劾机制

股权激励方案要见效，既要促进利益分配，推进物理上的变革，也要促进大家积极参与公司经营活动，让大家有更多的投入感和参与感，推进心理上的变革。

公司不妨实行年度股东大会的弹劾、复活机制，即表现不好的员工股东，第一次黄牌警告，第二次红牌退出。退出股权后如果表现优异，又可以复活，重新获得股东资格。如此一来，可以把公司打造成一个奋斗者的平台、梦想者的舞台。谁能获得股权，是由其态度和绩效决定的，股权激励体系是动态的、开放的。

# 股权博弈

## 问89　大股东不同意小股东转让股权怎么办？

在公司的发展中大股东起着至关重要的作用，因而大股东在公司的话语权相当有分量。大股东的绝对控制地位对于公司经营发展是非常有必要的，也是有助于公司发展的。在股权转让方面，经常会有这种情况：小股东要转让股权，但是大股东不同意，该怎么办呢？

这个问题对于股份有限公司来说比较简单，《公司法》第五章股份有限公司的股份发行和转让之第一百三十七条明确规定："股东持有的股份可以依法转让。"股份有限公司的股东转让股权是自由不受限制的，大股东无权阻止小股东转让股权。但对有限责任公司来说，就相对复杂一些。

在实际操作中经常会遇到这个问题，当有限责任公司小股东转让股权的时候，大股东因为公司发展、留人或者资金等各方面的原因会拒绝或阻止小股东股权的转让。那么大股东是否有权力阻止小股东的股权转让呢？存在着以下三种情形，处理方式各有差异。

### 1. 小股东股权对内转让

即小股东把股权转给公司内部其他股东。《公司法》第七十一条规定：

"有限责任公司的股东之间可以相互转让其全部或者部分股权。"中国的法律体系一般遵从"法无禁止即可为"的原则，《公司法》第七十一条没有明确股东之间转让股权是否需要其他股东同意，也就意味着在实际操作过程中可以无须其他股东同意。

这点从法理上也解释得通，因为股东之间的股权买卖，没有影响大股东的股权数量，对大股东的股权权益没有实质性影响，因而股东之间转让股权受法律保护。

但同时《公司法》第七十一条也规定"公司章程对股权转让另有规定的，从其规定"，即如果小股东在股权转让之前公司章程中已经额外约定了股权转让的限制性条款，例如"股东间股权转让须经其他股东半数同意"，则小股东的股权转让须经大股东同意。

## 2. 小股东股权对外转让

即小股东把股权转给公司原股东以外的其他人。《公司法》第七十一条明确规定："股东向股东以外的人转让股权，应当经其他股东过半数同意。股东应就其股权转让事项书面通知其他股东征求同意，其他股东自接到书面通知之日起满三十日未答复的，视为同意转让。其他股东半数以上不同意转让的，不同意的股东应当购买该转让的股权；不购买的，视为同意转让。"

如果小股东股权对外转让，则须经过其他股东半数同意，因而无法避开大股东。如果小股东对外转让股权故意避开大股东，在实际操作上也是不可行的，因为股权转让后要进行工商变更，工商局会要求出具股东会同意股权变更的决议，该决议大股东签字才能生效。如果大股东拒绝在股东会决议上签字，工商变更就无法实现。

如果大股东不同意转让，不在股东会决议上签字，也不购买小股东要转让的股权，则小股东只能到人民法院起诉，由法院根据《公司法》规定强制要求大股东签字。

### 3. 公司章程已有相关约定

公司章程中如果已经另行约定了股东退出或股权转让条款，小股东不满足股东退出或股权转让条款的要求，则小股东的股权不得转让。

由此可以看出，在不违背《公司法》的前提下，公司章程对维护原始股东的主体地位有着关键作用，充分利用好公司章程可以避免很多不必要的麻烦和纠纷。

## 问90　在股权激励过程中，如何解决母子公司的内耗问题？

这个问题其实是探讨公司在多个平台同时实施激励时，如何应对各平台存在的相互冲突。

公司达到一定规模，往往都在想方设法将公司做小，分成多个平台，形成上层母公司平台和下层子公司平台的关系。在推行整个公司的股权激励过程中，上下层平台之间难免会出现矛盾，如何解决存在的内耗，对于股权激励的成功非常重要。这里对于内耗问题和解决思路进行逐一的解析。

### 1. 子公司试点惹母公司眼红

人是喜欢比较的。员工一般会和公司的同事比较岗位的优劣、待遇的高低等。在推行股权激励的时候，出于谨慎、周全的考虑，通常先在某些子公司做试点。母公司的员工心里可能感觉到委屈，认为公司没有将他们与子公司的人员平等相待。因此，在母子公司工作衔接时，母公司人员会消极怠工，要不在子公司提出配合要求时，母公司人员借故不配合，要不母公司人员对子公司故意使绊，让子公司的各项事情进展不顺利。相反，只在母公司推行股权激励，则母公司人员会很高兴，但子公司人员没有动力做事，公司的政策难以很好地贯彻到子公司中，子公司人员也不会全力为公司目标而努力，造成公司整体发展受到不利影响。

　　针对这种矛盾，处理办法有三：第一，允许母公司和子公司人员流动，如果母公司人员羡慕子公司可以推行股权激励，可以向公司提出换岗，公司及子公司主要负责人同意，则可以换到子公司，根据股权激励方案参与其中。第二，明确告知母公司与子公司人员，虽然大家处在不同的平台，但实质上都在一家公司，应该同心协力为公司目标而努力工作。子公司推行股权激励是进行激励制度的摸索，子公司人员参与激励，有获得收益的可能，也有可能出现风险。第三，参与激励，是一定要出资的。子公司的适当估值和出资比例的科学设定，是非常重要的。当子公司人员以出资为前提参与子公司的股权激励试点时，母公司中部分人员就会因为没有出钱而感觉到平衡。

## 2. 同一平台下母公司与子公司人员的利益平衡

　　母公司与子公司同时推行股权激励，从表面看，各方利益有所平衡。但是，如果两类人员都在整个公司平台实施股权激励，则可能母公司人员认为子公司人员只负责其所在子公司部分的业绩，不适合在整体持股，而自己是针对母公司全面工作的，应该在整体层面享受激励。

　　子公司的人可能认为母公司人员基本都是做中后台辅助工作的，并不实际带来销售收入，也不愿意跟他们在同一个平台分享收益。

　　两类人员对另一方的"不满意"，反映在工作中，就是母公司人员配合不积极，子公司人员本位主义严重，不顾及公司整体规划。

　　出现这样的问题，我们要认真思考，公司是否可以将不同类型的人放在不同的平台进行激励。如确须在一个平台进行股权激励，我们要对两类激励对象做充分的宣导工作。首先，应让激励对象明白，大家的收益是和整个平台紧密挂钩的，不管是处于母公司还是子公司，归根结底都在为整个公司工作，工作的成效会反映在公司层面的业绩上；其次，在激励的分配方面，我们应尽可能做到公平公正，客观反映每类人员所做的贡献，同时，应该形成一套动态的股权激励机制，并非一次分配定终身，要让优秀的人获得越来越多的激励，让新达标的人员可以进入激励的行列。如此这般，激励就可以达到动态的平衡。另外，鉴于股权激励都是跟公司业绩和个人考核挂钩的，为了让母公司和子公司人员尽可能少地出现内耗，我们可以设定部门协作的指标，包括相关部门的满意度评价、跨部门的培训工作开展次数和效果等。

## 3. 不同平台下母公司与子公司人员的利益平衡

我们在股权激励项目中，根据"关者有其股"的原则，倡导母公司人员主要在母公司平台实施激励，子公司人员主要在子公司平台实施激励。不同类型人员在不同平台实施激励，能够让各自的努力较为充分地反映在平台取得的业绩成效或管理改善上面，"吃大锅饭""搭顺风车"情况减少。但是大家在不同平台，各自关心的问题不同，就很容易产生内耗。采取办法处理或减少内耗问题，很有必要。

（1）做好内部定价。当母公司是持股平台、子公司也是小平台的时候，母公司和子公司都要进行独立核算，母公司对子公司提供人事、财务、技术等服务，对整个公司算一种费用，对于母公司自身则是收入。此类母公司对子公司的辅助工作产生的成本费用属于内部交易。对于母公司，服务定价高，则自己的收入就高，核算出来的利润也相对高一些。而下面子公司的收益一方面取决于自己销售的产品、提供的服务取得的市场收入，另一方面取决于母公司提供的服务的定价高低。母公司的定价高，则子公司的费用就大，利润就低。为此，集团要设立一个定价委员会，委员会成员不纳入激励范围，以确保其定价的公正、合理。不能单靠老板，再英明的老板也难免不让一些员工有所怀疑。股权激励要和内部管理结合起来形成配套。

（2）要做到上下双层持股。特别是对于子公司持股人员，如果100%的股权收益都来自子公司，那么未来会变成诸侯割据，公司难以把控和调动资源。因此，在操作上，我们可以让子公司的人的股权60%～70%来自其所在的子公司，另30%～40%来自母公司的激励，也可以将激励股全部放在激励对象本人所在的子公司，但考核分成两个层面：60%～70%的收益和子公司的收益挂钩，30%～40%的收益和母公司挂钩，这样使得下面的人既考虑本平台的收益，也要兼顾整个公司的利益，正所谓效率优先，兼顾公平。在母公司平台的人员，激励的重点放在母公司，但可以建立跟投机制，让母公司的核心人员参与子公司的跟投，促进公司上下形成合力。

此外，母公司和子公司之间的内耗问题，还可以通过如下方法解决：①以增量为基础进行方案设计，争取相对公平。各平台存量价值的大小与股权激励收益无关，未来母公司和子公司的股权激励收益要看未来创造的增量价值，以显相对公平。②竞聘上岗。再合理公平的定价，员工都可能会质疑和找漏洞，这时候要机制先设，竞聘上岗。有能力的人来挑战目标，竞聘上岗。③要掌握核心资源。员工考虑的都是本部门的利益，只有老板才会全局考虑。老板要找好一个或几个得力帮手，在总部持股，并且统筹整个集团的资源。这样几个机制放在一起，进行匹配，可减少内耗。

不同的公司，可以从上述介绍的方法中找到适合自己的加以运用。在设计方案时，公司就要考虑到这些潜在的问题，不可等到问题真的出现了再去解决。

## 问91　有人在获得股权后躺在股权上睡大觉怎么办？

我们接触的企业家大体可以分为两类：一类是目光聚焦近期和中期，认为股权激励重点是将股权合理地分配给公司管理层与核心骨干，制定好考核指标，大家根据考核指标的实现情况享受收益就好了；另一类是目光看得比较长远，认为将股权分配下去、绩效考核匹配到位还不够，一定要想到股权的动态调整和退出安排。从专业辅导机构的视角来看，我们认为第二类的思考是更为可取的。那么，如何让股权激励成为一种动态的机制？直白点说，就是公司推行股权激励之后，有的人表现一直很好，有的人躺在股权上睡大觉，针对这种情况，怎么办？

每个实施股权激励的公司，都希望通过认可与激励当前公司内部的奋斗者，让奋斗者持续保持奋斗状态，更加积极主动地工作，甚至创造性地工作，以推动公司业绩或其他目标得以实现。但是，股权激励是一柄双刃剑，对员工的影响存在两面性：①员工持有公司股份，为了让自己手中的股权升值，获得更多的分红，会怀着主人翁意识，以强烈的使命感来推动公司的发展。②老板把股权激励当作利益分配，在某一个时间，根据员工过去的贡献确定激励对象，把股权一次性全部分配完，那些股权就固定在这些员工身上。激励对象持有公司的股份，股权收益每年都有，做多做少没区别，收益金额远高于工资，出现躺在股权上睡大觉的倾向。激励对象可能觉得没必要累死累活地工作，于是开始混日子。躺在股权上睡大觉，本质上是一种"搭便车"行为，表现为已经获得股权的激励对象，丧失了获得激励之前的主动性、积极性，工作能拖就拖、责任能推则推，不再奋斗。这种现象的存在，一方面对公司业绩进一步提升产生巨大的负面影响，因为激励对象往往都是公司全局的掌控者或某个板块的主力，他们奋斗动力的丧失，会造成公司运转的失灵，进而带来公司业绩的停滞不前或逐步下滑。另一方面，激励对象躺在股权上睡大觉，是对其他奋斗者的不公平。一个人躺在股权上睡大觉，如果获得的收益与其他奋斗者的收益没有什么差异，那么，对于仍在奋斗的员工，是一种很大的伤害。公司中就会形成"劣币驱逐良币"的现象，奋斗者中一部分人看到自己奋斗了还不如不奋斗，或者奋斗与不奋斗无异，就会慢慢懈怠下来，就会在公司内部形成一种比差的现象。此外，未来成长起来或者新来的优秀人才没有得到股权激励，这种不公平待遇会导致人才流失。

躺在股权上睡大觉的危害如此之大，因此，当公司出现这种不良现象时，就必须加以纠正。

（1）要坚决根据原先制定的股权激励方案来做调整和完善。如果前期在股权激励方案中，激励对象的持股数量和收益跟其绩效表现挂钩，则可以根据制度，在该员工绩效表现出现问题的当年，将股权对应的收益打折或者取消。情况严重或者连续两年及以上发生不思进取、表现不佳的，可以收回部分或全部股权。对于持股后不再奋斗的员工，可以考虑对其职位进行调整，进而对其股权进行调整。

（2）要完善股权动态调整办法。对于前期在股权激励方案中没有清晰约定变动规则的，应召开股东大会或虚拟股东大会，增加变动规则。或者直接由大会决定减少表现懒散、负面影响较大的员工的持股数量或直接取消该类员工的股东身份。

股权激励不仅仅是对收益的分配，需要各位老板在一个时间段进行动态调整，既要进行激励，也要进行约束。

（3）避免一次分配到位。对于尚未推行股权激励的公司，这一点很重要。为了减少员工获得股权后躺在上面睡大觉的情况，公司在推行股权激励时应避免将股权一次性分配到位。首先，可将一部分股权根据员工的历史贡献和当前价值进行分配，另一部分股权根据未来大家的表现追加授予；其次，要约定激励落地后，每年或每季度，根据激励对象的表现追加或回购部分股权。

（4）确立标准。把股权激励做成一种长期的人才激励机制，而不是一次性的论功行赏。一方面要公开标准，让员工明确知道自己是否符合激励要求，以便符合要求的员工主动申请，而那些暂时不符合要求的员工，也可看到明确的目标，未来也有被激励的希望。另一方面要明确要求，被激励人员要长期保持奋斗状态，一旦个人表现不达标，则个人的股权可能被收回。如果公司整体表现不达标，则整个激励方案被中止。股权激励并不是激励所有人、让所有人都拿到股权，而是所有的人都有机会拿到股权，最终达到优秀者都能被激励的状态。

（5）当下和未来并重。一个公司既要激励那些有过历史贡献的老员工，也要激励和吸引未来的优秀人才。公司的发展离不开各种人才的持续创造和成长，因此，我们既要重视当下人员的激励，也要预留好未来人员的激励，保持公司发展的动力。

股权激励的主要目的是激发员工心中的"善"。要想真正发挥持续的激励作用，自然也要约束员工心中的"恶"，这样才能在公司中树立向优秀看齐的文化。当公司中没有害群之马，每个人都齐心协力往前冲的时候，公司的业绩就能得到提升。

# 问92 激励方案执行中存在"过度激励"该如何调整？

曾有学员听完我们的课程回公司自己推行方案，隔了两年又回到我们的课堂。客户有些自责地跟我们反馈：上次听了你们的课程，觉得方法很不错。我们考虑自己对公司更了解，推行激励方案应该不难。没承想，两年做下来，我们深感做得不好。有个别人，薪酬只有30万元，股权激励就能拿到60万元，一方面这些人只看激励报酬了，另一方面，激励的额度明显超过了这些人的能力和贡献。这次希望请你们到公司落地方案，彻底地优化机制。

面对这样的客户，我们既感到高兴，也感到忧心。高兴的是他们认可我们的专业性，信任我们的服务；忧心的是客户在公司推行的股权激励，一定程度上影响了公司的文化，重新推行，沟通和说服的工作变得很重。

在实际操作中，如果老板发现有过度激励的现象，该怎么调整？

首先要看过度激励的是类似于上文中客户说的个别人过度激励，还是整体激励额度过高。

对于个别人过度激励的情况，可以参照如下方式进行调整。

## 1. 通过沟通，让其自觉退出部分激励额度

过度激励在短时期内可能让被激励的人感到一种额外的获得，对公司产生感恩之情，因而在行动上更为积极主动；但从长期来看，其会成为众矢之的，压力过大。

建议在下一个激励窗口期之前，公司股权激励专员应与激励对象深度沟通，再次讲解公司激励的规则。第一，从公司整体的发展规划和激励对象公平感角度出发，指出其贡献度、岗位重要性与其激励额度之间有差距。第二，讲明"过度激励一个人，就意味着对其他人不公平"。其他人员可能没有明确表示不满，但都在一个公司，是否合理，大家是清楚的。为了公平、公正，应该做出调整。第三，建议其能主动退出一部分，这样显得其"无功不受禄""干多少，拿多少，绝不占公司便宜"的境界，公司可以在当期股价的基础上给予

一定的溢价，表示对其鼓励和嘉奖。

## 2. 提高激励对象的考核标准

在激励额度不好调整的情况下，为了公平起见，就要提高激励对象的岗位职责、工作要求和考核标准。当其激励额度和其岗位职责、工作要求和考核标准相匹配时，就不存在不公平的问题。如激励对象经过努力，能够在考核年度内完成调整后的考核要求，则可以继续保持原激励标准。

## 3. 给予改进匹配的机会，不能达到再收回

可以在内部股东会上，让每个人提出自己存在的问题，是否真正达到激励的要求，并且让大家对关联部门的激励对象提出满意点及改进意见。公司负责人根据每个人对自己的意见以及相关部门对该员工提出的意见，会同激励专员，找激励对象谈话，提出改进建议。如果在提醒、培训后，激励对象可以提升到与现有激励匹配的水平，那么过度激励就会变得适度。如果经过一段时间的考察后，激励对象仍达不到与激励匹配的能力、业绩要求，则应果断根据激励政策进行调整。

如果过度激励是普遍现象，则要慎重考虑。普遍的过度激励，是对公司现金流的侵蚀，对公司的长远发展不利，应该系统地调整优化，让激励对象感受到调整的合理性。系统调整，对公司的影响将非常大，操作不当，会失去激励对象对公司的信任。

## 4. 让激励对象了解公司真实情况

要以数据说话，让大家看到公司在实施股权激励后目标实现情况与给大家回报的对比，看到激励总成本与薪酬总成本的对比。公司业绩的增长，赶不上激励对象收入的增长，股权激励收益过度高于薪资收入，就会让公司承受过重的负担。除了让激励对象了解公司的真实情况，公司还要培养激励对象从长远发展的角度考虑问题，让激励对象同意在短期内把过度的激励适当下调，更多

的收益在未来体现，或者共同下降激励额度，留出来的部分用作引进外部人才等。另外，如果仅仅是激励的回报超过预料、过于明显地高于薪酬回报，则应加强目标制定的科学性，并且对个人考核进行完善，进而让真正表现优秀的激励对象获得应有的回报，而表现不佳者的回报被下降或清零。

## 5. 及时修改完善激励方案

在激励对象都了解公司的真实情况后，负责公司激励方案的专员要及时修订激励方案。很多公司制定的激励方案一开始并没有考虑过度激励、激励不足或公司出现突发情况等诸多情形，那么，在真的出现过度激励的情况后，要及时加以解决，在制度上查漏补缺，包括出现何种情况应调低短期回报比例、增加长期回报比例，在何种情况下增加或减少激励比例。另外，为了防止日后出现其他情况，公司股权激励管理机构应进行系统梳理，尽可能全面地把握未来可能出现的风险，在激励方案中统一进行修订完善，避免出现某种情况后，匆忙补救。

"专业的人做专业的事。"由于公司自身通常聚焦于业务开展上，并没有真正掌握股权激励体系建设的真谛，因此出现诸如过度激励的现象，基本属于在所难免。而专业的股权激励机构，因为有多家股权激励实战经验，同时进行了系统的总结，所以能够在设计方案之初就与公司主要管理人员进行深入沟通交流，充分把握公司未来可能遇到的风险，将动态性思想贯彻到方案中，确保公司在出现相关情况时有章可循地调整激励方案，把"不可预期"变成"已有准备"。因此，公司推行股权激励，最好的方式是邀请专业机构一同设计，辅导实施，发挥四两拨千斤的功效。

## 问93 如何处理员工离职后不愿意退股的情况？

对国内众多公司来说，股东既是出资人，又是公司的经营管理者，所以股东的身份背后，还藏着一个"职业人"的标签。随着公司的发展，有的股东

（通常是小股东）便要离开自己所在的岗位，提早"退休"，或者另谋发展，但是他离开岗位之后，股权依然在，依然享受着股权收益，是否应该让他退股呢？这向来是让众多老板头疼的问题，如果不退股，既出钱又出力的人依然在前线奋战，只出钱不出力的人白白享受经营成果，因为经营成果的取得，这个时候并主要是靠经营管理者的日夜奋战，其不退股对依然坚守奋斗的股东不公平。如果强制其退股，《公司法》并没有赋予其他股东这一权力。

《公司法》经过数次修订后加大了公司自治权，我们在《公司法》中可以看到这么一些话："……公司章程另有规定的除外。""公司章程另有规定的，从其规定。"这里的"另有规定的除外"，就是给予创始股东公司自治权。然而很多时候，正是这些可以自主约定的地方没有约定，分配制度不够公平合理，导致了许多公司分崩离析，合伙人你争我夺，上演三国演义、五侯争霸、夫妻反目、兄弟成仇等一幕幕狗血大戏。

创始股东尚且如此，因股权激励而成为股东的激励对象的离岗退出更需要提前约定清楚，要将"离岗"和"退股"结合起来，"离岗"了就须"退股"。

### 1. 实股股东的离职退股约定

对于自然人股东的离岗退股，可以通过公司章程进行约定，比如小股东离开公司，大股东或者其他股东有权以约定的价格收购其股权，经由股东会表决通过后，具有法律效力。还可以用合伙协议提前约定退股细则。

如果员工是在合伙企业持股的，由于合伙企业是基于《中华人民共和国合伙企业法》（以下简称《合伙企业法》）设立的，不受《公司法》约束，可根据全体合伙人签订的《合伙协议》或者《股权管理办法》等书面文件确定议事规则和处理办法，相对于有限公司而言，好办得多，也极少出现股权纠纷诉讼案例。只要提前把规则写清楚，让全体股东签字确认就具有法律效力。

在约定退出情况的同时，还应明确约定退出股份的价格如何确定、退出的股份由谁来接手、其他股东是否放弃优先认购权等细则。

## 2. 非实股股东的离职退股约定

对于非实股激励，可以由公司和激励对象提前签订协议约定。非实股激励，特别是虚拟股激励，可以有更灵活的约定，只要双方共同签字盖章，即可以产生法律效力。

同样，在约定退出情况的同时，还应明确约定退出股份的价格。一般退出的股权会放入股权池，作为对新人的激励股权的来源。

## 3. 上市公司股东离岗退股约定

上市公司推行股权激励计划的，公告的方案对每个激励对象都是有约束作用的，可以在解锁条件或者行权条件上直接规定员工必须在职、绩效考核结果合格才能解锁或者行权，也可以在方案公告"公司、激励对象发生变化时如何实施激励计划"一节写明：若激励对象离职，则取消授予激励对象的尚未解锁的限制性股票，由公司回购后注销。

## 4. 股东和激励对象做出违约承诺

上述规定，是需要激励对象配合的，比如实股股东离开公司转让股权，需要签订股权转让协议，进行工商变更；虚拟股股东离开公司，需要交还股权证书，公司退还其入股金或保证金。如果对方不予配合，会影响产权的过户以及相关手续的办理，产生纠纷。所以，为了避免出现这种情况，可以要求股东和激励对象签订相关的承诺函，做出违约赔偿的承诺。

# 方案精进

## 问94　兑现股权激励收益时，现金流不足怎么办？

古语有云："三军未动，粮草先行。"对于公司经营来讲，现金流就是公司运营的"粮草"，现金流管理水平直接关系着公司的存亡。很多公司的运营危机均缘于其现金流管理不善。很多公司破产并不是因为其不赚钱，而是因为资金链断裂、没有支付能力，最终被债务逼迫，只能廉价卖掉优质资产，直到破产。俗话说："一鸟在手胜过十鸟在林。"有些公司财务报表看起来营业收入增长很快，利润率也很高，但是一看净现金流量却是负的，如果其中大部分是经营活动导致的，说明公司销售赊销占很大比例，回款率低，现金流风险很大，那就要格外注意了。

对于股权激励来讲，现金流也非常重要。因为最终要将分红和增值收益兑现给大家，万一兑现收益时现金流不足怎么办呢？

### 1. 提前做好预测和规划

在问题已经发生的时候再去解决问题，其实是有点滞后了。要从根本上解决这个问题，需要在方案设计时就考虑到这个问题。

在设计股权激励方案时，一般要对公司未来3～5年的运营情况进行预测，但通常都是做增长预测，很少会做下跌预测。这就会导致方案整体上是基于一个比较乐观的发展情况的，但设计方案时也要考虑最差的情况。基于乐观发展的预测是为了让员工明确方向、树立信心；考虑到最差的情况则是为未来的兑现提前做好准备。

因而公司在设定股权激励时，一方面，每年的财务预算要与股权激励目标以及对应的现金流支持匹配；另一方面，需要提前测算好兑现时需要的现金流大概是多少，提前规划好并且根据预测情况确定兑现周期和兑现节奏，比如，锁定期三年，三年后每年兑现所持股权的1/3，等等。

## 2. 增发股权，回流部分现金

对于虚拟股来讲，如果在设计初期规划了现金流分配节奏，但依然不足以支撑股权收益的兑付，可以考虑增发股权，回流部分现金。

可以实施配股计划，对于已经授予股权的以及新晋的优秀员工进行绩效配股，获得现金，以支付到期股权；或者实施奖金转虚拟股计划，将需要发放的年度奖金，按照一定标准，提取一部分转化为股权，从而降低现金支付压力。

国内股权激励的标杆华为每年都会增发股权，当然华为的增发不是因为现金流紧张，但确实为公司带来了更多的现金。华为员工所持有的是虚拟股，而不是实股，只有分红权，没有投票权和所有权。所以华为可以随时根据需要进行调整。最近几年华为每年都会增发新的虚拟股用来奖励新的员工。比如，截至2017年年末，员工持股计划参与人数为80 818人，到了2018年年末，员工持股计划参与人数达到了96 768人，新增15 950人，增幅达到19.73%。

对于实股，当现金流不足时，可以规定公司有权回购但没有义务回购。如果公司要回购，公司可参考当年现金流确定回购总量，超出总量的可以递延到下一个窗口期。

## 3. 当出现特殊情况时做好内部沟通，递延发放

当出现特殊情况导致现金流紧张时，可以延期发放或分次发放。

比如，2020年发生的新冠肺炎疫情，导致很多公司现金流都受到严重影响，面临倒闭风险。这时要与员工充分沟通，介绍公司当下面临的困境，同时要持续强化公司的信任文化，号召大家众志成城，共渡难关。

## 4. 延长股权激励周期

有时公司现金流紧张是因为重大项目的投入或者进展发生较大变化，此时可以结合项目规划的周期，适当延长股权激励计划的激励周期，减轻公司现金流负担。

## 问95　由于特殊客观情况造成目标没达到怎么办？

在股权激励培训及项目咨询过程中，我们有时碰到企业家问：如果我们提前确定了下一年度的经营目标，万一在股权激励实施过程中，碰到政策环境变化等特殊情况，公司业绩目标无法达到，那么已经制定的业绩考核目标是否可以调整？

针对这样的问题，我们不能一概而论，应分别根据非上市公司和上市公司的不同，采取相应的办法。

## 1. 非上市公司业绩目标调整

我们在帮助非上市公司制定股权激励业绩目标时一般会参考三个维度：①上年公司业绩增速情况；②上年同行上市公司业绩增长情况；③当年国家经济GDP增长预计情况。公司应根据战略规划并结合这三个参考纬度最终确定自己的业绩指标。公司业绩指标设定好之后，在进行考核的时候会设定一个最低门槛，即只要达到设定的业绩目标值的一定比例，如85%～90%，就表示完成了任务。因此，通常情况下我们辅导的公司都超额实现业绩目标。但为了应对不可抗力的因素，我们会配合公司设定一个修正机制：授权董事会在年中

（6月）的时候对其业绩目标进行一次调整。所以，对于非上市公司来说，设定业绩目标是严肃的，一旦公司业绩目标确定了，正常情况下不可随意更改。若因国家政策或其他客观因素形成的行业黑天鹅事件，导致员工无论如何努力都无法实现公司业绩目标，董事会可以在一定范围内调整原先确定的公司业绩目标。这是对当年业绩目标不能如期实现的应对办法，而对于设定的三年、五年等中长期目标，公司应当结合当年目标实现情况，及时调整接下来几年的业绩目标。

## 2. 上市公司业绩目标调整

上市公司在制订股权激励计划时，需要遵守证监会颁布的相关法规。根据股权激励相关制度，上市公司董事会制订股权计划并报股东会审批通过后即可授予激励股份。从法规而言，上市公司若在激励周期内调整业绩目标，只需要经过股东会通过即可。根据我们研究的多家上市公司案例发现，除了温氏股份（300498），没有一家上市公司会去主动调整业绩目标。究其原因，很大可能是基于严肃性和激励效果的考量。在客观环境发生重大变动而导致业绩目标极有可能无法达到时，上市公司更多的做法是提前终止股权激励计划，回购员工股权。提前终止股权激励计划的理由是业绩目标难以实现，继续推行将无法达到股权激励人心、推动公司业绩增长的目标，而且在公司业绩表现不佳的情况下，公司股价可能大幅度波动下跌，就算激励人员可以兑现股权回报，实际的力度也将大不如预期。

温氏股份（300498）于2019年公布了激励方案变动公告。2019年7月26日，温氏股份（300498）发布公告，公司调整股权激励考核指标，原方案为：2019年度、2020年度较2017年度商品肉猪销售头数的增长率不低于30%和55%，即要达到2463万头和2936万头。受非洲猪瘟疫情影响，该指标的实现可能存在一定难度，公司将复权激励考核指标调整为"公司2019年度、2020年度营业总收入比2017年度营业总收入增长分别为210%和220%"，即营业收入分别要达到612亿元和668亿元。

2019年8月15日温氏股份2019年第二次临时股东大会决议公告显示，《关于修订首期限制性股票激励计划公司业绩考核指标的议案》表决结果：同意的823 673 553股，占出席本次股东大会有表决权股份总数的97.0232%；反对的25 095 245股，占出席本次股东大会有表决权股份总数的2.9561%；弃权的176 219股，占出席本次股东大会有表决权股份总数的0.0208%。股东大会同意温氏股份修改股权激励业绩考核指标。温氏股份修改公司业绩考核指标能够获得股东大会通过以及资本市场肯定的唯一原因就是2018年发生了非洲猪瘟，而非洲猪瘟是属于客观不可抗力的黑天鹅事件。

通过诸多案例研究，我们对股权激励业绩目标是否可以调整做如下总结：

1）非上市公司股权激励业绩目标原则上在设定后不做更改，但如遇到客观不可抗力的行业黑天鹅事件，董事会有权调整目标。设定多年目标的，除修改当年目标外，后续年份的目标应做同步修订。

2）上市公司股权激励业绩目标一旦设定原则上不做更改（极少数情况除外），若未实现，则提前终止股权激励计划，择机再做激励安排。

## 问96　一个激励周期走完后如何继续进行激励？

没有一家公司的激励方案设计会是一劳永逸的，因为市场环境瞬息万变，公司发展战略、策略和公司组织结构也会随着时间而变化，激励方案也需要做好匹配。也没有哪个企业家推行股权激励会浅尝辄止，做了三五年后就完全停止了。这样的激励是无法真正实现长期留人以促进公司持续发展的目的的，除非公司已经转手他人，原来的企业家无法做主，又或者公司已经无法在市场立足，就要关门了。

一般来说，股权激励方案都会有周期的概念。成熟型公司、传统类公司由于外部市场相对稳定及自身结构发展较为成熟，通常以5年为一个激励周期；初创公司、新经济类公司由于要面对不确定性高、业绩起伏大等情况，通常以

2～3年为一个激励周期。无论是以5年还是以2～3年为一个激励周期，公司的激励对象经历一个激励周期的洗礼后，各自的心态会发生变化，看问题的视角也会有所改变。此时，股权激励是否继续推行，如何推行，是企业家们要思考的问题。

从我们积累的数千家公司项目经验来看，一个激励周期结束后，一般有三种选择：继续推行原激励方案，修订原激励方案后推行，结束原激励方案并推行新激励方案。

## 1. 继续推行原激励方案

如果原激励方案推行时，员工参与意愿高，每年均如期实现了预定的各项目标，而且公司的业务结构、组织结构、人员结构没有发生重大变化，可以延续原有的激励方案。

公司由于推行激励方案，实现了业绩增长、持续发展的目标，激励对象由于获得了激励，股东身份得到认可，财富也有所增加，这是双赢的事情。如果公司及激励对象均认可该方案并愿意继续执行，则可以再推行一个周期，这个周期可以与原周期一样，也可以适当有所变化。

## 2. 修订原激励方案后推行

这是股权激励常遇到的情况。我们在一家山东的传统类公司股权激励项目中，就做了这样的安排。这家公司原先按照期股模式推行股权激励，激励周期为五年，激励对象在方案推行后三年内享受公司利润的分红权，满三年后享受激励股对应的增值权。股权激励推行后，公司的经营利润连年增长，效果非常明显。但是，当时为了快速推进、顺利落地，老板坚持在方案中设计：激励对象在兑现期股时，增值部分是兑现当期公司的内部股价和保证金出资额之间的差，而不是内部股价与初期股价之差。这样的设计，无疑是公司实股股东的利益让渡，激励对象得到了很大的实惠。在一个周期结束后，老板感受到兑现的负担远超过预期，激励对象集中兑现，公司要付出数百万元的资金，严重影响到公司的现金流。

这家公司老板对我们的高度专业性和丰富经验是非常认可的，因此，他希望继续启动第二个激励周期，但要在原激励方案基础上进行优化。于是，老板再一次聘请我们。针对方案实际出现的情况，我们一是对兑现增值收益的计算方式进行了优化，二是提出如果公司兑现成本过高影响到公司正常运转，在多数激励对象同意的情况下，可以将兑现时间段拉长，但公司按照同期银行的基准贷款利率向激励对象支付本要兑现的资金的利息。

还有一个我们操作的案例。在华东地区的一家连锁公司中，我们在初次与公司老板和核心员工沟通后，确定以期股模式实行首期股权激励。在公司老板和全体员工的共同努力下，经营成果喜人，超预期地达到了激励的业绩目标。但是，有一个技术性的问题摆在激励对象和老板面前：虽然每个考核期，公司达到了考核目标，绝大多数激励对象也完成了个人的指标，但是原先的期股分红和增值的计算方式较为复杂，老板和激励对象学历偏低且日常又全身心扑在经营上，没有精力研究激励的价值测算，因此，他们每次分红或兑现，都要请教我们。一个周期结束后，他们非常坚持要继续推行股权激励，但希望我们帮助他们简化计算方式。于是，我们继续配合他们做简化工作，以达到计算结果简单、激励效果明显的最佳状态。

我们所熟知的华为公司2000年至2013年推行的虚拟受限股制度，也经历了三次重要的修订：从可分四年兑现到须十年兑现，从没有锁定期到设定三年锁定期，从非饱和配股到饱和配股。

## 3. 结束原激励方案并推行新激励方案

当公司的内外部经营环境发生巨大的变化，或者组织结构不再适合推行原来的激励方案，抑或原来的激励方案出现无法修订的漏洞，则公司需要将原激励方案推倒重来。当然，即使重新来过，一个周期的激励实施下来，公司老板及参与人员已经积累了很多的经验，在第二周期激励的时候，可以作为基础。

华为在它的发展过程中，前后经历三次重大的股权激励制度改革。

### 1. 1990年：实股激励

1990年前后，华为采取股票激励计划，以1元/股的价格，把税后利润的15%作为红利向内部发行股票。这次华为的股权激励尝试是被市场竞争逼迫的。初创期的华为面临着扩大再生产和提高研发能力的双重需求。而无论是迅速占有更多的市场份额，还是通过提高投入增强自主研发能力，都需要大笔资金。当时国内主要的电信公司是巨龙、大唐、中兴和华为，只有华为是民营企业，融资非常困难。华为采取这种方式融资，一方面减少了公司现金流压力，另一方面增强了员工的归属感，稳住了创业团队。也就是在这个阶段，华为完成了"农村包围城市"的战略任务，1995年销售收入达到15亿元人民币，1998年将市场拓展到中国主要城市，2000年在瑞典首都斯德哥尔摩设立研发中心，海外市场销售额达到1亿美元。

### 2. 2000年：虚拟受限股

2000年，由于网络泡沫危机，华为在接受大量关于服务器、路由器等系统巨额订单的同时，还面临着老员工懈怠、核心员工出走问题。

为了解决资金和激励问题，华为再次进行调整，实施虚拟受限股。第一，新员工不再派发长期不变的1元/股的股票；第二，老员工的股票逐渐转化为期权；第三，以后员工从期权中获得收益的大头不再是固定的分红，而是期权所对应的公司净资产的增值部分。

期权比股票的方式更为合理。华为规定根据公司的评价体系，员工获得一定额度的期权，期权的行使期限为4年，每年兑现额度为1/4。假设某人在2001年获得100万股，当年股价为1元/股，其在2002年后逐年可选择4种方式行使期权：①兑现差价（假设2002年股价上升为2元/股，则可获利25万元）；②以1元/股的价格购买股票；③留到以后兑现；④放弃（什么都不做）。

### 3. 2013年：TUP计划

随着公司的发展，员工的出资对公司的影响已经较小，而且华为的外籍员工越来越多，他们无法参与虚拟受限股，于是从2013年起华为为外籍员工推出TUP（Time Unit Plan，时间单位计划），使外籍员工也可以分享利润，2014年起对国内员工推出。华为每年根据不同员工的岗位及级别、绩效，配送一定比例的期权。这种期权不需要花钱购买，周期一般是 5 年。获得当年没有分红，前三年每年分红1/3，第四年获得全部分红，最后一年获得股票增值，然后股票数额清零。

公司经营者一定要结合公司当时的特点和人才的需求，对股权激励加以灵活运用。当然需要把握的是，在没有遇到特殊情况时，股权激励方案不要简单地废止，以便持续保持员工的积极性和公司发展的稳定性。

## 问97  实股激励中激励对象的继承人要求继承股权怎么办？

很多企业家在推行股权激励时有这样的顾虑：现在的高管能力确实很强，跟我一起时间也很久了，对他们实施股权激励是非常应该的，但他们哪一天不在世的话，他们的继承人是不是要继承这部分股权？他们的继承人很难会跟我们的理念一致，股权如果被继承，会影响公司的经营。而且随着众多高管都离去，如果都由继承人继承股权，会导致公司股权极度分散，对公司的决策非常不利。这可如何是好？

我们首先看看法律层面是如何规定股权的继承权问题的。我国《公司法》只在有限责任公司章节部分规定股权继承，《公司法》第七十五条规定：自然人股东死亡后，其合法继承人可以继承股东资格；但是，公司章程另有规定的除外。在股份有限公司章节部分没有规定股份是否可继承。股份有限公司的股权可以继承吗？

有限公司具有人合性，所以《公司法》对有限责任公司股权继承做了特别规定，但是股份有限公司因为只具有资合性，并不存在股份继承的障碍问题。这也是我国《公司法》只在有限责任公司章节部分规定股权继承，而没有在股份有限公司章节部分规定股权继承的原因。换句话说，股份有限公司的股权继承是当然继承。

股权继承涉及股权价值和股东资格的继承。股份有限公司，尤其是上市公司的股权继承纯属普通财产权利的继承问题，任何人不得限制继承人依法取得股权，包括股东资格和股权的价值。但就有限责任公司而言，公司章程可以对继承人继承股东资格做出必要限制，包括授权其他股东或者公司以公允价格收购继承人继承的股权。但在章程条款没有限制规定的情况下，继承人有权继承股权和股东资格。

理由在于，有限责任公司虽有人合性，更具有资合性，其人合性远不如合伙企业的人合性强。在实践中，人们经常过分强调有限责任公司的人合性，而对有限责任公司的资合性强调不足，甚至以人合性否定资合性，不免有以偏概全之嫌。如果投资者非常偏好投资者间的人合性，大可不必设立有限责任公司，设立合伙企业也是一个很好的选择。既然选择了有限责任公司，就等于承诺有限责任公司股东之间不再具有绝对的人合性。当然，倘若有限责任公司的公司章程强调股东之间的高度人合性，法律亦应尊重。

《合伙企业法》第五十条规定：合伙人死亡或者被依法宣告死亡的，对该合伙人在合伙企业中的财产份额享有合法继承权的继承人，按照合伙协议的约定或者经全体合伙人一致同意，从继承开始之日起，取得该合伙企业的合伙人资格。有下列情形之一的，合伙企业应当向合伙人的继承人退还被继承合伙人的财产份额：（一）继承人不愿意成为合伙人；（二）法律规定或者合伙协议约定合伙人必须具有相关资格，而该继承人未取得该资格；（三）合伙协议约定不能成为合伙人的其他情形。由此可以看出，如果合伙协议约定了合伙人的继承人没有继承合伙财产份额的权利是被法律允许的。

从《公司法》和《合伙企业法》两个法律来看，对股权继承做出限制是完全可行的。现在，我们就有限公司及合伙企业的股权继承问题做详细分析。

## 1. 明确约定股权能否由继承人继承

公司在推行股权激励时，要在方案中提前清晰约定激励对象未来亡故后，其继承人能否获得股权的继承权。从我们多年的项目经验来看，如果公司没有走资本市场道路的打算，类似于华为这样的，则选择继承人无股权的继承权为佳，因为公司需要带领员工持续奋斗，要激励的是对公司产生贡献的人，原激励对象的继承人很多不在公司任职或只担任普通的角色，继承人继承股权，将影响公司吸引、留住优秀的人才。如果公司近期有上市计划，则释放给员工的股权可以由其继承人继承，因为公司一旦上市，公司吸引人才多了筹码，而且上市公司公众股东很多，继承人继承股权不存在削弱大股东对公司的控制权问题。

对于合伙企业来说，出于对合伙企业稳定发展的考虑，我们建议直接约定合伙人离世后，继承人不得继承被继承人的财产份额，除非继承人得到所有合伙人的认可。

## 2. 约定收回已故激励对象的股权

对于继承人不得自动继承股权（财产份额）的情形，我们应在股权激励的退出机制中明确约定处理办法，包括收回该部分股权（财产份额）的价格以及付款的方式。

在实际处理中，为了激发公司核心人才，我们还会在机制中设定：激励对象离世，可由继承人在两年内继续享受该部分股权对应的分红。

此外，获得股权对应财产继承权的继承人只有一位，当继承人有多位时，应由被继承人指定一位继承人继承。通过这种约定，公司可以直接将资金打到指定继承人的账户，避免了多位继承人因金额不均产生矛盾。

## 3. 给继承人"名正言顺"继承的机会

股权激励是给对公司有重要价值的员工一种额外的激励措施。第一代激励对象离世后，如果其后代仍然选择在公司工作且表现优秀，那么，获得被继承人的股权，应是理所当然的。

作为专业的股权激励与合伙企业服务机构，我们在实践中做出了多种有益的尝试。首先，对于激励对象离世时其继承人已经在同一家公司任重要岗位的，则可以自然继承被继承人持有的股权。其次，如激励对象离世时继承人虽在同一家公司工作但司龄较短、岗位价值偏低，或尚未在该公司任职的，则公司可给予三年的时间。三年内，继承人在同一家公司的司龄及岗位价值满足条件的，被继承人持有的股权可以由该继承人继承。

无论是有限责任公司，还是合伙企业，股东或合伙人之间的合作，是以信任和相互认可为基础的。激励对象的加入，自然也是得到了原股东或合伙人的肯定的。股权能否被继承，是一件大事，影响到激励效果的大小和公司的长远发展，因此要从实际出发，通过公司章程及合伙协议约定切实可行的办法，避免事情发生后通过争吵或法律诉讼等复杂的方式解决。

## 问98　业务板块发生重大变化，股权激励该如何调整？

这属于重大战略变化，若为实股激励，影响不大，该咋办咋办，如果还有目标考核，就要相应做调整；若为虚拟股激励，就要考虑激励的主体平台是否有变化，以及目标是否需要调整。

推行股权激励，要基于公司战略目标，进行顶层设计和股权布局。在这一环节，企业家得以对公司未来几年的发展规划和业务布局重新梳理，因此，一般而言，在激励周期内，业务是大体沿发展规划开展的，股权激励也适应了业务的发展。

然而，市场形势变幻莫测，公司要随着市场形势的变化相应地调整经营策略、业务布局。当业务板块发生重大变化时，已经推行的股权激励要不要调整？如要调整，该怎么调整？这是让企业家非常头痛的问题，也是必须面对和解决的问题。

我们认为，从以下四个角度探讨和解决业务发生变化后股权激励的调整问题，能够给企业家一定的借鉴。

### 1. 激励平台有无发生变化

一类激励平台是公司，不涉及分（子）公司或者事业部。如果公司的业务板块发生重大变化后，整体的业绩变化并不是很大，则业绩考核目标不用进行调整；如果公司预期业绩会发生重大变化，则要及时通知激励对象，并且根据实际情况对考核目标进行调整；如果业务板块变化带来岗位重要性发生重大变化，特别是原本属于不太重要的岗位变得特别重要，则应在下一窗口期按照新的岗位类型，调整激励对象的股权数额；如果业务板块的调整使得有的板块消失，则通常会带来原激励对象职务级别的变化，那么在下一窗口期，要根据新的职级匹配新的激励股权数额，增授或回购股权。

另一类激励平台会涉及分（子）公司或事业部等。由于原来的激励平台发生了重大变化，股权激励调整是必然要做的事情。具体怎么调整，我们的经验是：如果调整后激励从公司平台调整到分（子）公司平台，或相反，则应根据新的平台的激励模式进行激励，原激励可以在下个窗口期结束，也可按照逐步回收的方式进行，业绩、人员要根据调整后的业务板块重新核算、归类。通常，业务发生变化后，预计激励周期内业绩也会发生变化，重新调整后激励对象的激励数额要与按照原先的激励数额可以得到的预期的回报匹配。同时，应对每个推行股权激励的业务板块重新制定考核目标。

## 2. 业务类型是否发生变化

公司的业务板块变化，有的是同类型的变化，比如，一家生产化学品的公司，原先的主要业务是单一的柠檬酸生产与出口业务，最近通过市场开拓，公司引入热能发电业务，需要从柠檬酸板块调配若干管理人员，这样的调整就可以按照上文中提到的股权激励改进办法操作。

还以该化学品公司为例。该公司原先业务为柠檬酸生产，公司领导希望拓宽业务类型。由于最近一位外部大牛看中该公司的品牌和影响力，希望进入公司，主导氢能源电池开发。如果完全由新的人员开发，则公司要承担较大的人工成本；如果仍在柠檬酸板块操作，则项目难以成功。因此，公司考虑将原先的柠檬酸板块和新的氢能源电池板块进行系统思考，将一部分人力、财力向氢能源电池板块倾斜，柠檬酸板块与氢能源电池板块可能产生一定的内部交易。

那么对于原先的柠檬酸板块的股权激励，首先要调整激励对象名单，然后调整激励对象收益的计算方式，并且调整考核目标。对于新的板块——氢能源电池板块，则可以对主要负责人员实施实股激励，对其他核心团队成员实施虚拟股激励，原先被纳入柠檬酸板块的激励对象可以逐步过渡到氢能源电池板块。同时，可以设计公司层面的核心管理人员对氢能源电池板块的跟投机制。

## 3. 重点激励人员是否发生变化

伴随公司业务板块发生重大变化，原先公司重点发力的方向可能改变或者增多，那么激励的人员的重要性也可能有所改变。如原来负责某个部门的管理人员，享受的是公司层面的虚拟股激励，在公司业务发生调整后，被任命为新板块的负责人。为了让其动力更大、责任心更强，公司有意推行实股激励，则应逐步减少其在公司层面的虚拟股激励额度，同时增加其在所负责板块的实股数额；再如，随着业务板块的增多，公司的发展重点可能发生变化，原先是公司命脉的业务可能被边缘化，新的业务可能成为公司主要业绩来源。于是，原先的业务板块的核心人员的重要性相对降低，在公司整体的股权激励中，他们的激励额度要相应下降，当然，如果其在未来表现突出，也可以获得股权的增授。

## 4. 考核目标是否要调整

当公司对老业务进行调整，增加新业务，或者新老业务进行整合时，带来的结果可能是业绩不变；而当公司在保持原业务不变的情况下，引入新的业务，则可能销售业绩迅速增加和经营利润先减后增。如果业务板块发生重大变化后，业绩目标大体不变，则股权激励的考核指标也保持稳定，不做调整；如果公司的经营指标预期会发生很大变化，或经营指标关注的重点发生变化，则应根据新的经营指标，调整公司和个人的业绩考核目标。

总之，如果公司的业务板块变化没有引起公司相关业绩重大改变的话，则不需要调整股权激励方案；如果公司的业务板块发生重大变化后，带来激励平台、业务类型、重点激励对象以及考核目标的变化，则股权激励要做相应的调整。平台发生变化，则人员进行重新匹配；业务类型发生变化，则要针对新的业务类型，设计合理的激励方式，框定激励范围并授予合适的激励股数额，也要设计合理的退出机制；重点激励对象发生变化，则应对重要性上升的人员增加激励股数额，对重要性下降的人员减少或回收激励股；考核目标发生变化，则要根据新的业务发展预期，进行考核指标数额或考核指标项的修订。适度的调整优化，是对激励对象更好的激励，也是对公司业务变化及时的响应，有利于公司朝着战略目标发展。

# 对接上市

## 问99　公司是否需要上市?

很多企业家都会问: "我的公司到底要不要上市呢? "是否需要上市, 要根据自身需求, 同时也要考虑上市的利弊。

### 1. 上市的初衷

俗话说: "初心易得, 始终难守。"作为老板, 首先要想明白自己上市的初衷是什么。

是为了产业运作? 有的公司产品销量很好, 但是资金周转不足, 所以采取上市的方法, 发行公众股以快速换取大量资金。这样一来, 有了资本, 就可以更好地开发生产并宣传产品, 再加上产品销路畅通这一优势, 便会形成一个很好的良性循环。

是为了自己的梦想? 有的老板自创立公司起, 就想着未来要将公司打造为上市公司, 在相关领域有一定的地位。

是为了上市而上市? 有的公司非常优秀, 发展步伐稳定坚实, 在市场上普遍被消费者认可与接受。一不缺资金, 二已经名声远扬, 没有上市的迫切性, 但是大家都觉上市是个好事, 要不要也去上市?

## 2. 公司上市的优势

（1）上市可以获得新的直接融资通道。公开上市是对公司最具吸引力的长期融资形式，能从根本上解决公司对资本的需求。公司不仅可以在上市时筹集一笔可观的资金，上市后还可以再融资并进行兼并、收购等。另外，向银行及金融机构融资的成本亦会降低。

（2）上市有利于完善公司治理结构，明确发展战略。上市对公司的治理结构、信息披露制度等方面都有明确的规定和严格的要求，为了达到这些要求，公司必须提高运作的透明度，提升公司的治理水平。

公司改制上市的过程，就是公司明确发展方向、完善治理结构、实现规范发展的过程。公司上市前股改，要明确公司定位，使公司发展战略清晰化；股改过程中，保荐人、律师事务所和会计师事务所等众多专业机构会为公司出谋划策，通过清产核资等一系列过程，帮助公司明晰产权关系，规范纳税行为，完善公司治理结构，建立高效的管理制度。

公司上市后要履行严格的信息披露制度和其他法律要求，这些都会增加公司运营的透明度，有利于防止"内部人控制"现象的发生，有利于提高公司的经营管理效率。

（3）上市有利于提升公司品牌价值和市场影响力。上市具有很强的品牌传播效应，对公司的品牌建设作用巨大，直接提升了公司的知名度。由于上市公司的运作是相当透明的，运营是受到监管的，比运作不透明、运营不受监管的非上市公司更让人放心，所以，客户、供货商和银行会对上市公司更有信心。公司将更容易吸引新客户，供货商更愿意与公司合作，银行也会给予更高的信用额度。

（4）上市有利于增强公司的竞争优势。对于业绩优良、成长性好、讲诚信的公司，其股价会保持在较高的水平，不仅能够以较低的成本持续筹集大量资本，不断扩大经营规模，而且可以将股票作为工具进行并购重组，进一步培育和发展公司的竞争优势和竞争实力，增强公司的发展潜力和发展后劲，使公司进入持续、快速的发展通道。

（5）上市对于老板个人有好处。对于老板而言，上市能够实现财富的增长，资本市场的溢价会让老板身价暴涨；同时老板出售部分股份后可以获得大笔的现金收益，资产流动性增强。不想继续经营公司的老板，可以通过在公开市场出售股份的方式直接退出，是一个非常好的获利方式。

## 3. 公司上市的弊端

（1）上市的成本和费用高，而且不一定能成功。经营公司肯定会考虑投资回报率。上市的成本和费用较高，除了进行首次公开发行和入场交易的费用，还有一次性的准备和改造成本及上市后成本。如果不幸发生诉讼，需要对投资者赔偿，那么成本就更高。上市后，股票就像其他有形产品一样，同样需要公司去维护，亦会增添其他费用。如果上市后公司在证券市场上的不当行为给投资者造成损失，那么诉讼成本和赔偿费用将很可观。

此外，公司一旦计划上市并开始实施，即需要向法律顾问、保荐人、会计师事务所支付部分费用，此部分费用无论上市成功与否都会发生。因而如果没有坚定的信心和十足的把握，单从投资回报率的角度来看，上市也还是需要慎重考虑的。

（2）财务状况公开透明，商业信息可能被竞争对手知悉。公司公开上市后，需要及时披露大量公司信息，同时还须公布与公司业绩相关的确定信息和部分预测信息。公司要为更加频繁的媒体曝光做好准备。信息披露的内容主要涉及公司的财务状况和业务战略，同时还有关于公司的最新发展情况，无论是正面的还是负面的，都要披露。因此，一旦上市，公司相当于在一个透明的环境下运营。公司可以根据自身文化的特点，考虑是否能适应高透明度地运营。

此外，公开披露的信息包括财务信息、重大合同签订信息、股本变化等内容，这使得公司原本不愿公布的商业信息也得被公开，很容易被竞争者知悉，可能对公司造成不利影响。

对老板个人而言，公司上市后成为公众公司，老板的个人生活也会受到影响，个人隐私易被社会曝光。

（3）股权稀释削弱控股权。上市前引入投资者、上市后发行公众股，会使得创始人持股比例下降，股东数量增多，以往"老板一个人说了算"的局面不复存在，公司的重大经营和管理决定，如净利润保留、增资或兼并等，都需要在股东会议上通过。所以，上市后，老板在做战略决策时就不能只按自己的意愿，而是要获得多数股东的许可，这意味着在上市后老板对企业控制力有所减弱。

另外，上市后随着股权比例的稀释，公司就更容易遭到敌意收购。因为公司的股票是自由买卖的，这意味着可能有一天，公司会被其他公司突然收购及接管，如当年宝能万科的股权之争，就是这种情况。

总的来讲，上市并不是终点，而是一个新的起点。无论上市与否，公司依然要追求健康持续地发展，企业家依然无法停止前进的脚步。所以要结合公司自身的特点，慎重做出决策。

## 问100　股权激励如何与IPO对接？

对于一家拟进行首次公开募股（Initial Public Offering，IPO）的公司来讲，实施员工股权激励，有利于稳定管理层以及核心员工，使其创造更大的价值，并且与公司一起共享所创造的价值，同时也对投资者判断公司价值以及成长性具有正面和积极的影响。在公司顺利实现上市之后，给员工的激励股票也将带给员工实实在在的来自资本市场的增值。基于这些因素，大多数拟IPO的公司都会选择在启动IPO之前或在筹备IPO过程中实施员工股权激励，小范围的可以仅对董监高以及核心员工进行激励，大范围的会对中层以上员工进行激励，具体以公司的实际需求和员工期望值作为考量因素。在这里我们结合自身操作过的案例经验以及其他公开的案例对拟IPO的公司如何进行员工股权激励略作介绍。

## 1. 员工股权激励的模式

对于有IPO考虑的公司而言，可以推行的激励模式可以有限制性股票、期权、期股。

三种激励模式的区别一方面在于获取股票的时点不同，限制性股票是即刻获取（但其权属受限）的，期权、期股是在未来获取（获取时权属完整）的；另一方面在于限制性股票、期股即刻能享受公司的分红，期权在行权转实股前没有分红权。

从实施的便捷角度而言，期股优于期权，期权优于限制性股票。主要是因为相对于期权，期股有及时获利性，能让激励对象充分感受到激励带来的好处，从而更好地刺激他们发挥主观能动性；而限制性股票在授予时涉及一次股权变动，即将激励的股票先通过工商登记过户至员工名下或者为实施员工股权激励而设置的持股平台名下，如未通过考核，激励对象需要将获得的股票转回，又涉及一次股权变动。如果激励对象和公司存在纠纷或矛盾（通常主要是员工离职或违反了公司规章制度等），不配合转回，手续就会变得复杂和不好操作，阻碍公司正常办理未达标激励股票的回购手续。

对于拟IPO的公司，其首要任务是要符合上市条件，因此，在设计员工股权激励方案时，也应以符合上市条件为大前提，根据《首次公开发行股票并上市管理办法》（以下简称《首发办法》）的规定，发行人应满足股权清晰的条件。而在期权模式下，由于激励对象在未来是否能够行权并获得股票并不确定，因此，如果在公司提交上市申请时期权计划尚未完全行权完毕，会直接导致公司的股权不清晰，从而不符合《首发办法》的规定。所以公司如果推行期权激励，就必须约定在申报上市时期权计划已能够行权完毕或基本完毕，或者在提交上市申请时终止正在进行中的期权计划或者加速行权，以确保股权清晰稳定。期股激励也一样，在申报上市前，该计划要终止，要么全部转为实股，要么就由公司回购期股，向激励对象兑现增值收益。

因而，老板要沉下心思考一下上市的必要性，想清楚到底为何上市，上市的决心才会更坚定，上市后的方向才会更明确，发展布局也才会更有的放矢。

### 2. 员工持股的方式

持股方式无外乎直接持股和间接持股方式。①直接持股方式，即在公司层面实施激励，激励对象获得的是公司的股权，成为公司的直接股东；②间接持股方式，即激励对象通过持有中间层公司的股权或出资，间接持有公司的股权，中间层公司即为持股平台、股权池。

如果公司激励对象人数较多，通常会采取间接持股的方式，且会根据激励对象数量设置多个持股平台。如果激励对象数量有限，例如仅局限于董监高或者核心技术人员，那么也可以考虑直接持股方式。有的公司会根据激励对象的范围和职位情况综合采取上述两种方式，即针对董监高和核心技术人员，采取直接持股方式；针对中层大部分员工，采取间接持股方式。整体而言，在直接持股方式下，一旦激励对象发生变动需要对其股权予以转回，就涉及发行人股权的变动，导致发行人股权结构不稳定，不利于证监会审核通过，同时也会给公司带来操作和管理上的成本增加，因此，目前大多数公司均采取间接持股方式。

在间接持股方式下，对于持股平台的搭建、表现形式、结构设置和管理等都需要结合公司实施股权激励的需要而综合考虑。

（1）有限公司。选择有限公司作为持股平台的情况较少，主要是受限于有限公司的决策程序较为严格。根据《公司法》规定，有限公司做出重要决议应有2/3以上股东表决同意才可以通过，在持股人数众多且持股比例分散的情况下，持股平台很难尽快做出决策，并且不利于公司实际控制人对持股平台的掌控；此外，从税负角度考虑，未来转让套现时，有限公司本身涉及一道企业所得税，分配到激励对象身上时又有一道个人所得税，征税环节比较多。

（2）有限合伙。目前大多数的持股平台均采取有限合伙的模式。鉴于有限合伙的合伙事务是交由执行事务合伙人进行决策的，因此，大部分决策只要得到执行事务合伙人同意即可做出，而通常执行事务合伙人是由公司的实际控制人或者董监高担任的，这类人员能够保证和公司的决策、行动保持一致，有利于公司掌控持股平台，尤其是在激励对象将所持激励股权退出获利时。此外，有限合伙公司不缴纳企业所得税，直接穿透至合伙人个人，只缴纳个人所得税，减少了纳税环节，有利于降低税负。

激励对象作为LP（有限合伙人）进入持股平台（有限合伙公司），公司的实际控制人或者董监高作为GP（普通合伙人）进入持股平台。对于持股平台数量，可根据公司拟激励员工的数量多少而设置，根据《合伙企业法》规定，有限合伙公司由二个以上五十个以下合伙人设立。

此外，值得注意的是，除在发行人股权层面或其上层平台公司层面搭建股权激励框架外，也有少部分公司会在其下属子公司的股权层面实施激励，尤其是业务板块较多或者产品较多的公司。公司考虑到各个业务板块、产品所带来的收入和效益各有区别，很难整体进行一揽子的激励，就会以各个子公司为载体分别进行激励。但这种模式在实践中应用得较少，且员工获得的激励股份不具有二级市场的流通性，因此会降低激励的效果。根据2010年第三次和第五次保代培训的精神，拟上市公司的董监高（包括其亲属以及由董监高实际控制的公司）如果和该上市公司共同合资成立公司，需要对董监高所持股权进行清理。根据这一精神，不提倡拟上市公司的董监高参与其下属子公司的股权激励。

## 3. 激励对象的人数和范围

首先是关于人数限制。对于拟IPO公司，其股东（包括需要进行穿透处理和披露的主体）人数通常不能超过200人，以避免触发未经证券监督管理部门核准公开发行股票的后果。2019年12月，新证券法对超过200人的要求进行了豁免——员工持股计划符合"闭环原则"，在计算公司股东人数时，按一名股东计算。

员工持股计划遵循"闭环原则"，即员工持股计划不在公司首次公开发行股票时转让股份，并且承诺自上市之日起至少有36个月的锁定期。试点公司上市前及上市后的锁定期内，员工所持相关权益拟转让退出的，只能向员工持股计划内员工或其他符合条件的员工转让。锁定期后，员工所持相关权益拟转让退出的，按照员工持股计划章程或有关协议的约定处理。

其次是关于人员范围。通常进入激励范围的主要是公司的在职员工以及不在公司任职的董事、监事等人员（但独立董事因须具备独立性不得进入激励范围）。在实践中，公司也会根据其实际需要对未在公司任职但对公司发展有过帮助和贡献的人员进行激励，但对此类人员仍应严格予以限制，人数不能过多，且需要注意核查这些非员工和公司的关联关系。例如，是否存在亲属关系，是否属于业务伙伴，其身份是否属于公务员或比照公务员进行管理的事业单位人员，以便判断其是否可以被激励以及其身份是否符合法定的股东资格，以及该等编外人员的持股是否真实，是否存在代持嫌疑等。

此外，对于公司有外籍员工的情况，法律是允许外籍员工持股的，但通常在实操过程中会涉及更多的外汇监管和审批流程。因此，如公司需要对其外籍员工进行股权激励，还需要特别注意商务、外汇、工商等部门的监管和审批程序。